FORA DE ORDƎM

FGV EDITORA

FORA DE ORDEM

Viagens de Rubem César

Lucia Lippi Oliveira e Dulce Pandolfi
Organizadoras

Copyright © 2014 Rubem César Fernandes

Direitos desta edição reservados à Editora FGV
EDITORA FGV
Rua Jornalista Orlando Dantas, 37
22231-010 — Rio de Janeiro, RJ — Brasil
Tels.: 0800-021-7777 — (21) 3799-4427
Fax: (21) 3799-4430
editora@fgv.br pedidoseditora@fgv.br
www.fgv.br/editora

Impresso no Brasil | *Printed in Brazil*

Todos os direitos reservados. A reprodução não autorizada desta publicação, no todo ou em parte, constitui violação do copyright (Lei nº 9.610/98).

Os conceitos emitidos neste livro são de inteira responsabilidade dos autores.

Depoimento de Rubem César Fernandes. Entrevistas realizadas por Dulce Chaves Pandolfi e Lucia Lippi Oliveira em 9/3 (com a participação de Helena Aragão), 15/3, 20/3 e 14/5/2012 para o Centro de Pesquisa e Documentação de História Contemporânea do Brasil (Cpdoc) da Fundação Getulio Vargas (FGV).

1ª edição — 2014

Coordenação editorial: Ronaldo Lapa
Pesquisa histórica: Vicente Saul Moreira dos Santos
Pesquisa iconográfica: Fernanda Mattos da Silva
Preparação dos originais: Ronald Polito
Revisão: Camila de Carli e Fatima Caroni
Projeto gráfico de capa e miolo: Ana Cristina Secco
Arte final de capa e diagramação de miolo: Ilustrarte Design e Produção Editorial

Ficha catalográfica elaborada pela Biblioteca Mario Henrique Simonsen/FGV

   Fora de ordem : viagens de Rubem César / Lucia Lippi Oliveira e Dulce Pandolfi, organizadoras. – Rio de Janeiro : Editora FGV, 2014.
   264 p. : il.

   Inclui bibliografia.
   ISBN: 978-85-225-1563-9

   1. Fernandes, Rubem César – Entrevistas. I. Oliveira, Lucia Lippi, 1945-. II. Pandolfi, Dulce Chaves. III. Fundação Getulio Vargas.

CDD – 923

Para Rubens e Idalete, meus pais

Rubem César Fernandes

Ao espanhol mais carioca do mundo, Alejandro Roig,*
meus sinceros agradecimentos e fraterno abraço

Rubem César Fernandes

---

* Alejandro Miguel Roig é diretor de comunicações e relações externas da Repsol Sinopec Brasil.

Sumário

Apresentação   9

1. De Niterói ao Rio de Janeiro   13

2. Do Rio de Janeiro a Varsóvia   57

3. De Varsóvia a Nova York   89

4. De Nova York a Campinas   117

5. De Campinas ao Rio   131

6. Do Rio a Porto Príncipe   191

Referências e anexos   249

    Logotipos de projetos e campanhas do Viva Rio   250

    Referências bibliográficas   252

    Livros, artigos, títulos e prêmios de Rubem César Fernandes   255

    Referências iconográficas   262

Apresentação

"Em geral, concebemos as viagens como um deslocamento do espaço. É pouco. Uma viagem inscreve-se simultaneamente no espaço, no tempo e na hierarquia social."

Assim nos alerta o antropólogo Lévi-Strauss em seu livro *Tristes trópicos* e foi esse o sentido que procuramos seguir ao organizar o relato da trajetória de vida de Rubem César como viagens. Saindo de Niterói, sua cidade natal, ele passa pelo Rio, por Varsóvia, por Nova York, por Campinas, retorna ao Rio e parte para Porto Príncipe no Haiti. Ao fazer isso, Rubem César vai se deslocando no espaço, no tempo e na hierarquia social até chegar ao que é hoje: conhecido como um homem do Viva Rio e reconhecido como um dos mais importantes atores/empresários de movimentos e causas sociais.

A leitura de sua trajetória mostra uma variedade de situações, de enfrentamentos, que se multiplicou com o passar dos anos. Basta citar a experiência do jovem criado no espaço da Igreja Presbiteriana que migra para o campo da atuação política se filiando ao Partido Comunista. Complexidade ainda maior vai ser vivenciada muitos anos depois na experiência no Haiti, tanto antes quanto depois do terremoto. Pode-se dizer, por outro lado, que a multiplicidade de experiências também indica uma constante — a continuidade da busca pelo novo. A multiplicação seria resultado do deslocamento, do afastamento do universo conhecido, do desafio do novo, da renúncia às certezas. Tudo isso também está presente na trajetória de Rubem. Ele traz consigo a bagagem de sua origem familiar, de sua formação presbiteriana e de esquerda e, ao mesmo tempo, se mantém aberto para o novo.

Rubem César, em alguns momentos de sua entrevista, se refere a seus relatos como "curiosidades", tomando de empréstimo expressão usada pelo professor Manoel Maurício em suas aulas de história na Faculdade Nacional de Filosofia (FNFi) na década de 1960. O termo "curiosidades" pode ser entendido como aquilo que interessa aos "curiosos", ou seja, àqueles que querem conhecer coisas novas. Tais figuras, os curiosos, podem também ser chamadas de "intranquilas", aquelas que aceitam e que gostam de desafios. A história de vida de Rubem aponta exatamente para os desafios vividos por ele e por sua geração e a forma como ele os vivenciou, uma espécie de "intranquilidade produtiva".

Ao longo do depoimento de Rubem César estão presentes a militância protestante de esquerda, a atuação no Partido Comunista dentro da FNFi, o exílio na Polônia, o choque cultural nos Estados Unidos, a vida acadêmica na Universidade de Campinas (Unicamp) após o retorno ao país, a criação do Instituto de Estudos da Religião (Iser) e do Viva Rio e, por fim, seu período no Haiti.

As experiências de Rubem César como militante, como exilado, como intelectual, como agente social, como "empresário social" estão narradas em seu depoimento. O primeiro ato de seu depoimento derivou de uma entrevista que privilegiava a atuação da Fundação Ford no Brasil, explorando a conexão e o apoio da Ford ao Iser, dirigido por Rubem César. A trajetória de Rubem César, entretanto, não se continha nesse cenário. Daí o nosso interesse e a disposição do Rubem de realizar novos encontros e continuar explorando sua história de vida acionando memória e narrativa.

E, como diz Beatriz Sarlo: "Não há testemunho sem experiência, mas tampouco há experiência sem narração". Ainda segundo a autora, é a narração da experiência que a liberta do esquecimento e a transforma em algo comunicável. Foi isso o que tentamos!

A experiência aqui narrada, é preciso lembrar, resulta do diálogo, da interação entre entrevistadoras e entrevistado. A experiência, a memória, a história de vida é dele, Rubem César, mas foram nossas indagações e "curiosidades" que fizeram o curso de sua memória caminhar para um ou para outro lado.

O resultado desse diálogo é o que o leitor poderá conferir no depoimento agora publicado em livro.

Lucia Lippi Oliveira e Dulce Chaves Pandolfi

Rubem César Fernandes nasceu em uma família protestante de Niterói (RJ) em 25 de maio de 1943. Cursou história na Universidade Federal do Rio de Janeiro (UFRJ). Foi exilado após o Golpe Militar de 1964. Na Polônia, cursou o mestrado pela Universidade de Varsóvia e participou do movimento político "Solidariedade". Perseguido na Polônia em seguida aos eventos de março de 1968, foi para os Estados Unidos e doutorou-se pela Universidade de Columbia. Foi professor visitante na Universidade de Columbia (Nova York) e na Maison des Sciences de l'Homme (Paris). De volta ao Brasil, atuou como professor de antropologia na Universidade de Campinas (Unicamp), no Museu Nacional da UFRJ e em outras universidades brasileiras. Foi secretário executivo do Instituto de Estudos da Religião (Iser). Atualmente é diretor executivo do Viva Rio no Brasil e no Haiti. É autor de vários livros e artigos. É pai de três filhos.

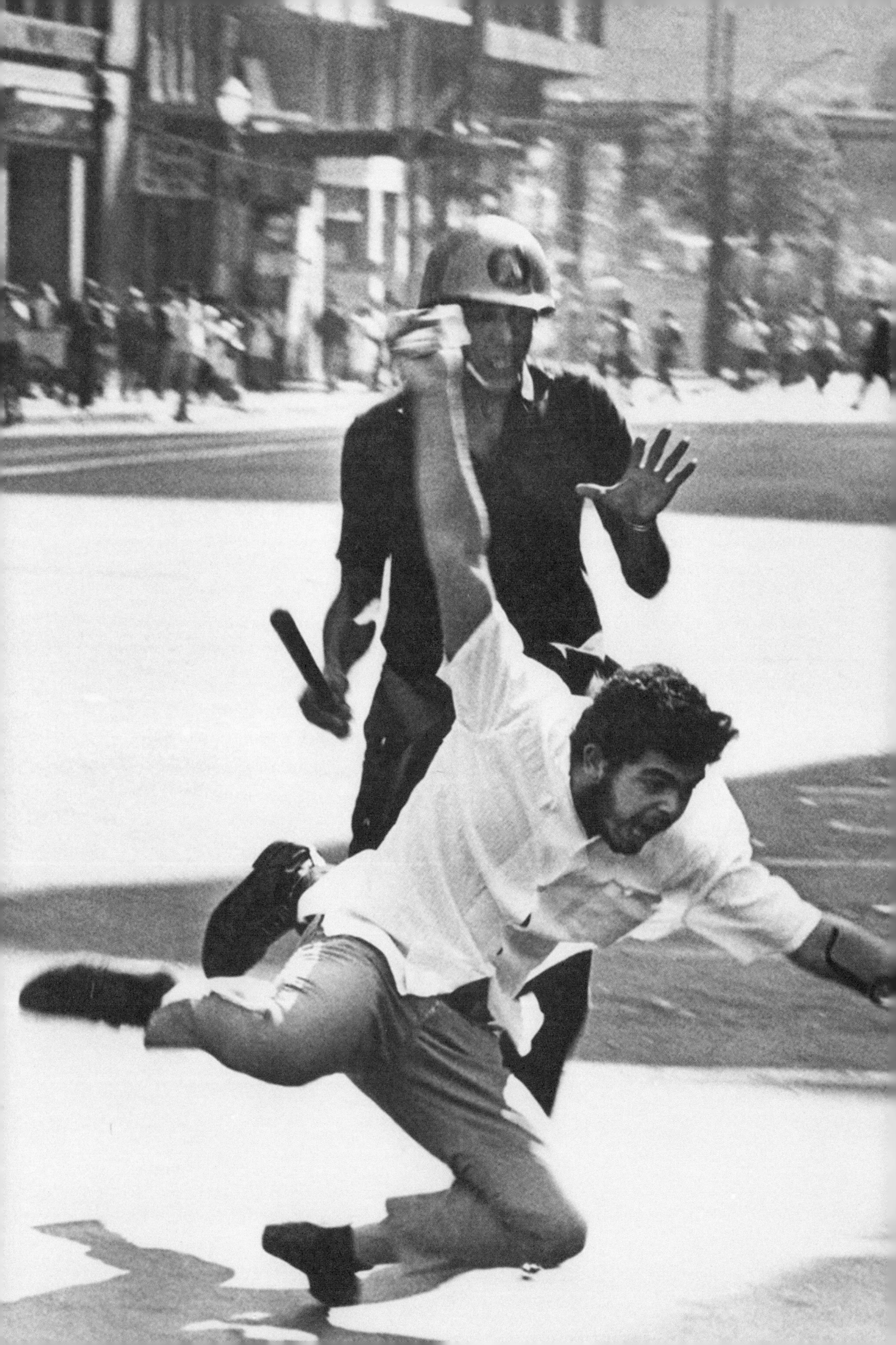

De Niterói ao Rio de Janeiro

Praia de Icaraí nos anos 1950, Niterói. Ao fundo, o trampolim que foi demolido em 1965 devido a erro na engenharia de sua construção.

Pai, Rubens Sales Fernandes, otorrinolaringologista, na formatura do curso de medicina da atual Universidade Federal Fluminense (UFF).

Mãe, Idalete César Mafra Fernandes, em uma apresentação de canto no Teatro Municipal de Niterói.

De Niterói ao Rio de Janeiro

Um caminho para a compreensão da trajetória de vida de uma pessoa é começar pelo começo, ou seja, pelas origens. Assim você poderia nos contar sobre suas origens familiares, nos falar sobre sua formação, escolar e sua vida em Niterói. Além de você, outro niteroiense internacional é o Sergio Mendes,[1] que fez a trajetória de Niterói para Los Angeles...

Sérgio Mendes foi meu contemporâneo, cheguei a dançar em Icaraí com ele ao piano. Foi bem no início da bossa nova.

Sobre minha formação, gosto de dizer que sempre estudei em escola pública. Quando estudei em escola particular, eu tive bolsa. Sou dessas pessoas, hoje em dia caso raro, que receberam educação de qualidade sem nunca pagar por ela.

---

[1] Mendes, Sérgio (1941). Instrumentista e arranjador. Fez suas primeiras apresentações no Clube de Regatas de Icaraí e no Clube Central, em Niterói, sua cidade natal. Participou de conjuntos musicais de jazz e bossa nova instrumental. Em meados da década de 1960, mudou-se para os Estados Unidos. Foi o produtor musical da trilha sonora das animações *Rio* (2011) e *Rio 2* (2014), de Carlos Saldanha.

Mas isso era por uma opção da sua família ou foi um acaso?
A opção era pela melhor escola disponível. Meus pais investiram em educação, tinham clareza de que a pública era melhor alternativa que a privada. Fiz o primário no Colégio Joaquim Távora, no Campo de São Bento, em Niterói, depois fui para o Liceu Nilo Peçanha, que era o nosso Pedro II, o melhor ginásio e científico da cidade. Uniforme com gravata. O exame de admissão era dificílimo, concorrido, só "caxias" conseguia passar. Então foi isso, eu estudei em escola pública. Só saí de escola pública no último ano do clássico. Aí fui para uma escola do tipo pagou-passou, no turno da noite. A gente "colava" geral nas provas finais. Eu já estava enfiado em outras histórias, estava tão metido em atividades estudantis que já não tinha tempo para a escola.

Sua família era de classe média em Niterói?
Meu pai era médico, professor de universidade e cirurgião de olhos, ouvidos, nariz e garganta. Minha mãe era dona de casa. Os dois muito envolvidos na Igreja Presbiteriana. Conheceram-se na igreja, meu pai, de uma família do sul de Minas, daquele jeito mineiro, gostoso; e minha mãe, filha de pastor fugido de Santa Catarina, de uma perseguição religiosa que aconteceu por lá nos anos 1940.

Como foi isto?
Meu avô, pai de minha mãe, casado com Cristininha, de origem alemã, fugiu de Santa Catarina porque era pastor protestante. Vivia numa cidade católica e sofreu perseguição. Minhas duas famílias vieram para Niterói e foi lá que minha mãe e meu pai se encontraram na igreja. Representavam, por assim dizer, duas vertentes do protestantismo brasileiro da época.
O lado protestante do meu pai era de tipo pragmático. Meu avô paterno tinha uma pequena fazenda de café no sul de Minas, mas ele era farmacêutico de profissão. Teve oito filhos, todos envolvidos com medicina. O filho mais distante da medicina foi vendedor de remédios. As mulheres estudaram farmácia. Meu avô era um sujeito progressista do interior mineiro, protestante, o que era meio raro na época. Foi o primeiro, por exemplo, a ter um automóvel na região. Então ele

Ainda bebê.

Rubem César Fernandes (inferior à direita) com sua turma de ginásio (atual segundo seguimento do ensino fundamental) na Escola Nilo Peçanha, em Niterói.

construiu uma estrada para andar de automóvel, botou uma corrente de cada lado e só ele usava, senão o pessoal bagunçava com a estrada. Histórias desse tipo circulavam pela família, relatando coisas daquele tempo. Eu mesmo andei bastante em carro de boi, no sul de Minas. Adorava! O lado protestante do meu pai tinha esse perfil, uma família prática, ligada à medicina, à saúde, mineira, e que veio a cruzar com a família do meu avô materno, mais exaltada, por assim dizer.

Mais exaltada?
Meu avô materno era muito religioso. O irmão dele, Benjamim César, outro pastor, teve seis filhos, todos eles pastores. As mulheres diaconisas. Então o lado da minha mãe era mais missionário, e o lado do meu pai tinha um jeito mais simples e prático de ser.

Seu pai e sua mãe se conheceram e atuaram na igreja?
Os dois cantavam bem, eram solistas do coral. Minha mãe soprano, meu pai tenor. Então eu, criança, ficava ali admirando meus pais cantando. Em casa também havia muita música, canto e piano. Estudavam canto lírico e se apresentaram inclusive no Teatro Municipal de Niterói. Então era muita música, muita vida de igreja, uma Igreja Presbiteriana. Eu garoto cresci nesse ambiente, entre Icaraí e a praia das Flechas.

E quando e como você começa a se interessar pela militância político-religiosa?
Comecei a "sair do rumo" quando conheci um movimento da mocidade presbiteriana, um pessoal de esquerda protestante que estava associado à União Cristã dos Estudantes do Brasil (Uceb).[2] Era o equivalente da Juventude Universitária Católica (JUC),[3] no

---

[2] Movimento que tinha como objetivo a difusão dos ensinamentos da Igreja Protestante no meio estudantil. Tinha alguns centros em várias cidades do Brasil. A Associação Cristã de Acadêmicos (ACA) era ligada à Uceb.

[3] Em sintonia com iniciativas internacionais, a Ação Católica Brasileira (ACB) foi criada em 1935, por iniciativa de dom Sebastião Leme, e objetivava organizar a ação dos leigos na Igreja. Visando uma reestruturação da ACB, em 1950, foram criadas a Juventude Agrária Católica (JAC), a Juventude Estudantil Ca-

lado protestante. Era um movimento interessante e que tinha alguns centros no Brasil, um deles em Campinas. No seminário de Campinas havia um teólogo americano, que antes passou pela Colômbia, chamado Richard Shaull,[4] e que foi o primeiro autor a aproximar marxismo e teologia no Brasil, isto no fim dos anos 1950, início dos 1960, antes ainda dos católicos. Havia, portanto, uma corrente teológica progressista em Campinas, com presença inclusive no movimento estudantil de São Paulo, na UEE. Um dos vice-presidentes da época era o Rubão, Rubens Bueno, um seminarista presbiteriano de Campinas. Alguém do seminário protestante virar líder estudantil naquela época, quando o movimento estudantil de São Paulo era uma coisa importante, demonstrava que o pensamento protestante tinha presença. As denominações protestantes ditas "históricas" — presbiteriana, metodista, batista, episcopal, luterana —, eram bem intelectualizadas, e sua intelectualidade organizava-se em torno dos seminários.

Cada uma das denominações tinha o seu próprio seminário?
É, cada denominação tem o seu seminário. No mundo pentecostal não era sempre assim. No mundo pentecostal a formação era mais na prática, na própria igreja ou em institutos bíblicos, de nível "técnico", por assim dizer. Mas na primeira geração de igrejas da reforma protestante, cada uma delas tem seu seminário com uma estrutura bem formal de educação dos pastores. Nesses seminários da época — estou falando do fim dos anos 1950, início dos anos 1960 —, havia uma tendência para uma teologia liberal que se aproximava dos temas éticos e sociais.

---

tólica (JEC), a Juventude Independente Católica (JIC) e a Juventude Operária Católica (JOC). A JUC tinha por objetivo difundir os ensinamentos religiosos no meio universitário. No início da década de 1960, passou a sofrer reação dos católicos conservadores devido às novas diretrizes, isto é, o engajamento na transformação da sociedade e na resolução dos problemas políticos e sociais por meio da ação política direta.

[4] Shaull, Richard (1919-2002). Teólogo e missionário protestante norte-americano. Doutorou-se e lecionou no seminário teológico de Princeton (1962-80). Teve importante atuação no protestantismo ecumênico no Brasil e na América Latina nas décadas de 1950 e 1960. Publicou livros sobre sua experiência missionária.

Não me lembro bem como, mas esta corrente chegou a Niterói. Provavelmente na esteira da Universidade Federal Fluminense. Tinha uma figura que se chamava Jovelino Ramos. O Jovelino era um seminarista de Campinas que fez um movimento no seminário para que os pastores se aproximassem da classe operária e fossem trabalhar em fábricas. Havia um movimento assim em São Bernardo, na Grande São Paulo, de padres e pastores que optavam por uma pastoral do trabalho, próxima do mundo sindical. Jovelino fez isso em São Paulo e de lá foi recrutado por uma associação estudantil cristã. De fato era um movimento mundial, chamado Associação Cristã de Estudantes, e que tinha uma expressão de peso nos Estados Unidos e na Europa, sob o nome de Student Christian Federation. No Brasil, teve maior expressão como "ACA — Associação Cristã de Acadêmicos".

É a Associação Cristã de Moços?
Não, é outro movimento. A ACM dedica-se aos cuidados com o corpo.

Voltando à sua formação, você fez o clássico ou o científico?
Fiz o clássico. Eu comecei a me envolver nos movimentos de juventude na igreja por essa época. Mesmo antes, já no final do ginásio. Fui convidado a participar de uma conferência em Governador Valadares, Minas Gerais. Governador Valadares era na época uma cidade conhecida pelo predomínio protestante.

Seu depoimento sobre o que estava acontecendo na Igreja Presbiteriana é muito importante, até porque a transformação na teologia e na prática protestante é muito menos conhecida do que o que aconteceu dentro da Igreja Católica.
Dentro das igrejas protestantes o que acontecia na presbiteriana era importante, sobretudo, eu acho, por duas razões. Uma era este seminário de Campinas e a outra era a existência de um movimento de jovens presbiterianos que tinha um jornal chamado *Mocidade*. Foi um momento interessante que permitiu que uma geração muito jovem fizesse coisas de impacto na Igreja. Esse jornal competia, em

Rubem César, sentado de costas e vestindo terno, representando a juventude secundarista em uma reunião com camponeses pelo interior do estado do Rio de Janeiro em 1958.

Ano XIII — N.os 141 e 142 — *Mocidade* — 1956 — Maio-Junho
ÓRGÃO DA CONFEDERAÇÃO DA MOCIDADE PRESBITERIANA

WALDO A. CESAR ENTREVISTADO POR BEN-HUR MAFRA:

"A Unidade Espiritual só tem sentido quando se torna visível"

NATUREZA MORTA OS GRUPOS DE CONFRATERNIZAÇÃO — RENOVAÇÃO DE PRINCÍPIOS E DE TRABALHOS — PROGRAMA PARA AGOSTO.

Esta entrevista não espera acomodar opiniões, muito ao contrário, procurou o nosso reporter insistir em questões que alcançassem repercussão pelas respostas de coragem, nas atuais circunstâncias.

Aliás, é esta a impressão que ainda guardamos do espírito do Secretário Executivo do Departamento da Mocidade da Confederação Evangélica do Brasil (título digno de função tão complexa); enquanto todo grupo social é chamado a testemunhar, parece que o moço da Igreja está procurando, até agora, esquivar-se de suas reais e impressionantes responsabilidades.

Waldo César à direita, sendo entrevistado por Ben-Hur Mafra, à esquerda. Jornal *Mocidade*, 1956.

conteúdo, com a imprensa oficial da Igreja. O jornal da nova geração passa a influenciar o pensamento dos pastores. Era um bom jornal. O sociólogo Waldo César,[5] vocês devem lembrar dele, era dessa turma jovem e dirigia o *Mocidade*. Então uma corrente de opinião composta por jovens da Igreja e alguns seminaristas se somam, se juntam. É nesse contexto que acontece a conferência em Governador Valadares que teve como tema *A igreja e a realidade social* (algo assim), associando temas sociais e eclesiais, e reunindo lideranças e pensadores de destaque.

Eu fui chamado para ir a essa conferência como representante da juventude presbiteriana de Niterói. Isso aconteceu em 1958, acho, eu tinha 15 anos. E entre os palestrantes dessa conferência estava o Richard Shaull. Outro palestrante foi o Joaquim Beato, um negro do Espírito Santo, teólogo presbiteriano, e que foi influente também na Igreja. Era formado em teologia na Inglaterra, acho que em Cambridge, tinha uma boa formação, conhecia o aramaico... O Joaquim Beato, um grande personagem, depois veio a ser senador da República, era suplente e chegou a assumir por um período. Naquela época (e até hoje) não tinha muito negro senador! Eu fiquei impressionado com a palestra dele e fiz uma matéria para um jornalzinho da mocidade de nossa Igreja chamado *O Valor*. Talvez tenha sido por causa dessa matéria que o Jovelino me encontrou e eu comecei a participar das reuniões organizadas por ele. Eu era presidente da associação de moços da Igreja. Eu era ainda secundarista e comecei a participar dos encontros de jovens protestantes que atuavam nas escolas e nas universidades.

De que se tratava nesses encontros?
Os encontros eram de estudos bíblicos, a atividade principal era estudar a Bíblia. E a partir da Bíblia, então, dialogar com as ciên-

---

[5] César, Waldo Aranha Lenz (1923-2007). Sociólogo e jornalista. De família protestante, foi secretário executivo do setor de Responsabilidade Social da Igreja na Confederação Evangélica do Brasil (CEB) e dirigiu a revista *Paz e Terra* (1966-68). Entre 1979 e 1987, coordenou a Campanha Mundial contra a Fome (FAO). Publicou vários livros no Brasil e no exterior sobre o protestantismo. Era pai da poetisa Ana Cristina César.

cias. É um caminho clássico do pensamento liberal, que se ancora na exegese bíblica, que analisa o livro sagrado segundo os cânones da crítica histórica. Você descobre a Bíblia como um livro, escrito durante séculos, em distintas circunstâncias. A crítica histórica amplia o entendimento, mas reduz a sacralidade do livro. A leitura se aproxima da ciência e se afasta um pouco da mitologia e da mística que percorrem o texto. Por esse caminho, formam-se cabeças mais racionais do ponto de vista teológico.

Perde-se a fé na sacralidade da mensagem?
Coisa parecida aconteceu com a Teologia da Libertação católica, que levou a uma dessacralização das crenças populares típicas do catolicismo tradicional e do culto aos santos. Mas nesse caso trata-se de uma teologia liberal protestante, com ênfase na crítica linguística e histórica, de forte tradição nas universidades centro-europeias e norte-americanas. Fomos levados por essa corrente, e o Shaull foi um mestre nesse tipo de pensamento. Ele cultivava uma pedagogia do diálogo. Foi a pessoa que eu melhor vi aplicar a estratégia socrática do conhecimento. O Shaull apresentava um tema, provocava as pessoas a falar sobre ele e através da conversa ia levando, conduzindo, tecendo os fios da meada. O Shaull fazia a gente se sentir inteligente, intelectual mesmo; sem que nos déssemos conta, ele puxava pela gente, e ao final parecia que ele não tinha dito nada por si mesmo, que havia apenas provocado o grupo a pensar, como um "parteiro" das ideias. Era um mestre nesta pedagogia. O Shaull foi o grande pedagogo dessa geração de intelectuais protestantes no Brasil, nos anos 1950 e 1960.

> **Teologia da Libertação**
> Interpretação teológica vinculada à Igreja Católica e especialmente sintonizada com o processo histórico e social da América Latina. O Concílio Vaticano II (1962-65) foi um marco na mudança de postura da Igreja, ao direcionar o foco para o combate às injustiças sociais. Tal postura se confirma após a Segunda Conferência em Medellín (Colômbia, 1968) e a Conferência do Episcopado Latino-Americano, em Puebla (México, 1979). Especificamente no Brasil, as comunidades eclesiais de base (CEBs), que atuavam desde meados da década de 1960, tiveram importante papel na aproximação com os setores excluídos. O peruano Gustavo Gutiérrez e o brasileiro Leonardo Boff foram dos principais articuladores da Teologia da Libertação.

Comprovando o desconhecimento do que acontecia no mundo protestante, sabe-se muito pouco sobre Richard Shaull.
Ele foi expulso do Brasil por acusações do próprio meio protestante. Os evangélicos racharam entre si já antes do golpe. Com a polarização crescente da sociedade, o lado conservador evangélico cresceu em acusações contra o lado progressista e o Shaull foi um dos primeiros a ser expulso. Se não me engano, foi até um pouco antes do golpe militar de 1964. Ele já vinha sendo acusado de ser "um estrangeiro que trazia o comunismo para o Brasil". Shaull não tinha nada de comunista, ao contrário, mas foi dos primeiros a propor um diálogo substantivo entre o marxismo e a teologia cristã. Ele insistia, dava ênfase a valores que, de certa maneira, brigavam com o marxismo. Enfatizava, em primeiro lugar, a liberdade individual, e representava uma tendência antissistema. Ele não gostava do pensamento sistemático, onde tudo se encaixa com uma coerência hierárquica. Ele acreditava ser isto um modo tipicamente católico de pensar "os católicos adoram sistema", dizia ele, "e os marxistas também." Eu me lembro dos diálogos do Shaull com alguns jovens marxistas, expoentes da época. Tivemos, por exemplo, um encontro entre Wanderley Guilherme dos Santos e Richard Shaull conversando sobre marxismo e cristianismo, que aconteceu lá na Serrinha, localidade entre Penedo e Mauá, onde o grupo protestante, Jether Ramalho[6] e outros, tinham uma casa de retiro e onde o Viva Rio veio mais tarde a montar um centro de encontros. Conversou com

---

[6] Ramalho, Jether (1923). Sociólogo. De família protestante, desde muito jovem participou de atividades sociais da Igreja, inclusive da União das Igrejas Evangélicas Congregacionais do Brasil (UIECB). Formado em odontologia, exerceu a profissão por vários anos. Após o golpe de 1964, retornou à universidade para cursar ciências sociais na Faculdade Nacional de Filosofia (FNFi). Nas décadas de 1970 e 1980, lecionou sociologia no Instituto de Filosofia e Ciências Sociais (IFCS-UFRJ). Militou pela integração entre igrejas em prol da ação pastoral ecumênica objetivando a transformação social no Brasil e na América Latina. Na década de 1960, foi um dos principais articuladores do Centro Ecumênico de Informação (CEI). Na década seguinte, foi um dos fundadores do Centro Ecumênico de Documentação e Informação (Cedi), onde editou a revista *Tempo e Presença*.

Aos 15 anos (no centro), mediando um debate sobre "Diretrizes e Bases da Educação", tendo como participantes da mesa (da esquerda para a direita) o jornalista Paulo Alberto Monteiro de Barros, o professor Darcy Ribeiro, os acadêmicos Daniel de Almeida e João Kiffer Neto. Niterói, em 1958.

estagiários convocados

Não tendo comparecido à reunião de sexta-feira passada, devem comparecer à redação, amanhã, às 15 horas, os seguintes estagiários: Rubem César Fernandes, Zulina Maria de Almeida Santos, Luís Carlos Rushel Gomes, José Maria Veras, João Bósco Evangelista, Moacir Bueno da Cunha, Severino Araújo. Não podendo comparecer neste horário, pedimos que telefonem para nossa redação, amanhã, às 15 horas.

Convocação de Rubem César para estágio no caderno O Metropolitano, do jornal *Diário de Notícias*.

Leandro Konder.[7] Era um exercício de abrir cabeças, de assumir riscos intelectuais, que nos iluminava o pensamento.

Quando você começa essa militância político-religiosa, sua família aceita seu engajamento?
Na família a coisa já começa a esquentar porque, evidentemente, esse movimento jovem era crítico do pastor da igreja. O pastor de meus pais era o reverendo Antônio Elias, um grande orador, cheio de carisma. Transmitia do púlpito aquelas vivências, aquelas experiências, que de tão tocantes levavam a congregação e a ele próprio às lágrimas. Uma pregação sentimental. O movimento jovem, ao contrário, alimentava-se de ideias, aprendia a argumentar, estudava a Bíblia com informações emprestadas às ciências da história. A gente achava aquele chororô uma coisa piegas, meio ridícula. Então o nosso jornalzinho, rodado no mimeógrafo todo dia de sábado, fazia oposição ao pastor. Chamava-se *O Valor*, e era distribuído na saída do culto de domingo. Irreverente, com piadas meio sem graça, quase sempre uma entrevista ou um artigo na contramão do que diziam o ministro e os seus presbíteros. Isto introduzia um elemento complicador lá em casa. Meu pai era presbítero, era do conselho da igreja, e tinha que ouvir: "seu filho está criando problema, esse garoto arrogante, esse menino se metendo com o pastor". Não era só eu, era uma turma que questionava. Até aí tudo bem, era um enfrentamento, um processo de diálogo interno que jovens como eu, aos 15, 16 anos, costumam fazer.

Como você muda de patamar, da militância dentro da Igreja para uma atuação no contexto político?
Era ainda secundarista, mas quase chegando à universidade. Eu dirigia uma revista da Federação Secundarista Fluminense e consegui

---

[7] Konder, Leandro (1936). Intelectual marxista, filósofo e historiador. Formado em direito, trabalhou como advogado sindical entre 1958 e 1964. Após o golpe militar, foi demitido e passou a trabalhar na editora Civilização Brasileira. Militou no Partido Comunista (PCB). No final de 1970, foi preso e partiu para o exílio na Europa. Fez doutorado em filosofia. Lecionou em universidades na cidade do Rio de Janeiro.

dar um salto sobre a baía e vir para o Rio, trabalhar no jornal *O Metropolitano*,[8] publicação semanal vinculada à União Metropolitana de Estudandes [UME], entidade dos estudantes universitários. Foi assim que comecei a sair de Niterói, através do movimento estudantil. Foi pouco antes do quase golpe de 1961, a tentativa de impedir a posse do vice-presidente João Goulart. Nós estudantes, secundaristas e universitários, com a Ubes [União Brasileira de Estudantes Secundaristas], a UME e a UNE,[9] participamos ativamente da "luta pela legalidade", liderada do Sul pelo governador Brizola.

Você estava ligado a alguma organização de esquerda, ao pessoal do Partido Comunista?
Não, não. Eu ainda estava no movimento de Igreja, na Asso-

Brizola, Leonel de Moura (1922-2004), político brasileiro
Gaúcho, formou-se em engenharia. Filiou-se ao Partido Trabalhista Brasileiro (PTB), pelo qual foi deputado estadual, deputado federal, prefeito de Porto Alegre e governador do Rio Grande do Sul. Durante seu mandato de governador (1959-63), comandou a "Campanha pela Legalidade". Tal movimento surgiu a partir da crise política instaurada com a renúncia do presidente Jânio Quadros, em agosto de 1961, quando os militares tentaram impedir a posse do vice-presidente João Goulart. O governador Leonel Brizola organizou um movimento pela posse imediata de Goulart, conclamando o apoio popular por meio de uma cadeia de rádio conhecida como "Rede da Legalidade". Em 1962, eleito deputado federal pelo estado da Guanabara, destacou-se como uma liderança de esquerda, pressionando o governo Goulart pelas reformas de base. Após o golpe militar, partiu para o exílio. Retornou ao Brasil com a Anistia (1979). Não conseguiu retomar a sigla do PTB e fundou o Partido Democrático Trabalhista (PDT). Governou o estado do Rio de Janeiro por dois mandatos (1983-87 e 1991-94). Por mais de uma vez, disputou a eleição presidencial, mas não obteve êxito. Foi um dos políticos mais importantes do Brasil das últimas décadas do século XX.

---

[8] Jornal ligado à União Metropolitana de Estudantes (UME). Circulou entre 1959 e 1969. Inicialmente foi veiculado como encarte do *Diário de Notícias*. A partir de 1963, passou a ser distribuído independentemente. Logo após o golpe militar de 1964, foi fechado. Dois anos depois, a UME retomou o jornal. Após o AI-5, promulgado em dezembro de 1968, foi definitivamente fechado.

[9] Entidade estudantil criada em 1937 por iniciativa do Conselho Nacional de Estudantes em reunião na Casa do Estudante do Brasil, no Rio de Janeiro. Por decreto presidencial de 1942, a UNE recebeu um prédio que seria a sede nacional na praia do Flamengo. Desde sua criação, posicionou-se em importantes eventos, opondo-se ao nazifascismo e apoiando a participação do Brasil na Segunda Guerra Mundial. Após o golpe militar de 1964, a sede foi incendiada. A UNE foi posta na ilegalidade. Mantém-se atuante até os dias de hoje.

ciação Cristã de Acadêmicos (ACA), que era parte da União Cristã de Estudantes do Brasil (Uceb). E lá na escola, no Liceu Nilo Peçanha, eu era do Centro Acadêmico. A gente tinha uma professora de latim, professora Ivete, que era de esquerda, e ela me recomendou a leitura do jornal O *Semanário*. Então comecei a ler O *Semanário* e ficava orgulhoso disso, botava O *Semanário* debaixo do braço, tinha aqueles artigos enormes do Osni Duarte Pereira,[10] nacionalistas, uma chatice, mas vistosos... Ler O *Semanário* era para mim um sinal de distinção. Na escola pública da época havia essa polaridade direita *versus* esquerda, e eu participava dela. Então no Liceu já havia uma militância que depois se juntou com o movimento estudantil em geral. Mas em termos de organização eu pertencia ao lado protestante, essa história que eu já contei. Eu começo a encontrar outros ambientes quando venho para o *Metropolitano*.

Você, secundarista, vem para o Rio atuar no *Metropolitano* e continua morando na casa de seus pais em Niterói?
É, vivia em casa com meus pais. Em Niterói tinha uma galera jovem bem interessante, não era só o Sergio Mendes. Eu gostava mais da Marília Medalha,[11] vocês se lembram dela, linda. Ficou conhecida quando cantou *Ponteio* no festival de 1967. Menina joia e tinha uma voz quente, sotaque carioca acentuado. Então tinha uma turminha que se encontrava, um pessoal de esquerda, que tinha uma presença

---

[10] Pereira, Osni Duarte (1912-2000). Desembargador e escritor. Formou-se em direito, na atual Universidade Federal do Paraná (UFPR). No início da década de 1960, lecionou ciência política no Instituto Superior de Estudos Brasileiros (Iseb). Colaborou com o governo de João Goulart. Após o golpe militar de 1964, teve os direitos políticos cassados. Presidiu o Conselho Brasileiro de Defesa da Paz (Condepaz). Retornou à magistratura, como desembargador, devido à Lei da Anistia (1979). Assessorou projetos para a Assembleia Nacional Constituinte (1987-88). Com Barbosa Lima Sobrinho e Evandro Lins e Silva assinou o pedido de *impeachment* de Fernando Collor de Mello (1992).

[11] Medalha, Marília (1944). Cantora e compositora. Fez suas primeiras apresentações no Clube de Regatas de Icaraí e no Clube Central, em Niterói, sua cidade natal. Em 1965, integrou o elenco da peça *Arena conta Zumbi*, de Augusto Boal e Gianfrancesco Guarnieri. Em dueto com Edu Lobo, interpretou a canção *Ponteio*, de Edu e Capinam, vencendo o III Festival de Música Popular Brasileira (1967), da TV Record.

forte em Icaraí, entre os quais, naturalmente, o MPB4.[12] Eu, ainda garoto, circulava em volta desses personagens. Mas por conta do *Metropolitano* eu começo a frequentar o Rio, pego a barca todo dia. Por isto resolvo me mudar, sair de Niterói, mas ainda estava estudando em Niterói, o que era meio complicado, mas não ia muito à escola a essa altura. Então, para mim, 1961 foi um ano marcante, com a campanha da legalidade, que aconteceu pouco depois da minha vinda para o *Metropolitano*. O *Metropolitano* era um jornal interessante, onde estavam o Cesar Guimarães, o Arnaldo Jabor, o Silvio Gomes de Almeida, o Cacá Diegues, um pessoal que veio a render bastante para a nossa cultura.

Quem mais estava no *Metropolitano*?
Mário Rocha era o chefe de fotografia, o Afonso Beato era fotógrafo. Evoluiu como cinegrafista e migrou para Hollywood, acho que por conta dos constrangimentos do regime autoritário. O Cesar Guimarães fazia análises políticas. Reinaldo Jardim[13] desenhou o projeto gráfico. Foi dos primeiros jornais do Rio ou mesmo do Brasil a explodir a página, colocar fotos grandes, de qualidade, usar os espaços em branco, com uma paginação leve, bonita. No novo jornalismo, o *Metropolitano* foi vanguarda junto com o *Jornal do Brasil*. Ele saía com o *Diário do Comércio* aos domingos. Era um suplemento semanal, um jornal de qualidade e bastante lido, realizado por essa galera jovem. Eu entrei de foca, ajudando a Ana Maria Moscovitch (depois Galano), minha chefe.

---

[12] Conjunto vocal formado em 1962, composto por Ruy, Aquiles e Miltinho — estudantes universitários em Niterói — e por Magro. Com Chico Buarque e o conjunto feminino Quarteto em Cy, dividiram palco e gravaram discos. O MPB4 participou de festivais de música brasileira.

[13] Jardim, Reinaldo (1926-2011). Jornalista. Cursou comunicação na PUC-SP. Trabalhou em emissoras de rádio e nas revistas *O Cruzeiro* e *Manchete*. Participou da reforma gráfica do *Jornal do Brasil* e criou o Suplemento Dominical na década de 1950. Dirigiu a revista *Senhor* e foi um dos criadores do jornal *O Sol* nos anos 1960. Dirigiu o jornalismo da TV Globo.

luz na favela de lucas também é feita de sobras

Logo à entrada da favela encontramos alguém que sabia: — «Ah!? O homem que trata da iluminação? Sei quem é. E' o Manèzinho da luz. Vou lá p'ra perto, se quiser posso te levar». Era um criolo alegre — que reclamava não poder soltar fogos êste ano por causa dos preços — quem se oferecia à reportagem.

Fomos encontrar Seu Manèzinho ganhando uma cartada de buraco num barracão grande que servia de depósito. E' o primeiro homem da favela, é êle quem recebe as mensalidades para pagar a Light, quem vai falar com o homem do SERPHA, quem entende de problemas de lei, mas, fundamentalmente, quem, junto com o baiano, descobriu a «luz galena».

a descoberta

— «Faz um bocado de tempo — explica Manèzinho — quando eu era construtor de barracões da Central do Brasil, tivemos de fazer um negócio grande de verdade: transportar a favela do Arará p'ra aqui. Foi uma trabalheira louca!»

— «Nesse tempo isso aqui era um negrume horrível. Tudo escuro! Mas num dos barracos morava um mulato inteligente tôda vida, chamado baiano, que deu a idéia de fincar bambu até acender uma luz... Eu não sei como foi isso não, mas êle me chamou e nós principiámos a fincar bambu no chão, passar fios de cobre entre êles e puemm outro p'ro chão (p'ra fazer o terra). Aí acendeu uma luzinha».

centro latino-americano desenvolve pesquisas

O Centro Latino-Americano de Pesquisas em Ciências Sociais está preparando uma série de atividades relativas à sua programação para os próximos meses. Enquanto isso, continuam sendo ativadas diversas pesquisas, tais como «Educação e Desenvolvimento na América Latina», «Levantamento do Ensino de Ciências Sociais na Argentina», Estratificação e «Mobilidade Social».

Encontra-se também em fase de acabamento o boletim trimestral (nº 2, ano IV), com vasto noticiário especializado, bibliografia, revista dos periódicos sôbre Ciências Sociais, etc., além de importante estudo sôbre radicalismo político e desenvolvimento econômico.

Os favelados de Parada de Lucas não tinham luz. Mas a favela fica bem juntinho da antena da Rádio Nacional, e um dia o baiano — mulato vivo — bolou um negócio que talvez desse eletricidade para êles. Chamou Manèzinho e juntos começaram a tentar captar a energia que emana da antena e aproveitá-la para suas casas. E tanto tentaram que conseguiram! Isso faz um tempão e hoje o baiano já sumiu, mas o outro está lá e todo mundo o conhece: — «E' o Manèzinho da luz».

Reportagem de Rubem César Fernandes

— «Desde essa hora a gente começou a ensinar p'ros outros e num instantinho a favela inteira tinha luz. Mas não era só isso — continua em sua história — nós fizemos uns radiozinhos, e nessa época chegou a ter mais de 300 rádios dêsse tipo. Mas hoje uma porção de barracos já tem luz elétrica de modos que está acabando a luz de galena — é êste o nome que dão à «descoberta» — mas se os senhores quiserem eu levo numa».

Atendemos ao convite. O barraco era mesmo feio, frio, miudo, furado, com dois comodozinhos e uma criança dormindo suada. Tudo isso iluminado por quatro lâmpadas fluorescentes.

— «E' assim môço, a gente pega as lâmpadas galena queimadas, liga em dois fios de cobre e ela acende. Essas aqui estão meio apagadas mas mais tarde, aí pelas dez horas, isso fica que só dia! Só é chato que 1 hora acaba (a rádio nacional sai fora do ar)».

o segrêdo

O fenômeno, segundo Gilberto Lôbo, do curso de física da Faculdade Nacional de Filosofia é bastante simples e conhecido — trata-se do princípio de indução eletro-magnética — sendo, inclusive, famoso um processo movido por uma estação de rádio nos EE.UU. contra um sujeito que fazia mais ou menos a mesma coisa.

O segrêdo é o seguinte: a antena produz um campo eletro-magnético multíssimo intenso que se propaga radialmente e êste campo induz nas antenas dos fios de cobre uma tensão de rádio frequência. O outro polo está ligado à terra, fechando então o circuito. Qualquer aparelho pode funcionar com êste sistema. Quanto à lâmpada queimada, não o é realmente o que acontece é que ela tem um dos filamentos estragados.

o funcionamento

— «Qualquer um aqui na favela faz a luz de galena. E' mole! A gente pega dois bambus bem grandes, de 10 metros p'ra cima, e estende com fio de cobre entre os dois (quanto maior e fio melhor é), isso aí faz a antena. Dêsse fio de cobre a gente puxa outro até uma bobina que a gente faz também. Depois cava um buraco bem fundo, põe uns pedaços de cano e puxa mais um fio até a bobina (êsse faz o terra). Da bobina liga à lâmpada (mas tem de ser queimada!) e acende».

— «E, mas o rádio é mais complicado — retruca um rapaz alto, bem magro, voz grossa e inteligente — a gente compra um alto-falante e um transformador, faz uma bobina e põe uma pedra de galena, ou diodo de germano, funcionando como válvula. Fiz uma, uma vez, que pegava quatro estações». — «E' sim, môço, — acrescenta uma velha desdentada, — e se não tem diodo de marciano é só pô uma vàlvula que fuiz!»

— «Mas o mais gozado — interrompe seu Manèzinho — é que nós fazemos com laranjas, abóboras verdinhas e outras frutas molhadas. A gente põe a laranja ou abóbora verde no fio e elas retransmitem o que a Rádio Nacional está tocando! Baixinho mas toca!»

cooperativa da luz

— «Mas hoje bastante gente já tem luz elétrica. E fui eu que consegui também. Fui à Central do Brasil e por meio dela fui dar um jeito p'ra que a Light dêsse luz aqui p'ra favela. E até hoje todo mundo paga p'ra mim e eu pago p'ra Light na despesas. Mas êsse negócio não é bom, não é! Quase todo mês o pessoal atrasa — um está prêso, outro doente, outro no hospital — e eu é que tenho de me virar, e além disso, fico parecendo explorador de favela!»

— «Por isso é que vou formar uma cooperativa, em que cada um ré uma contribuição e a diretoria fica responsável. Vou êstes dias mesmo procurar o homem do SERPHA (sr. Artur Rios) p'ra ver se o governo ajuda».

Nesse momento Manèzinho da Luz teve de retirar-se — um molecote veio chamá-lo pois estavam precisando dêle — foi o nosso último contato com aquêle líder autêntico.

Íamos saindo quando cuidadosamente chegaram duas ambulâncias. Eram duas quebradas simultâneas. Voltámos rápido para indagar o quê. Ninguém respondeu! Tínhamos um jeitão de cidade...

A reportagem intitulada "Luz na favela de Lucas também é feita de sobras", escrita por Rubem César, foi publicada no caderno O Metropolitano do jornal *Diário de Notícias*.

Como você entrou no *Metropolitano*?
O Paulo Alberto Monteiro de Barros[14] [Artur da Távola] deu um curso sobre jornalismo na UNE, curso esse que foi anunciado no *Metropolitano*. Eu me inscrevi, fui lá na UNE, na Praia do Flamengo. O Paulo Alberto deu o curso, uma série de palestras, e no último encontro pediu: "agora quero vocês escrevendo uma matéria sobre o curso". Com base nessa matéria, ele selecionou duas pessoas para trabalharem no *Metropolitano*, e eu fui um dos selecionados. *Yes*! Foi assim que eu vim trabalhar no *Metropolitano*, e lá já estava a Ana Maria. Entrei como assistente dela. Tive uma primeira matéria publicada na primeira página do *Metropolitano*, assinada por mim, com belas fotos do Mário Rocha, que aliás foi quem me deu a dica da matéria.

Que matéria era essa?
A manchete eu lembro até hoje, "Luz na favela de Lucas também é feita de sobras". Em Parada de Lucas tinha uma antena da Rádio Nacional que emitia aquelas ondas poderosas; então os moradores de Lucas escutavam a Rádio Nacional e iluminavam a favela aproveitando a energia emitida pelas ondas da rádio. Chamavam "luz de galena", não me lembro por quê. Diziam que a lâmpada tinha que ser queimada, não podia ser uma lâmpada normal, senão, não acendia. E o pessoal usava frutas cítricas, ficava ouvindo a rádio na laranja, no limão... Tinha um morador que montava o "artefato" e ganhava algum dinheiro com isso. Montava rádios de improviso, navegando nas ondas da Rádio Nacional. Fiz uma matéria sobre isso. Acho que foi uma dica do Mário, o fotógrafo.

---

[14] Barros, Paulo Alberto Monteiro de [Artur da Távola] (1936-2008). Advogado e jornalista. Na década de 1950, foi produtor de programas educativos na Rádio Ministério da Educação e Cultura (MEC) e dirigiu o jornal *O Metropolitano*. Por muitos anos, dedicou-se ao magistério superior. Em 1960, foi eleito deputado estadual. Após o golpe militar, teve o mandato cassado e partiu para o exílio na Bolívia e no Chile. Retornou ao Brasil em 1968, passou a escrever para a *Última Hora* e adotar o pseudônimo Artur da Távola. Trabalhou em *O Globo*, *O Dia* e na editora Bloch. Teve grande atuação no meio jornalístico e publicou vários livros. Foi constituinte (1987-88), deputado federal (1987-95), senador (1995-2003) e um dos fundadores do Partido da Social Democracia Brasileira (PSDB).

"aca" diz que contemporaneidade do cristianismo está na esquerda

A União Cristã de Estudantes do Brasil (UCEB), órgão que reúne os estudantes evangélicos do país, reuniu-se em Sacra Família do Tinguá — Estado do Rio de Janeiro — entre 1º e 5 de novembro num seu congresso regional que contou com a presença de estudantes das ACA (Associação Cristã de Acadêmicos) — expressão local da UCEB nas faculdades — do Estado do Rio de Janeiro, São Paulo e Guanabara.

O encontro desenvolveu-se em duas linhas: pelas manhãs e noites reunião de estudo de quatro comissões: reforma agrária, reforma universitária, arte e política nacional e, pelas tardes: interpretação teológica da missão do cristão «no mundo revolucionário de hoje».

Teve como afirmação central e constante a necessidade de engajamento revolucionário dos estudantes cristãos na «esquerda».

Publicamos um apanhado dos relatórios das quatro comissões

reportagem de Rubem César Fernandes

Reportagem de Rubem César sobre a participação da Associação Cristã de Acadêmicos (ACA) no congresso realizado pela União Cristã de Estudantes do Brasil (Uceb).

É, a gambiarra parece ser o princípio de funcionamento da cidade...

Aí eu fiquei todo contente. Outra matéria que emplaquei no *Metropolitano* tinha o título "A contemporaneidade do cristianismo está na esquerda". Essa era sobre o grupo de protestantes que promoveu uma conferência no Nordeste organizada pelo Waldo César. O Julião[15] e o Arraes[16] foram chamados para dialogar com os pastores.

Você também foi a essa conferência?

Não, mas eu trabalhei com os materiais, com os resultados da conferência e fiz a matéria. Então foi pelo *Metropolitano* que eu entrei nessa "turma" próxima da UNE. Comecei a participar das conversas na UNE, com o pessoal do Centro Popular de Cultura (CPC),[17] embora não fosse universitário ainda, mas já frequentava o ambiente.

Você participou do CPC?

Não, nas artes, eu sempre fiquei no lado da plateia, batendo palmas, mas tinha amigos que participavam ativamente. Uma delas era a

---

[15] Julião, Francisco (1915-99). Advogou em Recife e, em 1948, defendeu integrantes da Sociedade Agrícola e Pecuária de Pernambuco (Sapp) no Engenho da Galileia, a primeira associação de camponeses do estado e que deu origem às Ligas Camponesas. Filiado ao Partido Socialista Brasileiro (PSB), foi eleito deputado estadual (1954). No ano seguinte, como presidente de honra das Ligas Camponesas, participou de um congresso que defendia uma mudança no sistema de propriedade agrária e de produção agrícola. A importância das Ligas projetou Julião e a situação social no Nordeste. Em outubro de 1962, foi eleito deputado federal. Logo após o golpe militar, foi cassado, preso e, em seguida, partiu para o exílio no México. Retornou ao Brasil com a Anistia em 1979.

[16] Arraes, Miguel (1916-2005). Político brasileiro com intensa atuação desde a década de 1950. Foi prefeito de Recife e governador de Pernambuco (1963-64). Devido ao golpe militar de 1964, foi deposto, preso e permaneceu no exílio até a Anistia em 1979. De volta ao Brasil, retomou sua trajetória política, elegeu-se três vezes deputado federal e duas vezes governador de Pernambuco (1987-90 e 1995-98).

[17] Vinculado à União Nacional dos Estudantes (UNE), foi fundado em 1962, por intelectuais de esquerda, com objetivo de criar e divulgar "arte popular revolucionária". Foram fundados CPCs em vários estados. Participaram Oduvaldo Vianna Filho, Leon Hirszman, Carlos Estevam Martins, Carlos Lyra, Ferreira Gullar, entre outros. Após o golpe militar de 1964, o CPC foi fechado.

Albinha, Alba Zaluar, que era uma graça de menina, dançava bem, encantava a rapaziada e era do CPC. E tinha outras meninas que participavam do CPC e a gente ia atrás. Na UNE eu participei de reuniões para eleição do Aldo Arantes,[18] acontecida no Congresso da UNE em 1961. A eleição do Aldo já foi resultado de uma aliança entre o pessoal católico e o marxista, e que também contou com a participação do pessoal protestante. E eu ia junto, comecei a frequentar esses ambientes da UNE, entre a UNE e o *Metropolitano*, mesmo não sendo ainda universitário.

Para você o primeiro evento histórico de grande impacto aconteceu em 1961?
Em 1961 houve uma ruptura na política nacional, com forte repercussão no Rio de Janeiro e no movimento estudantil. No Sul, teve a "Campanha da Legalidade" organizada pelo Leonel Brizola e orquestrada pela Rádio Nacional. No Rio, as pessoas se manifestavam na Cinelândia. A Cinelândia era o lugar de se encontrar e a polícia aparecia batendo, usando gás lacrimogêneo, todo dia. Daí eu começo a participar de reuniões onde aparecem outros personagens. Um deles foi o Marcos Jaimovitch, que era o eterno representante da juventude do Partido Comunista. Marcos já era arquiteto, da equipe do Oscar Niemeyer, e que ainda representava a juventude, junto com a Zuleica [Alembert]. Outro que participava dessas reuniões de 1961 era o Givaldo Siqueira, e também o Salomão Malina, ambos comunistas. Eram reuniões para discutir o que estava se passando na Cinelândia e sua relação com a luta política nacional. O objetivo era planejar o dia seguinte. Eu cheguei nessas reuniões e ficava ouvindo. Fui impactado pela *diferença* na maneira como o Marcos, o Givaldo e o Malina pensavam o que se passava. Era uma maneira

---

[18] Arantes, Aldo (1938). Político brasileiro. Militante da Juventude Universitária Católica (JUC). Como presidente da União Nacional dos Estudantes (UNE), quando Jânio Quadros renunciou à presidência da República em agosto de 1961, participou ativamente da "Campanha da Legalidade". Após o golpe militar de 1964, foi para a clandestinidade. Ingressou no Partido Comunista do Brasil (PC do B), foi preso e torturado. Após a Anistia, em 1979, retornou à atividade política. Elegeu-se deputado federal por quatro mandatos. Lançou a autobiografia *Alma em fogo* (2013).

direta, sem cascata: "amanhã, tal hora, tal lugar vai acontecer isso...".
É como se já soubessem o futuro. Ficava olhando e admirando:
"gente, são mais inteligentes...". A tendência que predominava na
UNE e no *Metropolitano* não era marxista, muito menos comunista.
Era uma tendência que viemos a chamar de "nova esquerda", de
inspiração intelectual francesa, e que se reunia na casa das pessoas
na zona sul. Era uma turma da Pontifícia Universidade Católica
[PUC], o Paulo Alberto, o Cacá [Diegues], o [Arnaldo] Jabor; tinha
uns católicos de esquerda, tipo Aldo Arantes. Em 1961, diante da liderança
tão evidente dos comunistas, esse nosso pessoal considerou:
"precisamos nos organizar, porque senão os comunistas vão tomar
conta". E foi aí que montamos a "nova esquerda", que era uma tendência
que puxava um pouco da esquerda independente francesa,
com o Sartre, a Simone de Beauvoir[19] e outros. Era uma coisa intelectualizada,
com uma certa sofisticação, da *nouvelle gauche*, que era
muito lida na época. A França era a nossa referência intelectual. A
gente frequentava a livraria francesa no edifício Marquês de Herval,
na avenida Rio Branco, para se atualizar. Comprar *Temps Modernes*,
L'Esprit, *L'Humanité*... Ler Sartre, Camus, Franz Fanon, Merleau-Ponty.
Parte disso a gente já lia na escola secundária. Tinha uma
turminha no Liceu que curtia os livros da Simone de Beauvoir.

Quais eram suas leituras durante sua juventude?
Uma amiga do Liceu Nilo Peçanha suicidou-se citando o discurso
existencialista sobre o vazio da vida. Uma bobajada. Ela devia ter
outras razões mais pessoais, mas o que aparecia de racionalização
era o existencialismo. Ela se matou e deixou um bilhete. Foi um
choque para o nosso grupo e, sobretudo para o Sérgio, namorado
dela, que ficava nos explicando as razões filosóficas daquela loucura.
Eu lia autores da esquerda cristã ou do existencialismo francês. Era

---

[19] Sartre, Jean Paul (1905-80) e Beauvoir, Simone de (1908-86). Filósofos, escritores e intelectuais franceses. Conheceram-se na Sorbonne, em Paris, quando cursavam filosofia. Sartre projetou-se com o romance *A náusea* (1938). Em 1945, o casal fundou o periódico *Les Temps Modernes*. Destacaram-se como intelectuais existencialistas. O principal livro de Beauvoir foi *O segundo sexo* (1949), marco do feminismo. Em 1960, o casal visitou o Brasil e Cuba, onde esteve com Fidel Castro e Che Guevara.

isso que a gente lia. E a imprensa dita "progressista", como o *Última Hora*,[20] e o *Semanário*.

Você estava falando desse grupo, da "nova esquerda", que se forma para se contrapor ao Partido Comunista, que era mais organizado, mais pragmático.
Mais eficaz em tudo, e a gente assim meio viajante, muito jovem, bons na música com a bossa nova, no cinema novo, no jornal *Metropolitano*, uma turma boa na cultura, mas crua em questões de política. É quando acontece o quase golpe de 1961, com aquela correria na cidade, o país à beira de uma guerra civil. A recusa golpista à posse do Jango e a mudança do regime para o parlamentarismo aconteciam em meio a uma polêmica do tipo Guerra Fria, esquerda-direita. O clima de conflito materializava-se no fumacê à noitinha na Cinelândia. Era gás toda noite.
A gente ia para a UNE para avaliar o que tinha acontecido e pensar o que fazer em seguida. Destacava-se o Oduvaldo Vianna Filho,[21] o Vianinha, uma liderança muito interessante. Eu morria de medo dessa coisa de polícia, correria, apanhar na rua. E admirava algumas pessoas que pareciam não ter medo. Uma delas era o Vianinha, ele ficava no meio da fumaça, comandando, como se não tivesse nem aí com a confusão. E os comunistas, porra, durante e depois anali-

---

[20] Jornal fundado em junho de 1951 por Samuel Wainer no Rio de Janeiro. Manteve proximidade com o segundo governo Vargas (1951-54). Passou a ter edições em outras cidades formando uma rede nacional de imprensa. Após o golpe militar de 1964, o jornal e seu fundador passaram por dificuldades. Em 1971, o *Última Hora* foi vendido e, em 1991, decretada a falência.

[21] Vianna Filho, Oduvaldo (1936-74). Dramaturgo e ator. Filho do também dramaturgo Oduvaldo Vianna. Vianinha, como ficou conhecido, cursou até o 3º ano de arquitetura da Universidade Mackenzie. Durante esse período estreou como ator em São Paulo. Em 1956, entrou para o Teatro de Arena, atuando no sucesso *Eles não usam black-tie* (1958), de Gianfrancesco Guarnieri. Interessado na questão social, escreveu *A mais-valia vai acabar, seu Edgar* (1960). Participou da criação do CPC da UNE. Depois do golpe militar de 1964, participou da criação do Grupo Opinião, marco da resistência cultural à ditadura. Foi um dos autores do show Opinião e da peça *Se correr o bicho pega, se ficar o bicho come*. Vianinha e Paulo Pontes fundaram o grupo Teatro do Autor (1968-73). Adaptou peças teatrais para a TV Globo e, com Armando Costa, escreveu o seriado *A grande família* (1973).

sando tudo e dizendo "amanhã vai ser assim, vai ser assado", sempre teorizando, mas com sentido prático. Então essa turma de estudantes, do *Metropolitano*, da UNE, da PUC, encontra-se na Cinelândia, participa muito, mas depois não tem nada a dizer, porque quem é capaz de falar sobre os próximos passos são os comunistas. Isso levou o grupo a dizer "olha, a gente precisa se organizar, porque senão eles vão dominar tudo e não é bem o que a gente quer". A gente quer formar uma nova esquerda, não simplesmente aderir à esquerda antiga. Assim como tem a bossa nova, o cinema novo, tudo era novo, a gente também queria uma esquerda nova. Então começam as reuniões para formar o partido, digamos, da nova esquerda. A primeira coisa a considerar: "é preciso ter uma ideologia, senão você não consegue discutir com os marxistas, porque eles têm uma ideologia, então é preciso formatar uma ideologia". E como se faz uma ideologia? A questão foi passada ao Raul Landin, que estudava filosofia. Ele deveria preparar uma proposta...

Era para "fabricar" uma ideologia?
Propor um programa de estudo para nós, da nova esquerda. Ver qual seria o pensamento comum, um campo doutrinário comum para a gente montar a base ideológica da nova esquerda no Brasil, porque ela existia na França, pelo menos era o que a gente acreditava. Aí o Raul Landin, na reunião seguinte, sala lotada, todo mundo fumando...

Faziam essa reunião onde, no prédio da UNE, na casa de alguém?
Na casa de alguém, não me lembro casa de quem, mas foi na zona sul, com certeza. Aí o Landin aparece com um programa de estudos. Ele diz ser necessário "pelo menos um ano de seminários para a gente poder desenvolver essa ideologia e é preciso começar com os pré-socráticos". Aí o pau quebrou! Eu fiquei uma fera, começar com os pré-socráticos, não é possível um negócio desses! Segundo ele, sem você entender os pré-socráticos você não consegue ultrapassar o pensamento mítico e evoluir para um pensamento racional. E aí foi uma discussão enorme. A "nova esquerda" rachou assim no nascedouro, por conta dos pré-socráticos. E o Raul Landin, que era uma pessoa estudiosa, foi atropelado pelos mais impacientes, eu entre eles. Não sei por onde anda, deve ser um excelente professor de filosofia.

Especialista nos pré-socráticos!
Talvez... Para essas discussões iniciais de formação da nova esquerda foi trazido o padre Vaz, o Henrique Lima Vaz,[22] para conversar com a liderança estudantil de origem cristã. O Aldo Arantes organizou seminários de filosofia lá no prédio da UNE, na Praia do Flamengo, onde se falava de Hegel e da esquerda hegeliana.

Lembra de outros nomes do grupo que participou dessa tentativa de formar esse partido, essa nova esquerda?
Eu mencionei os nomes que lembro. Aldo Arantes, Cesar Guimarães, Arnaldo Jabor, Cacá Diegues, Silvio Gomes de Almeida, Ana Moscovitch, Aylton, Alcir...

Isso tudo acontece ainda em 1961. E você com 17 para 18 anos?
É, eu era garoto. Tinha muita gente jovem ali. A partir do racha, a discussão fica séria, e alguns tomam uma posição mais crítica — "uma palhaçada, os únicos realmente que estão a fim de alguma coisa pra valer são os comunistas". Entre nós, os que chegaram a essa conclusão, foram o Aylton e o Alcir, dois irmãos. O Aylton, que veio a morrer ainda jovem, e o Alcir, marido da Flora Abreu, que faleceu recentemente. A Flora para nós era de direita! Não era, mas a gente achava que sim, porque era católica, mas isso vai ser mais tarde, já na FNFi (Faculdade Nacional de Filosofia).[23] O fato é que

---

[22] Vaz, Henrique Lima (1921-2002). Liderança católica, conhecido como padre Vaz. Em 1938, foi admitido na Companhia de Jesus, em Nova Friburgo (RJ), formando-se em filosofia em 1945. Três anos depois, foi ordenado padre em Roma, onde estudou teologia e cursou o doutorado na Faculdade de Filosofia da Universidade Gregoriana de Roma. Entre 1953 e 2002, lecionou filosofia em várias faculdades. Na década de 1960, foi um dos fundadores e o principal ideólogo da Ação Popular (AP). Publicou vários livros sobre filosofia, ética e religião.

[23] Foi criada por decreto em 1939 e vinculada à Universidade do Brasil, atual Universidade Federal do Rio de Janeiro (UFRJ). Em sua estrutura original, as formações de história e geografia eram reunidas em um só curso, cuja ênfase era preparar professores para o ensino secundário. Teve assim como objetivo primeiro a formação de bacharéis e professores, além de também desenvolver pesquisa e pós-graduação. Suas atividades foram encerradas em 1968, com a reforma universitária implementada pela ditadura militar. Sua estrutura foi dividida entre vários departamentos da UFRJ.

a gente racha, recusa aquela fuga para a filosofia, e começa a se aproximar do Partido Comunista.

Foi aí que um rapaz chamado Antônio Carlos Peixoto me chama e oferece: "tem um convite aí para ir a Cuba, está a fim?". Isso foi em 1961. "Porra, sensacional!" Fui a Cuba representando o movimento estudantil secundarista. Pode? Houve assim um gesto do Antônio Carlos para nos recrutar, a mim e ao Aylton, o Alcir era mais novo. Fui a Cuba em 1961, no final do ano.

E como você foi? Tinha passaporte?
O Antônio Carlos convidou e alguém organizou — rápido, simples, competente. Isso tinha a ver com o Caio Prado Júnior,[24] historiador e dono da editora Brasiliense, que participava da organização de viagens para conhecer a revolução cubana. Ficamos entusiasmados com as coisas da revolução. Já estava nesta linha de pensamento e foi lá em Cuba que decidi: é isso mesmo, vou entrar no Partido Comunista.

Diante daquele fiasco da nova esquerda, você escolhe a velha esquerda mesmo, não é?
Alguns entraram para o Partidão e outros foram formar a Ação Popular (AP).[25] A AP, acho, foi inicialmente composta por esse grupo e mais a liderança estudantil de Minas Gerais, onde estava o Betinho. Esse foi o eixo que formou a AP, tendo o padre Henrique Lima Vaz como orientador filosófico. Ele nunca foi ideólogo, ele era filósofo de

---

[24] Prado Júnior, Caio (1907-90). Historiador e dono da editora Brasiliense. Bacharel pela Faculdade de Direito de São Paulo. Filiado ao Partido Comunista (PCB), foi membro da Aliança Nacional Libertadora (ANL) em 1935, quando foi preso e exilado. Fundou a Editora Brasiliense (1943). Escreveu *Evolução política do Brasil* (1933), *Formação do Brasil contemporâneo* (1942), *História econômica do Brasil* (1945), *A revolução brasileira* (1966) e *A questão agrária no Brasil* (1979).

[25] Organização política nacional, fundada em 1962, durante congresso da Juventude Universitária Católica (JUC) em Belo Horizonte, Minas Gerais. O objetivo inicial era aprofundar sua militância política no terreno da esquerda, sem a interferência da hierarquia da Igreja, e formar quadros para agirem na transformação social brasileira. A instauração do regime militar acentuou as dissidências internas. Muitos membros aderiram ao Partido Comunista do Brasil (PC do B). Na década de 1970, vários foram detidos ou mortos pelo aparelho repressivo estatal. Entre seus integrantes, menciona-se a liderança nacional, Betinho, e o seu principal ideólogo, o padre Henrique Vaz.

> **Betinho (1935-97)**
> Herbert José de Sousa, conhecido como Betinho, foi importante liderança civil. Era irmão do cartunista Henfil e do compositor Chico Mário. Militou na Juventude Estudantil Católica (JEC), setor da Ação Católica Brasileira (ACB). Durante o curso de ciências sociais na Universidade Federal de Minas Gerais (UFMG), militou na Juventude Universitária Católica (JUC). Foi fundador e dirigente nacional da Ação Popular (AP). Apoiou a implementação das reformas de base do governo Jango. Após o golpe militar de 1964, viajou para Cuba e para o Uruguai para articular a derrubada do regime. Durante muitos anos viveu clandestinamente no Brasil e passou a atuar na conscientização de operários no interior de São Paulo. Em 1971, partiu para o exílio, indo para o Chile, depois Panamá, Canadá, Escócia e México. Trabalhou em centros de estudos no exterior. Com a Anistia, em 1979, regressou ao Brasil. Em 1981, fundou, com Carlos Afonso e Marcus Arruda, o Instituto Brasileiro de Análises Sociais e Econômicas (Ibase), ONG dedicada, inicialmente, à democratização da informação. Na década de 1980, participou de vários movimentos pela afirmação da cidadania. Criou e presidiu a Associação Brasileira Interdisciplinar da Aids (Abia). Em 1993, idealizou a campanha Ação da Cidadania contra a Fome, a Miséria e pela Vida, conhecida como Campanha contra a Fome. Foi indicado para o prêmio Nobel da Paz. Publicou vários livros e artigos.

verdade. Comentava as coisas da história, o pensamento histórico na teologia. O Shaull achava o padre Vaz muito bom, mas criticava o seu espírito sistemático, o esforço por capturar a realidade no conceito, o gosto pela coerência, ainda que dialética, próprio aos estudiosos de Hegel.

Quando você entra para o Partido Comunista, o chamado Partidão, qual é a reação dos teólogos protestantes, diante de sua opção?

Na Igreja Protestante, em seus meios intelectualizados, a minha entrada para o Partido Comunista teve uma certa repercussão. Foi objeto de conversas. Será um sintoma de nossos limites cristãos diante da dura realidade da política? Shaull envolveu-se na discussão, com afinco. Eu insistia que não era tanto a verdade do marxismo que me instigava, mas a sua eficiência. Você olhava quem realmente estava querendo fazer as coisas na prática, e a diferença entre os comunistas e a esquerda católica e protestante era muito grande. Era esse meu argumento. E o Shaull reconhecia isso e respeitava. Então não foi chocante, foi uma atitude que eles respeitaram. Naqueles anos do auge da Guerra Fria, a União Soviética de Khrushchov, a China de Mao e a Cuba de Fidel, sem falar nos novos ventos que vinham da África, da Índia, do "Terceiro Mundo", pareciam promissoras. Impressionaram a muita gente boa. Acho que do pessoal protestante só eu entrei no Partidão, mas um bom número dialogava com esse tipo de questão... Uma pessoa que fazia parte dessa história era o Claudius Ceccon, de origem metodista, ele também fazia parte do círculo de amigos do Shaull.

Então você entra para o Partido Comunista antes de entrar para a universidade?
A essa altura eu estava chegando à universidade, terminando o secundário. Em 1962 eu faço vestibular para história. E tinha aquela frase do Jovem Marx "a única ciência é a ciência da história" — tudo é história, a própria natureza foi transformada e incorporada à história humana. Não existe nada perceptível que esteja fora da história. Então, se era isso que a gente pensava, eu tinha de estudar história. Fui fazer o vestibular para a Faculdade Nacional de Filosofia, a "FNFi", da UFRJ. No pré da faculdade tinha um pessoal que ficava recrutando alunos para o Partidão. O partido controlava o pré-vestibular da FNFi. E tinha alguns professores do pré-vestibular que eram excelentes. Um deles, que me deixou lembranças, foi o próprio Antônio Carlos Peixoto.

Aquele que ofereceu o convite para conhecer Cuba?
Sim. Era um fenômeno de memória, sabia tudo, aqueles detalhes, como é mesmo aquela disputa em Burma... o companheiro tal e tal, sabia tudo de Burma... Como esse cara sabe tanta coisa?! O Pedro Celso Uchôa Cavalcanti Neto[26] também dava aulas.

Eles já eram professores?
Não, eles eram alunos da faculdade, mas professores do pré. O Pedrão era uma liderança maior, do ponto de vista da inteligência, do raciocínio, tinha tiradas que ajudavam as pessoas a pensar. E tinha um professor de geografia que eu esqueci o nome que era maravi-

---

[26] Cavalcanti Neto, Pedro Celso Uchôa. Ingressou em 1958 no curso de história na Faculdade Nacional de Filosofia (FNFi). Participou do projeto "História Nova do Brasil" no Iseb, sob a coordenação de Nelson Werneck Sodré. Deu aulas na PUC de Petrópolis, na Universidade Federal Fluminense (UFF) e em sindicatos. Em 1964, com a implantação da ditadura militar, exilou-se na Polônia, onde fez o doutorado. Na década de 1970 passou a residir e a lecionar nos Estados Unidos. Mais tarde lecionou também no Brasil. Foi um dos organizadores do livro *Memórias do exílio*.

lhoso, um cara enorme e forte. Ele te ensinava a gostar de geografia, a entender a história e a sociedade através das mudanças físicas no ambiente. Era um bom curso de pré-vestibular, com orientação marxista. Quem entrasse na faculdade pelo pré-vestibular da universidade tinha uma boa oportunidade de ser recrutado para o Partidão. Eu vinha com essa história anterior, a viagem a Cuba, quando entro no pré-vestibular eu já estou meio que pré-recrutado. De fato, fui convencido em Cuba pelo Antônio Carlos quando estava lá com o Aylton. Nós dois, eu e o Aylton, caminhando em Havana e discutindo: "vamos entrar, não vamos entrar... tem que entrar, pô".

Você ficou quanto tempo em Cuba?
Um mês.

Um mês! Chegaram a ver Fidel Castro em alguma manifestação?
Ah, sim, e vimos, ao lado dele, Che Guevara, num debate acontecido numa sala de hotel, o Che cheio de charmes...

Ver Fidel era ver Deus, não é?
Em termos... Acompanhamos o Fidel discursando na praça de Havana, gente que enchia a vista até o horizonte. E quando começa a manifestação, primeiro houve a parada dos batalhões de alfabetizadores, que levavam um lápis gigante, como se fosse um fuzil. Depois vem a parada militar e aí a população começa a correr para chegar mais perto do palanque. Nós brasileiros, convidados VIP do regime, ficamos no próprio palanque, em seu lado esquerdo. Aí começa aquela correria, os tanques ainda se locomovendo, e Fidel pega o microfone e manda os tanques pararem onde estiverem, para não provocar um acidente. Os tanques param, enquanto a população continua a avançar, misturando-se com os tanques e os militares revolucionários. Aí o Fidel abre o seu discurso com a frase: "*No son tanques contra el pueblo, sino el pueblo con tanques!*", e foi aquela onda gigantesca de aplausos... e ele segue falando horas a fio, a gente ali, bebendo as palavras e os aplausos.

Maravilhados!
Anos mais tarde, encontrei na Polônia uma menina que estava lá no mesmo palanque, no mesmo dia e hora. A gente comparou lem-

branças e chegou a um resultado surpreendente. Ao contrário da admiração positiva que tomou conta de nós brasileiros, ela e seus colegas poloneses reagiram com medo, quase pavor. Dizia ela..."que horror foi aquilo, fiquei com tanto medo... eu me lembrei das manifestações nazistas". Nunca mais esqueci este comentário — bom exemplo da parcialidade das percepções.

Cuba. Evento realizado em janeiro de 1962, no qual Fidel Castro termina o discurso com a célebre frase: "*No son tanques contra el pueblo, sino el pueblo con tanques*".

Você ficou encantado com a eficiência organizacional dos comunistas... E a viagem a Cuba o levou a entrar para o Partido Comunista?
Os comunistas apresentavam uma ciência prática. E houve um empurrãozinho do mestre Antônio Carlos Peixoto...

A partir desse pré-vestibular você entra na Faculdade de História da FNFi. E quem eram seus colegas?
Na Faculdade de História estão o Joel Rufino dos Santos,[27] o Elio Gaspari,[28] o Maurício Martins de Melo, o próprio Antônio Carlos.

---

[27] Santos, Joel Rufino dos (1941). Historiador. Durante a graduação em história pela Faculdade Nacional de Filosofia (FNFi), participou do projeto "História Nova do Brasil", coordenado por Nelson Werneck Sodré. Fez doutorado em comunicação. Militou contra a ditadura militar, foi preso e torturado. Exilou-se no Chile e na Bolívia. Lecionou no Departamento de Letras da UFRJ. Escreveu vários livros infanto-juvenis. Engajou-se pela valorização da cultura afro--brasileira. Participou do Iser.
[28] Gaspari, Elio (1944). Jornalista. Nasceu na Itália, mas veio com a família para o Brasil na infância. Participou do movimento estudantil como aluno de história da

Pedro Celso era uns dois anos à frente, Luiz Sergio, Pedro Alcântara, Alberto, vários outros, e a Zélia, que namorei um pouco, meio às escondidas, por razões que francamente não entendo. No início foi ela que preferiu a discrição, depois fui eu, por incertezas nossas.

Sergio Talepur?
Não. O Luiz Sergio, historiador e artesão, um rapaz magro, bonito, elegante, que sabia história e que tinha uma sabedoria para além do Partidão, no seu jeito de ser. No fundo, todo mundo era um pouco além do Partidão, Joel também, com o seu humor. A história, de fato, era a faculdade onde o PC era mais forte, seguida de perto pela física, que deu profissionais de destaque, como o Alberto Passos Guimarães Filho, que conheceu a Alba na Faculdade, namoraram e se casaram. O Partidão tinha ali na FNFi uma base grande, mais de 100 pessoas registradas e atuantes.

Então as reuniões eram assembleias. Vocês faziam reuniões assim com 100 pessoas?
A gente se reunia, era clandestino, era ilegal, mas a gente se reunia ali no prédio Marquês de Herval, na avenida Rio Branco, onde ficava a livraria francesa no subsolo, a Leonardo da Vinci. A reunião acontecia no 16º andar, se não me engano. Era uma sala com mezanino que ficava cheia, todo mundo fumando, planejando a revolução dentro da FNFi.

Você entrou primeiro no Partido e só depois na Faculdade de História da FNFi?
Isto foi em 1962. Na faculdade tem um debate ideológico forte entre a turma do Partidão, que era bem intelectualizada, e o pessoal católico. Entre os católicos, a Flora Abreu era uma das figuras do movimento católico, que veio a se casar com o Alcir Henrique da Costa,

---

Faculdade Nacional de Filosofia (FNFi/RJ), onde enfrentou problemas políticos com o diretor Eremildo Vianna. Colaborou com o semanário comunista *Novos Rumos* e os jornais *O Globo*, *Diário de São Paulo*, *Jornal do Brasil* e *Folha de S.Paulo*. A partir do arquivo pessoal de Golbery do Couto e Silva, escreveu a obra dividida em quatro volumes sobre a ditadura militar intitulada *As ilusões armadas* (2002-04).

e [muitos anos mais tarde] milita no "Tortura Nunca Mais".[29] Havia também o José Augusto Guilhon Albuquerque, hoje sociólogo importante, professor aposentado da USP e da Unicamp. Àquela época, para nós existia a turma da direita, que eram os católicos, e a turma da esquerda, que eram os comunistas. A AP não havia surgido ainda, estava em gestação. E a turma católica da FNFi era meio anticomunista mesmo. Então logo no primeiro ano tem uma disputa para o diretório acadêmico entre as facções do Partidão e do catolicismo.

Quando você diz turma da direita católica, era o pessoal da AP?
Era pré-AP, ela ainda estava sendo formada. Os católicos que militavam na faculdade a gente chamava de direita.

E da esquerda, era o Partidão?
E do lado da esquerda, no Partidão, estavam essas figuras que mencionei — Elio Gaspari, Pedrão [Pedro Celso], Joel, Pedrinho [Pedro Alcântara], Maurício [Martins de Melo], Wilson Barbosa e vários outros que me fazem prazer ao lembrar. E aí eu saio como candidato a vice para o centro acadêmico no primeiro ano. Os candidatos a presidente eram o Enylton Sá Rego, que era da filosofia, e o Jair, que era da biologia. Campanha eleitoral acirrada na FNFi, e a gente ganhou no voto nesse ano de 1962.

O curso funcionava à noite?
Não, de dia. Passávamos o dia militando.

E como você garantia sua sobrevivência, dava aula?
Não. Nessa altura eu ainda recebia um dinheirinho de casa, papai me apoiando para poder estudar. Recebia algum também do *Metropolitano*.

---

[29] Grupo fundado em 1985 por familiares de mortos e desaparecidos e por ex-presos políticos com objetivo de denunciar os crimes praticados durante a ditadura militar, como prisões, torturas, mortes e desaparecimentos praticados pelo Estado. Não conta com uma coordenação nacional e possui grupos sediados em vários estados. Também atua nos debates sobre ampliação da cidadania.

Onde você morava?
Antes de entrar na faculdade eu já tinha me mudado para o Rio. Fui morar na Lapa, ali na rua Taylor. Morava mal pra chuchu, cercado de travestis e outros profissionais do sexo, mas era o que dava para pagar.

Aí vocês ganham o diretório?...
Ganhamos o diretório e na faculdade lutamos contra o diretor, o Eremildo Viana — figura que o Elio Gaspari celebrizou no personagem "Eremildo, o idiota". E o Eremildo nos enfrenta abertamente, o que acirra a luta política dentro da faculdade. A Maria Yedda Linhares,[30] que era da história também, uma pessoa forte, alguns professores de física, letras e de sociologia participaram desses embates. Ana Maria Machado, hoje na Academia Brasileira de Letras, estava junto, embora já então com um olhar ironicamente crítico. Então toda a FNFi participa do debate político ideológico.
Em outubro de 1962, tem o cerco a Cuba, a crise dos mísseis em Cuba, com a disputa entre Washington e Moscou, Kennedy e Khrushchov. Quando Cuba é cercada e ameaçada pela invasão americana, a gente responde ocupando a faculdade... E aí a polícia cerca a faculdade e se configura a metáfora do cerco. Estamos cercados, assim como Cuba está cercada. A gente dormindo lá, e a polícia pressionando do lado de fora. Tinha uma pessoa fantástica, Wilson Barbosa, negão, de inteligência brilhante, uma fera em história também, muito forte, um temperamento abrasivo, que dizia e a gente concordava: "vamos ocupar a faculdade e só saímos daqui quando liberarem Cuba". Estabelecia-se uma conexão simbólica entre FNFi e Cuba. Ele era o líder forte nesse momento, mais do que o Pedro Celso. O Wilson é mais do gênero confronto, Pedro Celso mais cabeça, estratégia. O Wilson gostava de servir o Exército, onde ele aprendia as artes militares que um dia poderiam ser úteis.

---

[30] Linhares, Maria Yedda (1921-2011). Historiadora. Estudou na Universidade do Brasil, atual UFRJ, e no Institute of International Education, em Nova York. Por ocasião do golpe militar de 1964, era professora da Faculdade Nacional de Filosofia (FNFi) e diretora da Rádio MEC. Devido à militância, foi presa e se exilou na França, onde lecionou. Após o AI-5 foi aposentada. Na década de 1980, foi secretária estadual de Educação, no Rio de Janeiro, no governo de Leonel Brizola. Dedicou-se por mais de 50 anos ao magistério superior, contribuindo para a renovação da pesquisa e do ensino de história.

A FNFi ficava na avenida Antônio Carlos, ao lado da Aliança Francesa, e tinha portões de ferro, grandes, pesados. Os portões abriam a cena de todo dia: a polícia empurrando de um lado, forçando a entrada, cassetetes cantando, e a gente do lado de dentro empurrando de volta o portão para que a polícia não entrasse. Na confusão, alguns colegas preferiam ficar do lado de fora, encarando a polícia na mão. Entre eles, aquele professor de geografia que eu já mencionei, e que era um cara grandão. Outro que se destacava e que não era peso-pesado, mas sempre foi de uma coragem física impressionante, era o Elio Gaspari. Eu aos berros, que nunca fui muito corajoso, gritando do lado de dentro: "entra, entra, entra". Mas eles eram os últimos a entrar, ficavam do lado de fora até o último instante, dando e levando sopapo da polícia. Eu ficava impressionado, sobretudo com o Elio que era alto, mas era magro, e o gosto que ele tinha de se arriscar, trocando socos com os policiais.

Isto que é história ao vivo!
Estou falando de Cuba porque me lembro de um discurso do Wilson lá no plenário, no salão nobre, falando do cerco da polícia à FNFi como se fossem os *marines* em volta de Cuba. "Lutamos aqui do mesmo modo que eles lutam por lá, é um combate universal." Havia o sentimento de que participávamos de um grande confronto planetário, histórico, e o Wilson já gostava de um confronto...

Charge sobre a crise dos mísseis: Nikita Khrushchov e John Kennedy.

Como era o mundo intelectual na história? O que se ensinava na Faculdade de História da FNFi?
Na Faculdade de História tínhamos a revista *Boletim de História*,[31] tipo um anuário, feito pelos estudantes e que era de qualidade. A

---

[31] Publicação dos alunos da Faculdade Nacional de Filosofia (FNFi) no Centro de Estudos de História surgido em 1958 e que teve como destaque o então aluno José Luiz Werneck da Silva. Publicando textos originais e traduzidos de autores da historiografia contemporânea, como Adam Schaff e Witold Kula, o *Boletim* permitiu arejar o curso de história, intensificando o debate entre alunos

gente traduzia e publicava textos da historiografia moderna. Valeria a pena recuperar esse *Boletim*, são vários volumes, coisa benfeita, pelos estudantes, liderança do Pedro Celso.

A historiografia que predominava na faculdade era realmente lamentável. Era o estilo Hélio Viana, da descrição factual, com foco nos eventos de governo. Um exemplo que me ficou na memória: páginas e páginas sobre o Tratado de Tordesilhas, com todos os acidentes geográficos por onde passava a linha imaginária. Ele tentava nos sacanear e a gente tinha que se preparar para a prova do Hélio Viana. Eu, o Joel e o Maurício [Martins de Melo] encanamos que ia cair a "merda" do Tratado de Tordesilhas, que era um tema peculiar do livro daquele professor. Pressentíamos que aquilo ia cair e gastamos horas decorando a lista de acidentes que demarcavam o Tordesilhas. Na prova oral, ele me perguntou exatamente isso, e eu respondi tudo, de memória, tim-tim por tim-tim, numa alegre cantilena. Ele ficou estarrecido, não esperava, e me deu oito. Tinha um grupo forte que contava com o apoio da Maria Yedda, professora nossa aliada, no esforço da renovação da historiografia, de pensar a história, de conhecer as novas correntes de pensamento, de tomar ciência do relativismo histórico.

E o Manoel Maurício, já era professor na Faculdade de História da FNFi?
Manoel Maurício era professor, mas ainda muito condicionado pelo Hélio Viana, que era o catedrático, quem mandava. O Manoel Maurício era assistente do Hélio Viana, dava aula segundo os moldes do titular. Ao final da aula dizia, "vamos agora às "curiosidades". Aí ele começava a divagar sobre aspectos interessantes da história. A gente gostava, ficava esperando o momento das "curiosidades". Sabia muito, todos reconheciam. Quando se livrou do titular, já depois do golpe, transformou-se no grande professor que sabemos.

Qual era o debate sobre a direção da história?
A essa altura a gente participa de um debate sobre os rumos da história mundial, e o debate se organiza entre as duas principais

---

e professores. Rubem César Fernandes integrou como vice-presidente a oitava diretoria do *Boletim de História* eleita para o período 1963-64.

correntes do pensamento marxista da época, que tinha Khrushchov de um lado e Mao Tsé-Tung do outro — o debate sino-soviético. A gente é tomado por esse debate na base do Partidão da FNFi. Tinha uma menina chamada Aninha, casada com o Manoel. A Aninha, tinhosa, ela ia para as reuniões com um dicionário filosófico soviético para incrementar os seus argumentos. Aninha e Manoel eram mais a favor de Mao Tsé-Tung. Então tinha uma corrente chinesa e uma corrente soviética. À margem, estávamos eu, Pedro Celso, Maurício, Elio Gaspari e mais alguns que ficávamos entre os extremos. Nós íamos pelo meio, mais próximos da corrente italiana. O Elio nessa altura já trabalhava no jornal *Novos Rumos*,[32] onde se aproximou do Gazaneu, que também era simpático ao marxismo gramsciano. Então a gente era chamado de "revisionista", como os partidários de Togliatti. E ficava essa polaridade entre os chineses e os soviéticos. Tal debate foi rachando a base, literalmente rachando.

Como você vai trabalhar no projeto que ficou conhecido como História Nova do Brasil?
Foi no clima de racha da base que o Nelson Werneck Sodré,[33] que era do Partidão, manda um recado: "recebi uma encomenda do Ministério da Educação, para escrever uma coleção para professores de história do Brasil". Era para dar uma reorientada na história que era ensinada nas escolas. "Eu preciso de alguns assistentes, então eu gosta-

---

[32] Semanário do Partido Comunista (PCB), foi distribuído nacionalmente entre fevereiro de 1959 e abril de 1964, chegando a alcançar 60 mil exemplares por tiragem. Luís Mário Gazzaneo era o chefe de redação. Mário Alves, Orlando Bonfim, Apolônio de Carvalho e Leandro Konder eram colaboradores.

[33] Sodré, Nelson Werneck (1911-99). Após frequentar a Escola Militar do Realengo, seguiu carreira militar e paralelamente colaborava com o *Correio Paulistano*. *História da literatura brasileira* (1938) foi seu primeiro livro. Passou a militar pelo Partido Comunista (PCB). Cursou a Escola de Comando e Estado-Maior do Exército (Eceme), entre 1944 e 1946, onde lecionou história militar (1947-50). Escreveu para jornais, integrou a comissão diretora da Biblioteca do Exército e fez parte do Instituto Superior de Estudos Brasileiros (Iseb). Por apoiar a posse de João Goulart em 1961, teve problemas na corporação militar, passando à reserva, em 1962. Coordenou o projeto "História Nova do Brasil". Após o golpe militar de 1964, foi cassado e detido. Passou a se dedicar a pesquisas, publicando vários livros como *História militar do Brasil* (1965).

> **História Nova do Brasil**
> Projeto desenvolvido entre 1961 e 1964, sob a coordenação de Nelson Werneck Sodré e colaboração de Maurício Martins Mello, Pedro Celso Uchôa Cavalcanti Neto, Pedro Alcântara Figueira, Rubem César Fernandes e Joel Rufino dos Santos, então estudantes de história na FNFi. O projeto pretendia a renovação do ensino e dos livros didáticos de história do Brasil, seguindo o método marxista. A obra foi dividida em 10 seções: O descobrimento do Brasil; A sociedade do açúcar; As invasões holandesas; A expansão territorial; A decadência do regime colonial; A Independência de 1822; Da independência à República — evolução da economia brasileira; O sentido da abolição; O advento da República e O significado do florianismo. Lançada em março de 1964 pelo Ministério da Educação e Cultura, poucos dias antes do golpe militar. Logo em seguida, o governo confiscou os exemplares e posteriormente a editora Brasiliense publicou a coleção.

ria de oferecer um curso para os estudantes de história da base da FNFi." Esse trabalho, avisava, vai exigir muito esforço, muita rapidez. É uma coisa que tem que ser produzida rapidamente, importante, para reorientar a história que se ensina nas escolas. Ele estava no Instituto Superior de Estudos Brasileiros (Iseb)[34] na época, e a gente se voluntariou para fazer o curso do Sodré; ele dá umas aulas, faz uma prova e seleciona cinco de nós: Pedro Celso, Maurício (Maurício Martins de Melo, que depois se interessou mais por arte), Pedro Alcântara (que a gente chamava de Pedrinho), eu, Joel Rufino. Então nós cinco fomos escalados para trabalhar com o professor Sodré na História Nova.

Como isso foi recebido na base?

Provocou uma certa indignação entre os chineses da base porque, diziam eles, "está na hora da revolução e vocês vão escrever história, que absurdo..."; e a gente achando o máximo, aquela coisa de ser assistente, éramos estudantes ainda, já escolhidos para escrever livro, achando muito bacana, e os chineses esculhambando. O Manoelzinho, lá da

---

[34] Vinculado ao Ministério da Educação e Cultura. Tinha por objetivo estudar a realidade brasileira e fomentar o desenvolvimento nacional. Sediado em Botafogo, no Rio de Janeiro, ofereceu vários cursos. Inicialmente foi formado por intelectuais como Hélio Jaguaribe, Guerreiro Ramos, Cândido Mendes, Álvaro Vieira Pinto, Nelson Werneck Sodré, Roland Corbisier e Inácio Rangel. Segundo os integrantes do Iseb, o desenvolvimento industrial viria com a ação da burguesia nacional, pois o capital estrangeiro não tinha interesse em desenvolver o Brasil. No final da década de 1950, as divergências internas do Iseb se acentuaram, especialmente em relação à política econômica do presidente da República Juscelino Kubitschek, que contou com a presença do capital estrangeiro. Após o golpe militar de 1964, o Iseb foi extinto.

base do Partidão na FNFi, tem uma conversa comigo, éramos amigos: "Rubem, infelizmente, vou te dizer, com essa decisão acho que eu vou ser obrigado a te matar. No momento que a gente se encontrar na barricada, vou ser obrigado...". "Porra, Manoel, para com isso...". Escrever um livro era visto como o cúmulo da traição à revolução... Aí, em resposta, a gente cria uma facção dentro do partido, chamada "Alegria de estudar", "Alegria de estudar pede passagem". Isso foi em 1963, quando a decisão de estudar foi vista dentro da base da FNFi como uma opção discutível, que deveria ser justificada teoricamente. Porque, diziam os chineses, se a teoria está feita, então o nosso desafio é aplicar a teoria, e aplicar não é uma coisa de estudo, é de saber fazer, é uma coisa de fazer direito já que você vai aplicar a teoria. E foi então que o Pedro Celso escreveu um artigo sobre a "Particularização do pensamento" que, se não me engano, saiu publicado no *Boletim de História*. Argumentava ele que a teoria é genérica, mas cada situação é singular, histórica, demanda uma particularização das ideias gerais. Essas ideias gerais nunca se apresentam em sua generalidade, sempre na sua particularidade, em situações concretas, históricas. Então não existe teoria feita, a teoria fornece os instrumentos para *estudar* o concreto que está na história. Tremenda discussão, argumentos para lá e para cá, com dicionário filosófico para demonstrar quem é que estava com a razão, se devíamos estudar ou não. Foi nesse ambiente que a gente começou a estudar para fazer a História Nova lá no Iseb. Ainda antes do golpe foram publicados seis volumes.

Era a Civilização Brasileira que publicava?
Não. A primeira edição foi publicada pelo Ministério da Educação. Eram livros pequenos, para botar no bolso do paletó do professor; tinham na capa um símbolo bem burocrático do ministério, cada volume com uma cor diferente. A gente escrevia a primeira versão, depois o Sodré redigia. Sodré redigia com uma agilidade impressionante. A gente alimentava o Sodré com os originais, com os fatos e outras coisas que ele pedia para complementar. A gente ficava ali fornecendo materiais e ele redigindo. Depois a gente discutia. Era como nas reuniões do Partidão, a gente discutia como companheiros. Eu não tinha coragem de criticar o Sodré, nem o Pedro Celso.

O único cara de pau era o Pedrinho. O Pedrinho ousava dizer que o Nelson Werneck Sodré estava errado em alguma coisa. Aí ficava todo mundo com cara de besta. "Caraca! O Pedrinho não tem simancol!" E o Sodré, disciplinado, militar e comunista, aguentava aquelas críticas juvenis. O fato é que a gente trabalhava junto mesmo.

Você escreveu alguma parte?
Escrevi duas partes, a referente à Independência do Brasil, que a gente chamou *Independência de 1822*, para não chamar Independência do Brasil, e a do *Floriano Peixoto*, que segundo nos parecia era figura progressista, nacionalista e tal. Então cada um pegava um pedaço e depois o Sodré juntava e redigia... Foram publicados seis livros e depois do golpe a Brasiliense publicou a coleção completa, que reunia os 12 volumes originais numa série de quatro livros. Os seis primeiros chegaram a ser distribuídos no Brasil inteiro para os professores e deram a maior confusão, foram até queimados em praça pública.

Era a prova concreta de que o Partido Comunista estava tomando o poder...
Por exemplo, o capítulo sobre o Caxias, que era tratado pela historiografia como "Caxias, o pacificador", a gente trocou o título para "Caxias, o repressor". E cada volume tinha uma introdução que criticava a literatura didática distribuída nas escolas. E claro, todo volume incluía uma página de crítica ao Hélio Viana, aquele professor que pegava no nosso pé e que a gente considerava o suprassumo do pensamento arcaico. A História Nova teve um impacto considerável. E com essa história do "Caxias, o repressor", os militares valorizaram a publicação, como se fosse a prova cabal da subversão dos valores no país. Eles perseguiram os livros e os seus autores... A História Nova entrou na lista das publicações proibidas, caiu sobre ela o anátema.

Aí vem o golpe de 1964, você é perseguido na faculdade?
O golpe entra na faculdade com o IPM, Inquérito Policial Militar. Os IPMs foram usados pelos militares para investigar as pessoas, eventualmente levar à prisão, e mesmo à tortura, isto já em 1964 e 1965. Eu entrei em três IPMs, fui sabatinado... Não fui preso, fui investigado pelos IPMs. Eu fui incluído no IPM da História Nova, outro que

tratava da ocupação da FNFi e ainda outro pelas atividades estudantis ligadas à UNE. Entre 1964 e 1965, tive essa experiência pessoal de ficar me escondendo, aquele desassossego, e a faculdade praticamente fechada. A nossa turma toda sem poder estudar, vários expulsos. Em 1964 eu paro de ir à faculdade, então eu não me formei.

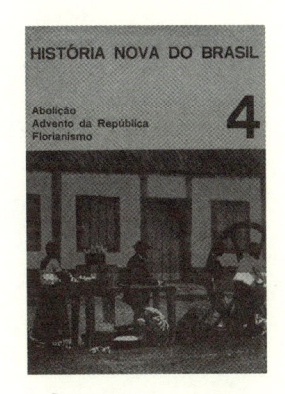

Capa do livro *História nova do Brasil*. v. 4. Rubem Cesar escreveu "Florianismo", o terceiro capítulo do volume.

Você não se formou?
É, não cheguei a me formar na UFRJ.

E no dia do golpe, onde você estava?
Estava com a turminha do Sodré. A gente estava escrevendo, trabalhando direto no projeto da História Nova. Quando veio o golpe a gente foi para a Rádio Nacional para ajudar a redigir as falações sobre a eminente guerra civil. O Dias Gomes[35] era o diretor, e a gente ficava lá acompanhando as movimentações do golpe pela Rádio Nacional, redigindo textos que as pessoas liam. Na real, inventávamos, já que ninguém sabia ao certo o que estava acontecendo...

Como se fossem manifestos?
Não exatamente. Eram uma mistura de notícias meio fabricadas e de mensagens mobilizadoras da resistência ao golpe militar.

Achavam que ia deter o golpe? Achavam que havia chance de ganhar?

---

[35] Dias Gomes (1922-99). Teatrólogo, novelista e romancista. Em 1939, ganhou o 1º lugar no Concurso do Serviço Nacional de Teatro (SNT) com *A comédia dos moralistas*, sua primeira peça. Estreou profissionalmente em 1942 com a comédia *Pé-de-cabra*. Publicou seu primeiro romance *Duas sombras apenas* (1945). Em 1950, casou-se com Janete Clair. Três anos depois, viajou à União Soviética. A peça *O pagador de promessas* (1959) alcançou enorme êxito nacional e internacional, inclusive foi adaptada por ele próprio para o cinema. O filme, dirigido por Anselmo Duarte, ganhou a Palma de Ouro no Festival de Cannes (1962). Diretor artístico da Rádio Nacional, foi demitido logo após o golpe militar de 1964. Cinco anos depois, foi contratado pela TV Globo, onde montou minisséries, seriados e novelas, como *O bem amado* (1973) e *Roque Santeiro* (1985). Em 1991, foi eleito para a Academia Brasileira de Letras (ABL).

Sim, a princípio, mas logo ficou claro que não seria bem assim... Tinha o Brizola no Sul, era ele a esperança. Eu lembro da gente na janela, com o telefone — não tinha celular naquela época —, puxando o fio, para tentar falar com São Paulo para saber notícias de São Paulo, falar com Minas, para ter notícias de Minas e transmitir pela Rádio Nacional. Tentar saber o que estava se passando nos estados, porque não tinha comunicação capaz de dar conta disso. As falas do Brizola eram transmitidas em Porto Alegre. Então passamos as primeiras horas na Rádio Nacional até que, subitamente, no início da tarde de 1º de abril, veio a ordem para abandonar os postos. "Todo mundo para as escadas que o Exército está chegando!". Descemos correndo e fomos nos esconder, nós da equipe do Sodré, que procurou o Ênio da Silveira para um primeiro abrigo.

Para onde foram depois?
Eu e Maurício, que estávamos ganhando um dinheirinho no Iseb por conta da História Nova, tínhamos alugado um apartamentinho no Jardim Botânico. Aí foi todo mundo, inclusive o Sodré, para nosso apartamento: "ninguém conhece o apartamento de vocês, vamos dormir lá". Mas aí o Exército tomou o Iseb, e a gente lembrou que tinha esquecido o contrato do apartamento dentro de uma gaveta. Então largamos o apartamento e cada um foi para o seu lado, se esconder. Por conta desse trabalho com o Sodré eu me afastei da militância na faculdade.

Com isso vocês tiveram que deixar esse apartamento?
Largamos, nunca mais voltamos lá, tamanho era o medo. O contrato estava no Iseb e o Exército foi lá, levou tudo. Assim o nosso apartamento "caiu"! A gente tinha feito os móveis nós mesmos, aquela coisa bem curtida, sabe, da primeira moradia. E aí meu pai, que não tinha nada a ver com essa história, não admitiu deixar os móveis para trás. Papai veio de Niterói, pegou a chave, foi lá e levou os móveis e as nossas coisas. E eu fiquei muito impressionado com a coragem de meu pai, porque nenhum de nós, o Sodré e o Ênio Silveira[36] inclusive, teve coragem de voltar ao apartamentinho.

---

[36] Silveira, Ênio (1925-96). Editor brasileiro. Após se formar em ciências sociais pela USP, mudou-se para Nova York, onde estudou editoração na Columbia University e estagiou na editora Alfred Knopf. Após retornar ao Brasil, fixou residência no Rio de Janeiro, onde

Depois de sair desse apartamento, para onde você foi?
Fui me esconder na casa de Jovelino Ramos, em Santa Teresa, aquele do estudo bíblico. Ele havia se casado com a Myra, uma missionária gente boa que também fazia estudos bíblicos. Em Santa Teresa eles moravam numa vila que você sobe de trenzinho. Ficamos lá escondidos uns dias, até que chega o Jovelino e diz: "o cerco está apertando, a polícia está entrando na vila, de casa em casa". Descobrimos então que nesta vila de Santa Teresa havia uma base do Partidão; estávamos nos escondendo no lugar errado. Maurício e eu descemos a ladeira da vila falando francês para disfarçar, passamos pela polícia falando francês (evidentemente não estavam nos procurando), pegamos um bonde, descemos Santa Teresa falando francês, chegamos na Lapa, descemos, pegamos um ônibus para Copacabana e ainda a falar o francês, não conseguíamos parar de falar estrangeiro, com medo de nos descobrirem. Aí fui para a casa do Claudius Ceccon, ficamos lá uns dias, depois fui para um outro lugar...

Você ficou na casa do Claudius por quanto tempo?
Fiquei uma semana, dormindo na sala, com direito a café da manhã preparado pela Jovelina, sua esposa. Depois arrumamos um outro lugar. Foi aí que meu avô materno, aquele pastor severo, mandou me chamar e disse: "olha, eu conheço essas estradas como ninguém". Meu avô não gostava de Igreja, era pastor, mas achava a Igreja contaminada pelas intrigas da congregação. Ele preferia distribuir novos testamentos pelas ruas e bares. Era desse tipo de missionário que, de terno preto, com a bolsa cheia de novos testamentos, vai de casa em casa, entra no botequim e pega no braço do sujeito e diz: "larga, Satanás!". Vovô era assim, mais do corpo a corpo. Aí ele diz: "você vem comigo, nunca vão te achar. Eu te dou proteção". Eu agradeci, mas recusei a oferta. Aquela era uma vida muito dura, de missionário andarilho. Preferi ficar um tempo me escondendo numa fazenda dos pais de meu futuro cunhado.

---

assumiu a direção da editora Civilização Brasileira em 1948, alterando a linha editorial e gráfica. A *Revista Civilização Brasileira* (1965-68) fomentou o debate político e intelectual durante a ditadura militar. Pela militância no Partido Comunista (PCB) e pela atuação editorial, foi preso no pós-1964. A revista *Encontros com a Civilização Brasileira* (1978-88) foi outra importante contribuição. Esteve na direção da editora até seu falecimento.

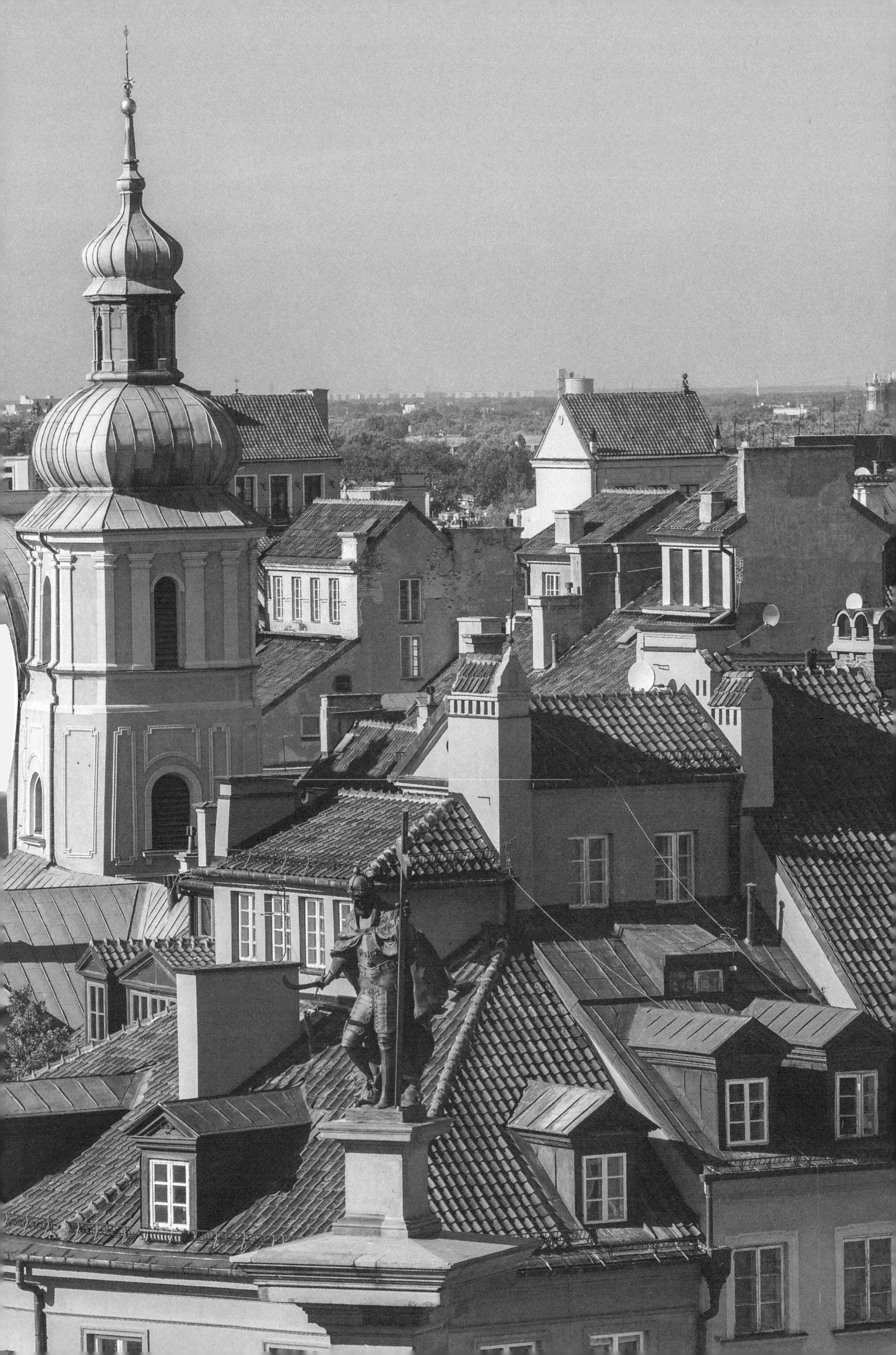

Do Rio de Janeiro *a* Varsóvia

Do Rio de Janeiro a Varsóvia

Você nos contava sobre seus esconderijos após a fuga da Rádio Nacional em 1964. E o que aconteceu com os outros do grupo da História Nova?
O Pedro Celso e o Joel entraram na Embaixada da Bolívia, acho que o Paulo Alberto Monteiro de Barros também. Foi uma correria para entrar e conseguir asilo nas embaixadas em 1964. Proteger-se nas embaixadas e de lá sair do país. O Joel e o Pedro ficaram um tempo na Bolívia, em La Paz, e nesse período foram treinadores de boxe. Não sabiam nada de boxe, arrumaram essa viração, molecagem deles. Depois foram para o Chile e ficaram lá por um tempo, juntando-se a um grupo expressivo de exilados brasileiros. Foi no Chile que o Pedro Celso conseguiu uma bolsa para a Polônia. A Polônia era, entre os países comunistas, uma referência importante para nós. Dos países comunistas, era a Polônia que apresentava um pensamento mais aberto.

Isto explica o porquê da decisão de exílio na Polônia?

A gente publicou no *Boletim de História*, aquele da Faculdade de História, vários autores poloneses. O Adam Schaff,[37] a gente traduzia do francês. A gente gostava de filmes do Andrzej Wajda, do Roman Polanski, do Jerzy Kawalerowicz. Havia uma cinemateca no diretório da FNFi, e a gente gostava dos filmes poloneses. A gente discutia o *Canal*, do Andrzej Wajda, *A faca na água*, do Roman Polanski. Vários filmes, assim, que projetavam imagens surpreendentes para o imaginário socialista. Havia um historiador, Witold Kula, que a gente publicava também no *Boletim de História*. Foi um historiador das relações econômicas na Idade Média e nos primórdios da modernidade, na linha da historiografia francesa, Braudel etc. A Polônia, entre os países socialistas, era o que tinha uma produção cultural diferenciada, resultante do movimento do "Outubro Polonês de 1956", que deixou um espaço aberto para a cultura. Então, em nosso mapa do socialismo, o lugar que tinha mais abertura, mais pensamento criativo era a Polônia.

Quando o Pedro Celso foi para o Chile, você continuou aqui?
Pedro viaja, e a mulher dele, Norma, psicóloga, uma grande figura, fica por aqui. Norma meio que me amadrinha e me leva a curtir música que está brotando. Em 1964 e 1965 eu continuava escondido, mas curtindo o Zicartola![38] E a Norma tinha amizade com gente da música popular. No apartamento dela na Souza Lima, em Copacabana, alguns deles se reuniam para tocar, cantar e brincar,

---

[37] Schaff, Adam (1913-2006). Filósofo e intelectual polonês. Destacou-se como autor marxista e militou politicamente no seu país. No final da década de 1960, exilou-se na França. Publicou vários livros, entre os quais, *Marxismo e existencialismo*, pela editora Zahar (Rio de Janeiro, 1965) e *História e verdade*, lançado pela editora Estampa (Lisboa, 1974).

[38] No início da década de 1960, o sambista Cartola e sua esposa, dona Zica, recebiam amigos em sua casa no morro da Mangueira, Rio de Janeiro, para uma roda de samba acompanhada pelos quitutes de dona Zica. Essa experiência motivou o casal a inaugurar o restaurante Zicartola, na rua da Carioca, centro da cidade do Rio. O local, frequentado por estudantes e intelectuais, foi palco de shows de improviso de compositores, músicos e intérpretes, tanto de nomes consagrados quanto de iniciantes.

com o samba e a bossa nova, por horas a fio. Fiquei muito amigo da Norma nesse período.

Você escondido, clandestino, mas curtindo a vida?
Escondido, mas curtindo Zicartola. E aí a Norma, separada fisicamente do Pedro, gostou da liberdade, gostou de estar sozinha, de curtir a vida. Outra que ficou foi a Regina, que era mulher do Ivan Ribeiro, que era do Partidão e estava também na Polônia. Havia assim um número de mulheres de exilados que ficaram para trás e acabaram apreciando a liberdade e refazendo suas vidas.

Pedro Celso foi o primeiro a ir para a Polônia?
Recebi uma carta do Pedro ainda no Chile dizendo: "Consegui uma bolsa para estudar com Adam Schaff". Puta merda, esse que é um cara de sorte, não é? Do Chile ele vai para a Polônia. Aí da Polônia ele manda um recado: "Consegue aí um jeito de vir para cá que eu consigo um espaço pra você com Adam Schaff também, para ser assistente do Schaff". Mas eu não tinha nem me formado... Ele diz: "Faz mal não, o Schaff resolve, ele manda". Aí eu vou para São Paulo, onde faço a documentação necessária. Naquele tempo não tinha internet, não é? Então eu fiz toda a minha documentação como se fosse paulista, e com a ajuda do pessoal do PC saí do país por São Paulo.

E a passagem? A família ajudou? O partido não deu dinheiro, foi a família?
Não, o partido deu só o caminho. Viajei com o visto para a França, mas o visto para a Polônia consegui só em Paris, pois não tinha como conseguir aqui. Deram-me o visto fora do passaporte, para não "sujar" o passaporte, numa folha de papel à parte. A passagem foi meu pai quem pagou.

O partido tinha uma base lá em Paris para dar apoio e organizar essas coisas de visto. Há várias histórias sobre isso assim incríveis.
Imagina, estou indo "nas asas da Panair". O voo saiu de São Paulo, fez pouso no Rio, em algum aeroporto do Nordeste, de lá para Dacar e de Dacar para Paris. Aquele avião de dois motores. Chego

a Paris cheio de malas e não quero saber de Paris, eu doido para chegar na Polônia.

Era a sua primeira viagem para a Europa?
Havia ido a Cuba e à Argentina, mas para a Europa foi a primeira. Isso em 1965, não é? E eu chego em 1º de maio em Paris: "Poxa, vai ser legal chegar em Paris em 1º de maio! Festa dos trabalhadores". Chego, sim, mas me decepciono. As ruas estavam vazias, um deserto. Sigo para a casa do Rogério Belda, que morava no subúrbio, perto da cidade universitária, e que havia também trabalhado no *Metropolitano*. O Belda era um cara legal. Tinha uma cabeça das exatas, era engenheiro. Então ele estranhava nosso modo de pensar e argumentar. Ele tinha um ótimo humor, desenhava bem, humorista do desenho, fazia charges no *Metropolitano*. O Belda me serve um coelho como se fosse galinha. Meu primeiro coelho, ele mesmo cozinhou.

Você fica muito tempo em Paris?
Não, eu vou rapidinho para a Polônia, quero mesmo é ir para a Polônia, vou de trem, uma viagem longa, curtindo, passando pela história. Era a história que a gente conhecia, que nos enchia a imaginação. A "história", a ciência das ciências, era realmente a história da Europa. O resto não tem "história" no sentido que a gente entendia. História é com o Mediterrâneo: História Antiga, Idade Média, Idade Moderna, Idade Contemporânea, Revolução Burguesa, Revolução Industrial, Colonialismo, Guerras de Libertação... é tudo referido à Europa.

E essa viagem você está fazendo sozinho?
Sozinho, viajando pela história, pela Europa. Atravessar do Ocidente ao Oriente, cruzar Berlim, e já vou namorando uma loira polonesa no caminho, com meus 22 anos incompletos...

Quando você chega à Polônia o Pedro Celso já o espera?
Chego à Polônia onde tem um grupinho de brasileiros. O único que tinha chegado depois de 1964 foi o Pedro, porque os outros tinham ido antes para a Polônia, encaminhados pelo Partidão para se preparar

para a revolução. Tinha o Jorge Miglioli, um economista, um querido amigo, muito inteligente, muito sério, que depois veio a ser professor na Unicamp. Um cara supercompetente, cabeça crítica, gente boa. Foi à Polônia para ser treinado em planejamento, supondo-se um futuro Brasil socialista. Estudou com um grupo de economistas conhecidos, como Michal Kalecky, Oskar Lange, Wladislaw Brus, Ignacy Sachs. São nomes reconhecidos da economia e o Jorge foi estudar com eles sobre o "planejamento socialista". O Ivan Ribeiro, outro amigo, tinha ido estudar "planejamento agrícola". Os dois já estavam lá, e tinha uma menina que estudava piano, que não tinha nada a ver com a revolução, a Clarisse. Depois a gente puxa também o Maurício e depois o Reinaldo, dois colegas da FNFi. O Reinaldo era amigo da filosofia e o Maurício era do grupo da História Nova. A gente formava uma turminha de brasileiros em Varsóvia, que se via sempre, naquela camaradagem meio compulsória do exílio.

Em que língua você falava?
A gente falava principalmente em francês. Era assim que a gente era treinado na tradição da história, não é? Eu tinha estudado francês na Maison de France. E depois, no dia a dia, você usava inglês. Então era em inglês e francês que a gente se virava. E o polonês veio com o tempo.

Você chega para fazer o mestrado?
Cheguei e já virei mestrando, sem ter terminado a faculdade. O Schaff deu uma volta no regulamento. Eu tinha um bom currículo, tinha livros publicados. Não me formei por razões políticas. Ele providenciou o reconhecimento para que eu pudesse fazer o mestrado. Aí entrei no mestrado de história da filosofia.

Mas as aulas eram em polonês?
Sim, claro, mas a gente não sabia polonês no primeiro ano. O Schaff organizava um seminário em inglês. Isto era típico da intelectualidade polonesa. Estamos no socialismo, mas por via das dúvidas "vamos aprender inglês"... Então ele tinha um seminário que funcionava na Academia de Ciências. A maioria dos colegas poloneses falava um inglês sofrível, mas era inglês. A gente se virava por aí. No

primeiro ano estudamos uma literatura que o Shaff indicou, ele era o nosso orientador. Vejam só, mandou a gente estudar lógica! Quer dizer, deu-nos o recado de que precisávamos aprender a pensar com clareza. Uma surpresa que nos fez bem. E passamos a frequentar o seminário que era dado em inglês. Além disto, frequentava um curso de polonês para estrangeiros. Já no segundo ano, entrei no curso normal da Faculdade de Filosofia.

Vocês ficaram quantos anos na Polônia?
Eu fiquei quatro. O Pedro Celso ficou cinco ou seis.

E aí você fez o mestrado tendo o Schaff como orientador. Que glória, hein?
Fiz o mestrado na Polônia. Só que lá, a gente descobriu que o Schaff, afinal, não estava com esta bola toda.

Como assim?
Um certo desencanto. No início era só o seminário na Academia de Ciências, tudo muito "carta marcada". Quando a gente vai para a faculdade, descobre que o curso do Shaff era o palco preferido dos estudantes para criticar o marxismo. Os estudantes preparavam-se para as aulas como se fossem ao combate. Na verdade, o Schaff era o único marxista da época que se dispunha a polemizar abertamente, responder às críticas dos concorrentes no pensamento filosófico. O Schaff, por exemplo, tinha um livro sobre o existencialismo...

Outra vez marxismo e existencialismo?
Nesse livro ele reconhecia o valor do existencialismo em afirmar a liberdade, o indivíduo, a criatividade. Mas, dizia ele, é evidente que o drama individual precisa ser inserido no contexto social e na história. Então onde você realmente encontra o lugar próprio para pensar sobre o indivíduo? É no marxismo, não é? Assim já era o marxismo que se autocriticava e incorporava as lições do existencialismo. Ele tinha também outro livro sobre filosofia da ciência, sobre o positivismo lógico, que era forte na Polônia. E aí ele dava o devido valor ao positivismo lógico. E assim o Schaff ia passean-

do pelos "ismos" do tempo, incorporando seus pontos positivos e fazendo aquela versão marxista de todas as coisas. No final, o marxismo de Schaff pretendia incorporar o que houvesse de valor ao redor. E os estudantes achavam isto uma grande mistificação. Então "caíam de pau" no Schaff.

E vocês, como ficavam?
O Pedro me alertou: "Caramba, a gente vai ficar mal aqui". O Schaff nos apresenta para os alunos da faculdade, dizendo: "aqui dois amigos comunistas do Brasil, fugidos da ditadura". Aí os colegas olhavam para nós como "dois espiões". E nos dão o maior gelo. A gente não consegue se enturmar. Eu concordo: "Pedro, a gente está mal, cara. Não conseguimos falar com ninguém". Foi então que a gente propôs ao Schaff preparar um seminário sobre o comunismo no Brasil, e fizemos uma apresentação supercrítica mostrando todos os problemas. Fizemos um seminário criticando o marxismo no Brasil, o que era uma espécie de ousadia porque nós estávamos num regime controlado pelo Partido Comunista. Fizemos uso de uma linguagem de subterfúgios, falando pelas entrelinhas, meio de banda, não é, porque você não pode bater de frente. O esquema era fechado. Havia liberdade de palavra em sala de aula, os professores e os alunos sentiam-se livres para pensar, mas os meios eram controlados. Por exemplo, só tinha um mimeógrafo na universidade, que era na reitoria. Para reproduzir a bibliografia de cada curso você tinha que dar o texto para a secretária do reitor datilografar e mimeografar. Eles devolviam o número exato de cópias mimeografadas. Era proibido ter um mimeógrafo em casa ou em algum lugar que não fosse oficial. Então todos os folhetos subversivos que o pessoal publicava, a literatura que se publicava em quantidade, era datilografada com papel-carbono. As pessoas manuseavam livros inteiros que haviam sido multiplicados pelo uso do papel-carbono. Os discos das músicas de contestação eram gravados em fitas. Fitas gravadas em festas, o pessoal tocava na casa, bebendo, e a gente tinha a sonografia de fitas gravadas nessas condições. Lá pelo meio da fita o som da festa aumentava, os cantores começavam a misturar palavras e a gravação se perdia. Uma maneira de divulgar os folhetos era usar

a fotografia. A fotografia era muito barata, eram máquinas e filmes vindos da Alemanha Oriental.[39] Era de boa qualidade. Então todo mundo tinha lá o seu laboratório de revelar fotografia, era uma curtição. O pessoal replicava folhetos em fotografias. Fotografava o texto e ficava refazendo folheto com papel de fotografia. Era um sistema fechado, embora com uma liberdade de pensamento considerável na universidade. Então, o fato da gente fazer um seminário criticando o Partido Comunista no Brasil abriu as portas. Foi aí que a gente fez amizades, entramos na turma.

Como era viver na Polônia?
O pessoal daqui não teve essa experiência de viver no outro lado, no mundo comunista, não é? A gente era muito novo. Eu cheguei lá em meados de maio de 1965, com 22 anos incompletos. Chego lá e encontro um jazz de qualidade, sofisticado, meio cruzado com a formação erudita dos músicos. O pessoal bebia devagar. Frequentávamos casas especializadas no consumo do vinho, "Winiarnia". Aquelas mesas compridas, as pessoas bebendo vinho, umas ao lado das outras, sem se conhecerem, onde aos poucos formam uma comunidade etílica. Vodka era de um gole só. Faz frio. Costumes diferentes, muita liberdade de gênero, uma coisa interessante, a gente ficava olhando surpreso. Tinha mulher guarda de trânsito. Isso aqui não existia na época: mulheres controlando o trem. Mulheres em funções que para nós eram masculinas. Então, a gente achava tudo muito atraente e, sobretudo, muita cultura, entendeu? Alto nível cultural. Os seminários na universidade eram de um nível que a gente ficava sem graça. O pessoal tinha lido, lido, lido muito mais do que a gente jamais leria na vida. Os professores de bom nível também, então os seminários eram bons, de qualidade, tinha teatro, dança, cinema, música clássica. Não é uma Paris, é

---

[39] Após a Segunda Guerra Mundial (1939-45), a Alemanha foi dividida em áreas de influência. A República Democrática Alemã, a Alemanha Oriental, cuja capital era Berlim, foi ocupada pelos soviéticos. A República Federal Alemã, conhecida como Alemanha Ocidental, cuja capital era Bonn, foi ocupada pelos norte-americanos, ingleses e franceses. Em 1990, após a queda de um muro que dividia a cidade de Berlim, em lado oriental e ocidental, ocorreu a reunificação da Alemanha.

menor, mas é mais densa, mais carregada de sentido. A elite vivia intensamente o mundo das letras e das artes. Então, porra, eu adorei a Polônia.

Momento de correria na manifestação dos estudantes em 8 de março de 1968 em Varsóvia, Polônia.

Mas quando é que começa a sua crise com o socialismo?
Quando me aproximo dos colegas na universidade. Passei a morar em casa de estudantes. Eram quatro por quarto, beliche e tal, aquela vida estudantil. E a vida universitária, todo o tempo na universidade. E aí percebo os sinais de resistência das oposições dentro da universidade. Em março de 1968, ano de tantas pelejas, surge um movimento na universidade. Eram duas faculdades principais: sociologia e filosofia. Eu estava na filosofia. Participo das conversas e das reuniões preparatórias do movimento que aconteceu no dia 8 de março. É como se fosse um grande *happening*. Uma colega chamada Irena Lasota sobe no murinho e lê um manifesto pela liberdade. O mote é uma peça de Adam Mickiewicz, um poeta polonês que viveu no exílio no século XIX, que deixou um legado libertário. Ele viveu na França, participou daqueles batalhões poloneses que lutaram na França, na Itália, na Alemanha e até mesmo no Haiti. Eles estavam no exílio, a Polônia ocupada. Mickiewicz conta em versos essas batalhas, com os poloneses a caminho de casa, lutando

pela libertação frente aos impérios da época. A busca da liberdade coincide com a busca da Polônia e da própria identidade nacional. Os impérios russo, prusso e austro-húngaro dominam a Europa do Leste e Central, tendo a Polônia justamente no centro, como um coração que pulsa pela liberdade. Então, em 1968, uma peça de teatro adaptava uma obra de Mickiewicz num espaço próximo à universidade. O teatro cheio e as palmas que interrompem as falas dão brilho às metáforas que transitam do protesto contra o império russo no século XIX ao protesto contra o domínio soviético atual. E aí o partido manda fechar o teatro. Em resposta, os estudantes fazem a manifestação de 8 de março. A polícia aparece em peso, um tipo de polícia política, vestida à paisana. Ainda é inverno em março, e os policiais, com aqueles casacões escuros e longos, baixam o cacete nos estudantes. O 8 de março virou um dia histórico, não só pela correria, mas porque os estudantes ocuparam a universidade, e eu estou no meio deles, participando da ocupação. Eu me envolvi no movimento de março na Universidade de Varsóvia. E de novo, como na FNFi, a universidade cercada pela polícia do lado de fora; só que desta vez, ao invés do Carlos Lacerda, era o Partidão que cercava os estudantes.

Numa dessas correrias, eu vi o professor Dobroszelski, que era o reitor da universidade e secretário-geral do partido na universidade, professor de filosofia e que dava um curso ridículo, chamado "Filosofia da paz" — aquela coisa bem oficialista. Acontece que ele era pugilista e os alunos gozavam — vejam um pugilista dando aula sobre paz, não combina, não convence... Estava sempre viajando pela ONU. Então estou lá no meio da correria e vejo o Dobroszelski esmurrando um estudante, pessoalmente. Ele era bom de briga, não é? Aí tem uma plenária na universidade que é presidida pelo reitor, que tenta convencer os estudantes a deixar o prédio e a encerrar a ocupação. O salão lotado e ele argumentando que a ocupação vai favorecer o lado mais obscurantista do partido. "Se vocês continuarem a ocupação, a direita do partido vai se aproveitar disso para tentar tomar o poder..." — o que, aliás, veio de fato a acontecer.

"O lado mais obscurantista do partido", o que era isso?
Havia, dentro do partido, um grupo chamado *Partisan* que remetia às guerrilhas durante a Segunda Guerra e cujos membros passaram os cinco anos de ocupação nazista na clandestinidade. Não saíram da Polônia. Orgulhavam-se disto e mostravam ressentimento por não haverem recebido o devido reconhecimento ao final da guerra. De fato, quando os nazistas invadem a Polônia em 1939, há uma certa migração, em fuga, para além das fronteiras do Leste, que levavam à URSS. A fuga para a União Soviética era complicada, pois implicava aderir a uma outra dominação, antiga e temida. Mas há uma geração que vai para a União Soviética, composta em boa parte de judeus de esquerda que fogem do nazismo. Eles formam um batalhão polonês socialista na União Soviética, e voltam com os exércitos soviéticos em 1944. É este grupo polonês que volta com os soviéticos que reorganiza o partido e que toma o poder na Polônia. Mas tinha aquela outra corrente, dos *partisans*, que nunca foram para a União Soviética, que nunca saiu da Polônia, que era minoritária, e que se sentia ressentida porque sofrera as agruras da ocupação nazista e não ganhara os louros da vitória. Então eram os *partisans*, poloneses comunistas e nacionalistas, envenenados por ressentimentos antissoviéticos e antissemitas, que emergem para disputar o poder em 1968.

E o reitor pugilista sabia disso?
O Dobroszelski argumentava: "é preciso acabar com essa agitação, porque no fundo o que vocês estão fazendo é favorecer o crescimento dos *partisans*". Aí eu, garotão, peço a palavra e digo: "professor, mas eu vi o senhor naquele dia, em tal lugar, dando murros num estudante que era um sujeito magro e alto, de barbicha". Descrevi a cena em detalhes. Foi aquele "balde de água fria". O reitor, chefe do partido na universidade, sendo denunciado por ter batido num estudante, no meio da confusão, na repressão. Isso derrubou o discurso dele. Aí virei um pequeno herói do movimento estudantil local, porque tinha desmascarado o chefe do partido na universidade. A partir daí fui assimilado e virei amigo da turma que liderava o movimento e que veio a compor, mais tarde, a facção de esquerda

do Solidariedade.[40] Pessoas como o Adam Michnik, a Irena Lasota, o Alik Smolar, o Jacek Kuron, estudantes naquela época, um pouco mais velhos que eu, figuras que depois foram importantes para o desenvolvimento do *Solidarnosc*.

Membros e simpatizantes do Solidariedade em manifestação nas ruas de Varsóvia, Polônia, no início da década de 1980.

O ano de 1968 foi importante em vários lugares!
Na Polônia foi em março de 1968. Na França foi em maio. No Brasil, em dezembro. Esse ano sacudiu a juventude ao redor do mundo. Em certo sentido, o Dobroszelski lia corretamente a situação, tinha informação privilegiada, já sabia das coisas por dentro do partido. Acontece que a repressão aos estudantes em março foi comandada pelo grupo de extrema direita que crescia dentro do partido. Derrubaram o Wladislaw Gomulka, que havia subido

---

[40] Movimento sindical e social polonês. Em 1980, foi fundado o sindicato Solidariedade no estaleiro Lênin, na importante cidade portuária de Gdansk. Através da convocação de greves, com enorme adesão, se opôs ao regime comunista e exigia a abertura política. O governo comunista polonês reagiu violentamente, mas o Solidariedade se firmou como principal voz da oposição. Foi um dos mais importantes movimentos sociais nos países do Pacto de Varsóvia, dominado pela União das Repúblicas Socialistas Soviéticas (URSS). Lech Walesa se tornaria o principal líder do Solidariedade, posteriormente eleito presidente da Polônia (1990-95).

em 1956, e que deu cobertura à abertura polonesa. Expulsam o Gomulka, perseguem o Schaff, que tem que sair para o exílio. Fazem uma limpeza na Faculdade de Filosofia. Trinta e nove professores foram expulsos, na sociologia outros tantos, todos os melhores professores, a inteligência polonesa foi ceifada, perseguida, presa, sempre sob a acusação de serem sionistas, que era a maneira indireta de dizer "judeus". Cresce o movimento antissemita na Polônia, de cima para baixo, do partido para a sociedade, em reação ao movimento estudantil, visto como expressão de uma elite internacionalizada. Isso durou de março até o fim do ano de 1968. Foi um período muito duro de repressão na Polônia, e eu vivi isso intensamente. E como se não bastasse, em agosto tem a invasão soviética da Tchecoslováquia, esmagando a Primavera de Praga. Os soviéticos puseram 600 mil soldados no país em uma semana! Aí a gente foi lá...

Vocês foram para Praga?...
A gente ficava ouvindo no rádio, com os colegas. Então eu e Reinaldo pegamos o trem para ver de perto o que estava acontecendo. Os tchecos puseram em prática uma resistência pacífica exemplar — trocaram os sinais das ruas, pintaram os números das casas, montaram rádios clandestinas que circulavam em caminhões pela cidade, para que não fossem localizadas. Os estudantes da Universidade de Praga montaram uma lista de voluntários ao protesto em suicídio pelo fogo. O primeiro a se impor a imolação foi um estudante chamado Jan Palach, em frente ao monumento a Jan Hus, padre reformador da Igreja, do século XIV, herói nacional. Os estudantes deram seguimento na fila do protesto, que provocou reação em cadeia, país afora, com mais de 20 mortes autoinfligidas. Foi quando os estudantes lançaram um apelo para que a população interrompesse a ação suicida. Diga-se de passagem que a ideia do autoflagelo pelo fogo foi inspirada num ato de um monge budista no Vietnã, que protestava contra a invasão dos americanos. A imagem do monge em posição de lótus, tocha humana impassível, correu mundo. Só que os estudantes da Faculdade de Filosofia de Praga não dominavam a arte budista do auto-

controle e movimentavam-se em correria desesperada enquanto queimavam.

Você era um estrangeiro participando das manifestações. Isso tinha alguma importância ou você estava absolutamente integrado?
Lá, naquele tempo, nos anos 1968, 1969, 1970, havia muitos estrangeiros na Europa do Leste. Uma onda de golpes militares varreu a América Latina e algumas regiões da Ásia. Uma leva de jovens fugia para os países socialistas. Em 1965, tem a queda do Sukarno na Indonésia. Foi muito violenta e arrastou uma geração para o exílio. Então tinha muito indonésio estudando nos países socialistas. Da África era normal, fazia parte da divisão da Guerra Fria, tinha muitas ofertas de bolsas nos países socialistas para as elites africanas. Um belo dia, fomos acompanhar um colega que recebia um estudante africano no aeroporto. Ele chega, sai do avião, abre um guarda-sol e volta-se para dar cobertura ao verdadeiro, que era um príncipe que chegou acompanhado de um pajem para ajudá-lo no dia a dia... Então havia muitos africanos. Existia uma casa de estudantes frequentada por rapazes estrangeiros de todas as nacionalidades e as moçoilas polonesas que iam lá namorar em troca de dólares e presentes. Então tinha bastante estrangeiro no pedaço. Mas poucos participaram das manifestações estudantis. O pessoal africano evitava se envolver, mas o clima geral era compartilhado por todos os estudantes. Então, de certa maneira, os estrangeiros também tinham opinião e participavam. Eu me envolvi com mais vigor talvez porque estudasse no prédio das ciências humanas, sociologia, história, filosofia, onde fiz amizade com a liderança do movimento. Participava das reuniões preparatórias. Eu sempre achando que daria para mudar as coisas, citando os eventos da França, mas eles, com uma voz mais realista, retrucavam: "aqui é diferente".

Então não foi tão problemático ser estrangeiro na Polônia...
Sendo estrangeiro você tinha que a cada mês renovar seu visto. Então, você não tinha um visto permanente, era mensal a validade do

visto. Tinha uma senhora que nos recebia, grandona, com jeito de polícia braba, que nos controlava mensalmente.

Você participava de algum grupo mais organizado?
Como eu já mencionei, havia uma informalidade dos meios, a coisa de produzir livros em papel carbono, bibliotecas inteiras em papel-carbono. Por outro lado, tinha uma editora importante em Paris chamada *Kultura*, na Saint-Germain-de-Prés, e que até hoje é uma importante livraria e editora polonesa. Foi fundada por socialistas da social-democracia polonesa que no pós-guerra, quando os soviéticos entram, acham melhor ficar do lado de cá, não voltar. Então eles ficam no exílio e formam uma comunidade, quase um monastério — curioso, interessante, um grupo que vive junto o resto da vida. Criaram uma editora e uma revista mensal, em formato de livro, chamada *Kultura*. Do exílio, marcaram a intelectualidade polonesa do pós-guerra. Começam pelos autores que ficaram no ocidente, nos anos stalinistas, mas passam a publicar textos escritos dentro e fora da Polônia a partir de outubro de 1956, e se tornam uma fonte central para o pensamento polonês em geral. Mais tarde, estimulam a reflexão dissidente, fosse a forma da poesia, do romance, da filosofia ou das ciências humanas. Todo intelectual polonês de importância deveria publicar na *Kultura*. Produziam livros em vários formatos, inclusive livros minúsculos, fáceis de esconder dos guardas da fronteira. Os viajantes poloneses que passavam por Paris apreciavam chegar na livraria da *avenue* Saint Germain e comprar livros e umas coisinhas provocadoras para presentear os amigos no retorno. Esses editores da *Kultura* mobilizaram o pensamento da nação e da diáspora praticamente sem sair de casa, num subúrbio parisiense. Exemplo raro de um espírito monástico laico, de uma esquerda democrática.

Essa literatura dos dissidentes tinha circulação livre?
Não. Tudo proibido. Tinha dois grandes centros de produção de material dos dissidentes. Um era da tradição social-democrata, com a editora e a revista *Kultura* à frente. O outro era a rede de rádios da *Europa Livre* que era patrocinada pelo Departamento de Estado dos

Estados Unidos da América, instrumento de propaganda da Guerra Fria, e que fazia uma boa programação jornalística. Eles tinham uma rádio para cada nação na Europa do Leste. A programação era produzida e transmitida do ocidente, com noticiário atual. Então, diante da censura geral e irrestrita da imprensa no "*Socialismo Real*", as pessoas sintonizavam a rádio estrangeira para se informar sobre o que se passava na sua cidade e no seu país. A clandestinidade desta escuta só fazia valorizar a notícia.

Na Polônia, contudo, no período de Gomulka, entre 1956 e 1968, a literatura erudita desfrutava de certa liberdade — liberdade suficiente para estimular o pensamento criativo e o debate legítimo. Os jornais diários eram péssimos, estritamente controlados — quanto mais importante a matéria, menor a notícia no jornal; mas os semanários, com artigos longos em tipologia miúda, eram de boa qualidade. Nos semanários desenvolveu-se a arte de escrever nas entrelinhas, que também foi desenvolvida entre nós durante a ditadura. As obras de Chico Buarque e de Caetano, dos anos 1970, são primores desse gênero, que rendeu rios de criatividade na Europa socialista. Não espanta que, ao ruírem as "cortinas de ferro" nos anos 1990, tantos poetas e filósofos fossem revelados, como bardos das sociedades recém-libertadas.

Era um sistema meio fechado, meio aberto?
Eu já disse que na universidade a bibliografia tinha de ser impressa na reitoria. O professor não tinha meios para multiplicar, ele próprio, a bibliografia do seu curso. Mas o conteúdo das aulas e dos seminários seguia um padrão de primeira, às antigas — uma familiaridade com a literatura clássica e um bom acesso aos melhores comentaristas. Boas bibliotecas. Nada como as bibliotecas das universidades americanas, claro, mas boas o suficiente para sustentar um pensamento atual e integrado nos debates internacionais. Na filosofia, na economia e na sociologia a produção era da melhor qualidade. Nomes como Leszek Kolakowski, Michal Kalecki, Ignacy Sachs e Zygmunt Bauman indicam o que estou tentando dizer. Quando expulsos da Polônia pelas intolerâncias de 1968, os nossos professores foram rapidamente absorvidos pelas melhores universidades do ocidente.

Confraternização com os filósofos (primeiro plano de perfil) Bronislaw Baczko, (ao fundo, da esquerda para a direita) Krzysztof Pomian, Leszek Kolakowski e alunos em Varsóvia.

Qual era o tema de sua dissertação de mestrado?
Meu primeiro mestrado também sofreu com os eventos de março. Outro perrengue... Eu seguia um programa de estudos que era bem estruturado — não só pela dimensão histórica, como também pela abertura intelectual, inclusive pelas relações com as ciências exatas. O positivismo lógico e a matemática contavam com acadêmicos de expressão, herdeiros do Círculo de Viena, do entre guerras, que influenciavam o ambiente intelectual dos departamentos de História, Filosofia e Sociologia da Universidade de Varsóvia. Em suma, apesar dos pesares, era um programa para ninguém botar defeito. Quando chega março de 1968, o Estado invade a universidade, com as piores manifestações possíveis, do anti-intelectualismo que caminhava de mãos dadas com o antissemitismo.

Foi nesse momento, justamente, que eu terminava os créditos do mestrado, e que bati de frente com o reitor da universidade, secretário-geral do partido. Minha situação ficara complicada. Por sorte, pouco depois dos eventos de março, o Dobroszelski viajou. Ele viajava sempre em representações oficiais, a convite da ONU, filósofo socialista da paz... Aí o vice dele, um sociólogo de valor, chamado Jerzy Szacki, assume a direção da faculdade. Por acaso, eu havia traduzido e publicado no Brasil um livro dele sobre as *Utopias*. O Szacki, que sobrevive na faculdade porque não era judeu, me conhecia pessoalmente, portanto. Ele me procura dizendo: "o Dobroszelski vai expulsar você da Polônia quando voltar da viagem; então preciso que você me apresente algum texto que tenha escrito para eu te dar o diploma antes que ele volte... Assim eu posso te dar o título, senão você vai embora sem nada. Você tem alguma coisa pronta?". "Tenho", respondi. Pensava num primeiro estudo que eu havia feito quando cheguei na Polônia, quando estava aprendendo as coisas, meio sem ter o que fazer; escrevi um texto para o seminário do Schaff na Academia de Ciências, que era um ensaio longo sobre, quem diria, a esquerda cristã na América Latina. Tinha a ver com a minha história e com o início da Teologia da Libertação, novidade por lá. Então eu botei uma bibliografia no final e entreguei o texto para o Szacki, que leu e disse: "está ótimo".

Assim você recebeu o título de mestre?
Aí ele me deu o título. Quando o Dobroszelski voltou, depois de um mês de viagens, eu já havia feito os exames. Virei mestre graças à Teologia da Libertação.

Você sai logo da Polônia ou fica lá mais tempo?
Fiquei mais um pouco até essa coisa se complicar de vez. Foi quando começo a mandar mensagens em "garrafas" para todos os lados, pedindo bolsa para continuar os estudos, e recebo uma resposta positiva da Universidade de Columbia, em Nova York, graças a Deus.

Você mandou várias cartas?
Mais de 10, com certeza. Propostas para fazer o doutorado, com pedido de bolsa de estudo, sem o que não teria como pagar. O tempo vai passando, eu ainda estou na Polônia esperando uma resposta, mas já tenho o título de mestre na mão. A coisa está rodando e aí recebo o recado que o Dobroszelski está providenciando minha expulsão e ficaria ruim se eu saísse expulso. Eu tenho que agilizar a saída. E havia certas complicações para sair de trem em

direção ao ocidente, já que você tinha que passar pela Alemanha Oriental.

Era o período das expulsões do país da intelectualidade judia de tradição marxista, sob o jugo dos "*partisans*". Toda semana, na estação Gdansk, a estação do trem que parte para o sul, em direção a Viena, havia um pequeno evento deprimente, ao anoitecer, de amigos que se reuniam para se despedir de mais uma vítima das perseguições. Eram despedidas sobrecarregadas de pessoas, emoções e muitas malas. Quem partia devia levar tudo de seu, para sempre, pois partiam, formalmente, compulsoriamente, renunciando à cidadania polonesa. Antes da partida, fiscais do governo faziam um levantamento da vida das pessoas, desde sua infância na Polônia socialista, e quantificavam o quanto deviam ao Estado. As famílias deviam pagar o valor devido para receber a autorização de partir. Mas só recebiam o visto de partida se o destino estipulado fosse Israel, que era um modo de documentar a opção "sionista" dessas pessoas que partiam sob o signo de uma punição. Muitas delas eram de famílias comunistas judaicas, que haviam lutado na guerra junto aos soviéticos, que haviam contribuído ativamente para a construção do socialismo no pós-guerra, que não queriam ir para Israel; queriam ir para Paris, Londres, Genebra ou para os Estados Unidos. Compravam passagem até Israel, mas se desviavam em Viena, em direção à Europa ocidental. Eram despedidas deprimentes, carregadas de mágoas e revoltas. Parecia aqueles filmes em preto e branco sobre episódios da Segunda Guerra. A cada semana, um novo evento de despedida.

Contar isto me faz lembrar o Manoel Maurício com suas "curiosidades", contar historietas... O Adam Schaff também estava sendo perseguido, pois também era judeu. Era o grande líder da intelectualidade marxista, mas de repente cai em desgraça com a subida dos *partisans*, antissemitas (pois, de fato, os judeus expulsos não eram pró-sionistas) que estão tomando o poder no partido. Nessa onda anti-intelectual, o Schaff também se torna vítima. O Schaff nos procura e diz: "estou preocupado com a minha filha " — uma amiga nossa, menina bonita, inteligente, estudava lógica, era fera — "e o que ela quer mesmo é fazer medicina", diz o Schaff. "Eu preciso providenciar a saída dela, mas para ela sair, sem passar por esse esquema humilhante que obriga a viajar para Israel, eu preciso que ela se case com algum brasileiro". Aí o Maurício e eu nos voluntariamos. Dissemos: "claro, professor!". Mas precisávamos de documentos que afirmassem que éramos solteiros, livres para o casório. Então nós dois mandamos cartas para nossas famílias no Brasil pedindo: "pelo amor de Deus, arrumem rápido os papéis para a gente poder casar...".

Mas quem resolveu se casar, você ou o Maurício?
Nós dois. Quem recebesse os papéis primeiro, ganharia a mão da Ewa Schaff. O Maurício sempre foi meio romântico, ele mais do que eu. Então ele se animou muito com a história, porque ela era bonitinha, *mignon*, inteligente. E aí o Maurício recebe primeiro os documentos.

Essa você perdeu?
Perdi, essa eu perdi. Os dois se casaram, efetivamente. O Maurício, sempre meio viajante, perfumou-se para a noite de núpcias, mas levou um esporro da moça: "o que é isto? O que você está pensando? Casamos por solidariedade política. Nada de sexo!". Os dois partiram juntos, o Maurício e a Ewa, em direção a Viena, sem ter de pisar em Israel porque ela era esposa de um brasileiro. Ewa depois viajou para os Estados Unidos, onde se encontrou com o seu verdadeiro amor, um rapaz judeu, lógico de profissão, que conseguiu sair via Israel, e se casaram para valer nos Estados Unidos. Ela fez medicina como sonhava, dizem que se tornou uma grande profissional. Então esse caso teve um final feliz.

E você ainda continuou lá mais tempo?
Fiquei por lá até que finalmente saiu a bolsa para a Columbia. Aí eu organizo a saída, mas tinha problema de visto, porque com a história do Dobroszelski minha situação formal havia se complicado. Para ter o visto de saída da Polônia e trânsito pela Alemanha Oriental, precisava ter a autorização das autoridades e eu não estava obtendo. Então o pessoal que promovia as despedidas

na estação de trem me dá uma ajuda com uma solução um pouco clandestina. Acertaram com um guarda do trem que seguia para Paris que eu viajasse escondido, trancado num aposento fechado, num vagão-leito, como se não estivesse ali. Viajei a noite toda, fechadinho, sem passar por nenhuma guarda fronteiriça, até a Alemanha Ocidental. Ganhei este prêmio em troca de uma garrafa de Zubrówka, aquela vodca que traz um fio longo de capim cheiroso, vodca de qualidade, que foi negociada pelos amigos que ficaram para trás, frequentadores das estações de trem de Varsóvia, por conta das despedidas infelizes.

Seu trem era em direção a Viena ou Paris?
Em direção a Paris, passando por Berlim. Só fui sair da cabine lá na frente, em terras "ocidentais". Atravessei a Polônia, a Alemanha Oriental, depois Berlim Ocidental, depois Alemanha Oriental de novo, depois Alemanha Ocidental, e aí você está na liberdade. Passei uma noite inteira trancado na cabine. Então foi assim que saí da Polônia, a troco de uma garrafa de vodca. Uma pequena corrupção socialista.

Rubem César (terceiro da esquerda para a direita) com um grupo de amigos exilados na França.

Ainda sobre a vida na Polônia...
Nesses anos, de 1965 a 1969, eu tinha duas redes de relacionamento, a rede dos brasileiros no exílio, sobretudo o pessoal com aquela marca "revisionista", e a rede protestante ecumênica, cujo centro era Genebra, com o Conselho Mundial de Igrejas,[41] aonde eu ia de vez em quando.

Você viajava da Polônia para Genebra?
Chamavam-me para reuniões, seminários, conferências, eu ia lá, revia os amigos, botava a vida em dia. Em Genebra, nesse período de 1965 a 1969, tinha um punhado de exilados que se viam com frequência. Tinha um casal, meus amigos desde então, que são o Miguel e a Rosiska Darcy de Oliveira.[42] Eles haviam participado de uma operação clandestina de transporte de documentos sobre tortura via malote do Itamaraty. Foram descobertos e tiveram que ficar no exílio, perderam os cargos diplomáticos. Moravam numa casa de estudante muito charmosa, chamada Foyer John Knox. Ficava no Grand Saconnex, uma área mais alta da cidade, fresquinha, verde, muito linda, como tudo na Suíça. Abrigava estudantes de várias regiões, sobretudo América Latina e África. Era dirigida por um missionário americano chamado Charles Harper e mais informalmente "Chuck". O Chuck promovia eventos culturais e debates interessantes, que traziam as realidades distantes para perto de nós, por meio do estudantado que morava ou que passava pelo Foyer. Foi lá que eu vi e ouvi o Gilberto Gil cantar pela primeira

---

[41] Organização ecumênica reunindo Igrejas protestantes, ortodoxas e algumas pentecostais. Foi fundada em Amsterdã, Holanda, em 1948, visando construir uma unidade cristã, com sede em Genebra, Suíça; reúne cerca de 340 igrejas, com mais de 500 milhões de fiéis em aproximadamente 120 países. A Igreja Católica colabora em algumas comissões do conselho.

[42] Oliveira, Rosiska Darcy de (1944). Escritora e ensaísta. Formou-se em direito pela PUC-Rio na década de 1960. Acusada pela divulgação de artigos que denunciavam a tortura praticada pela ditadura militar, partiu para o exílio em 1970. Na Suíça, estabeleceu amizade com Paulo Freire, com quem fundou o Instituto de Ação Cultural. A partir da década de 1970, iniciou militância no movimento feminista. Em 2013, foi eleita para a Academia Brasileira de Letras (ABL).

vez. Aquela alegria! Um show de brasilidade em plena Genebra calvinista. Chuck veio a ser um sujeito importante em nossa pequena história, já que ele se dedicou a organizar aquele livro *Brasil: nunca mais*,[43] com relatos sobre as vítimas da ditadura. O livro foi apoiado pela Arquidiocese de São Paulo e publicado pela editora Vozes em 1985. Chuck conseguiu recursos no Conselho Mundial de Igrejas, articulou-se com líderes cristãos do porte do dom Paulo Evaristo Arns e do Jaime Wright, que juntou documentos e depoimentos sobre a repressão militar. Aquela história quente, perigosa, produzida no calor da hora. Jaime Wright fora irmão de Paulo Wright, um membro da esquerda estudantil protestante de que falei acima, que se filiou ao PTB e se elegeu deputado estadual, com o apoio de sindicatos de Santa Catarina. Isto ainda nos anos 1960. Com o golpe, Paulo entrou na clandestinidade e acabou sendo preso e morto pela repressão. Jaime Wright, irmão do Paulo, era pastor. Foi fiel à memória do irmão. Ampliou o sentido da perda com a produção do *Brasil: nunca mais*. Charles Harper entrava e saía do Brasil, desafiando a inteligência militar, ajudando a costurar estórias de vida difíceis de contar. Não satisfeito, Chuck seguiu viagem e foi produzir trabalho semelhante no Chile, onde a barra pesava em escala maior. O Foyer John Knox atraía estudantes com este perfil rebelde de muitos países e de muitas histórias.

O Marcos Arruda[44] morava lá?
O Marcos Arruda chegou a morar lá. Acho que ele foi primeiro para o Canadá, depois para os Estados Unidos e mais tarde para Genebra.

---

[43] O projeto realizado com o apoio, entre outros, de dom Paulo Evaristo Arns, do rabino Henry Sobel e do pastor presbiteriano Jaime Wright entre 1979 e 1985. Reuniu depoimentos oficiais de presos políticos, denunciando suas torturas ao Superior Tribunal Militar (STM).

[44] Arruda, Marcos (1941). Economista, com doutorado em educação. Companheiro de Betinho dos tempos da Ação Popular (AP), com o golpe militar de 1964, viveu na clandestinidade. No início de 1970, preso e torturado, foi para o exílio. Após a Anistia (1979), retornou ao Brasil. Ao lado de Carlos Afonso e Betinho, foi dos articuladores do Instituto Brasileiro de Análises Sociais e Econômicas (Ibase). Atualmente, preside o Instituto Políticas Alternativas para o Cone Sul (Pacs).

O Miguel e a Rosiska não eram dessa rede protestante, mas faziam parte da rede de exilados?
É, exilados e diplomatas. Não eram religiosos, mas a proximidade do Conselho Mundial de Igrejas exercia uma atração sobre todos que por lá passavam. Havia outro casal que marcou a vida do Foyer: Claudius e Jovelina, com seus filhos, meus compadres duas vezes. Então a turma de amigos era o Miguel e a Rosiska, o Claudius e a Jô, o Chuck e a Babette, sua mulher. Eu tirava uma casquinha de vez em quando. O Foyer era um lugar animado, cheio de palestras, seminários, música. De vez em quando aparecia um cantor de algum lugar do mundo, porque era esse tipo de ambiente que atraía esse pessoal jovem, supertalentoso que tocava. Para nós exilados, era uma delícia de lugar, uma comida direitinha, boas acomodações. Acho que havia recurso, alguma mordomia pró-exilado que segurava a barra. E quem esteve lá também foi o Paulo Freire,[45] que assumiu uma função no Conselho Mundial de Igrejas e que lá formou uma pequena equipe de trabalho que incluía Miguel, Rosiska, Claudius e Jô. Os quatro trabalharam com o Paulo Freire, desenvolvendo o tema da educação popular numa escala internacional, a começar da Itália, com sua cultura progressista.

Essa equipe é que vai trabalhar na África?
Sim, desenvolveram um trabalho pioneiro em Guiné-Bissau. Eu me lembro deles discutindo sobre como fazer educação popular num

---

[45] Freire, Paulo (1921-97). Intelectual e pedagogo. Cursou a Faculdade de Direito de Recife. Tomou contato com educação de adultos no Serviço Social da Indústria (Sesi), onde trabalhou entre 1947 e 1957. No início da década de 1960, foi um dos fundadores do Movimento de Cultura Popular de Recife. Em 1963, o governador de Pernambuco, Miguel Arraes, o nomeou para o Conselho Estadual de Educação, sendo afastado após o golpe militar de 1964. Foi preso, e depois partiu para o exílio no Chile, onde escreveu *Educação como prática da liberdade* (1967) e *Pedagogia do oprimido* (1970). Lecionou na Universidade de Harvard (EUA), foi consultor de educação no Conselho Mundial de Igrejas, sediado em Genebra, Suíça, e desenvolveu programas em países africanos. Obteve reconhecimento internacional com o método de alfabetização para adultos conhecido como Método Paulo Freire. O Instituto Paulo Freire foi criado na cidade de São Paulo, em 1991.

país com pouca educação formal. Como fazer o "alternativo", se você não tem o padrão para se antepor. Como escolher um grupo prioritário, por onde começar. Por fim, se me lembro bem, o critério decisivo para ingressar no programa foi o calçado: priorizar quem tinha botas para calçar e para marchar. Optaram por educar o exército, opção político-institucional.

Não se sabe muito sobre esse conselho?
Sabe-se, sim. O Conselho Mundial era mundialmente conhecido. Nós é que estávamos distantes... O Conselho Mundial de Igrejas (CMI) foi o órgão agregador das tradições cristãs externas ao catolicismo. Forte na Europa do Norte, herdeira da Reforma, do Reino Unido à Escandinávia, passando pela Alemanha; forte na América do Norte, Estados Unidos e Canadá; na Rússia e nações vizinhas de cultura ortodoxa, rodando pelo Mediterrâneo oriental, na vizinhança do mundo otomano; Grécia, Chipre, minorias cristãs do Oriente Médio, armênios inclusive. Tremenda instituição, criada no pós-guerra, mas herdeira do pensamento ecumênico de origem protestante no entre guerras. Alta teologia, como a Europa Central foi capaz de produzir. Com a Guerra Fria, o CMI tornou-se praticamente a única ponte legítima entre o leste e o oeste da Europa. Num tempo de guerra quase nuclear, o CMI promovia trocas regulares entre sacerdotes e leigos que se recusavam a dar razão final à polarização ideológica. Bom revisionista que eu era, crítico da ideia de uma luta de classes sem tréguas, eu gostava do conselho. Até mesmo porque ele promovia os valores da liberdade e da tolerância, próprios ao ecumenismo, que o levava a simpatizar com os adversários das ditaduras de lá e de cá. Bem interessante e complexo. Dizia-se que as delegações ortodoxas, cheias de barbas, escondiam informantes da polícia política soviética, a KGB; as delegações latino-americanas atraíam vanguardas marxisto-cristãs, pregavam a revolução à moda cubana... Uma confusão sob medidas, as medidas do ecumenismo em tempos de Guerra Fria. O conselho foi influente nos meios protestantes progressistas da América Latina (à frente) e da África (meio a reboque). Pena que numa medida pequena, de minorias esclarecidas, protestantes intelectualizados que não conseguiram empolgar suas igrejas. Acabaram, em

grande parte, virando professores universitários, sociólogos, filósofos, historiadores — cientistas sociais das religiões.

Como disse, o CMI atravessava a "Cortina de Ferro" e fazia uma ponte entre leste e oeste, entre o capitalismo e o socialismo. O Conselho teve uma função interessante em tempos de Guerra Fria, já que era um dos poucos canais de trânsito, de comunicação, com uma certa autonomia e com uma certa rede própria de penetração nos dois lados do planeta. Tinha o Chuck fazendo esse tipo de levantamento na América Latina e tinha uma figura tipo Chuck fazendo o mesmo para o lado de lá. Embora o lado de lá fosse mais conservador. Tinha autores importantes escrevendo e que participavam da vida do conselho, teólogos, intelectuais que decidiam assumir funções executivas por conta da importância do conselho. Então você tem uma linhagem de teólogos que foram secretários-gerais, membros do conselho. Um deles que acabou por lá foi o Richard Shaull, mas isso foi mais tarde, como presidente da organização mundial de estudantes, de jovens cristãos. Não funcionou, ele nunca foi um bom executivo, era bom professor, não foi muito bem-sucedido nessa missão. Muita gente conhecida da América Latina também foi para lá — exilados do Uruguai, escritores, gente de Igreja do Uruguai que foi para Genebra, tinha gente do Peru, da Colômbia, do Chile. Então tinha uma comunidade latino-americana exilada em Genebra em torno do Conselho Mundial de Igrejas e da Universidade de Genebra. Eu ia para lá de vez em quando. E foi através dessa conexão que uma participante da rede americana no Conselho Mundial de Igrejas, Margareth Flory, me pescou ao chegar aos Estados Unidos.

É interessante você lembrar isso porque até agora a impressão era que você tinha ficado isolado na Polônia muito sem contato com outros grupos.
Não estava isolado. A gente se escrevia. Algumas cartas que chegavam circulavam de mão em mão, como era o caso das cartas do Prazeres, um cronista de mão cheia das agruras do socialismo em Berlin Oriental. A gente se reunia para ouvir a leitura das missivas do Prazeres.

(Da esquerda para a direita) Pedro Celso, Clarice, sua namorada (dentro do carro), e Rubem César em uma praia em Biarritz, França, durante o exílio.

Com a prima Márcia Mafra, e um amigo (a direita) na Grécia durante o exílio.

Além de Genebra você viajou para outros lugares?
As primeiras viagens eram de férias. O Pedro Celso, que era o endinheirado da turma, tinha um carro, um Mercedes conversível, antigão. Íamos todos no carro do Pedrão. Em cada férias a gente ia numa direção, viajando todos juntos, comendo pão, vinho e queijo, naquela brincadeira. Então fomos em várias direções, inclusive da França, da Bélgica, da Holanda, fomos duas vezes para Hungria, Tchecoslováquia, Iugoslávia e Grécia. As férias eram ótimas.

E encontrava também com os brasileiros exilados?
Veja só, havia uma outra coisa que diferenciava a gente da geração de 1964. A gente não conhecia na intimidade essa galera mais nova, formada em 1968. Só veio a conhecê-la no exílio. Quando chegou o Jean Marc,[46] era para nós uma figura assim desconhecida; tínhamos ouvido falar, mas não havíamos acompanhado seu histórico no Brasil.

Você tinha contato com as coisas do Brasil? Recebia fita cassete, recorte de jornal, revistas?
De vez em quando chegava alguma coisa. Chegava o queijo, uma goiabada e uma revista, mas era raro, por conta da "Cortina de Ferro", da separação. Chegavam graças aos cuidados da mamãe.

Você tem correspondência desses outros exilados?
Eu não guardo nada, não tenho nada. Não tenho nem fotografia.

É impressionante a quantidade de carta de exilados no arquivo do Betinho, todos se correspondendo com ele. É a parte mais

---

[46] Weid, Jean Marc von der (1946). Ex-presidente da UNE. Entre 1964 e 1968, estudou na Faculdade de Engenharia Química da Universidade Federal do Rio de Janeiro (UFRJ). Militante da Ação Popular (AP), foi eleito presidente da UNE em 1969. Ainda nesse ano, foi preso. Em 1971, foi um dos presos políticos trocados pelo embaixador suíço Giovanni Bucher. Exilou-se no Chile e depois na França, onde cursou economia agrícola. Ao retornar ao Brasil, após a Anistia, passou a se dedicar à agroecologia e colaborar com diversas ONGs vinculadas ao tema.

rica do seu arquivo. E que falam do Brasil, das articulações, "vamos voltar, vamos preparar". Tanto que o Ibase[47] surge dessas articulações com Paulo Freire, com Carlos Afonso, com Marcos Arruda.

Mas eu tenho esse desvio. Primeiro, de estar exilado no lado socialista, pouca gente foi para o mundo comunista, e depois na Polônia; tinha a conexão com o lado protestante através do Conselho Mundial de Igrejas em Genebra. Essa foi a outra rede que me acompanhou a vida inteira.

---

[47] Em 1981, Betinho, Carlos Afonso e Marcus Arruda fundaram o Instituto Brasileiro de Análises Sociais e Econômicas (Ibase), ONG dedicada inicialmente à democratização da informação. Em 1983, o Ibase, juntamente com outras entidades, lançou uma campanha pela reforma agrária. Lutou pela aprovação de emendas populares durante a Assembleia Nacional Constituinte (1987-88). Em 1989, colocou no ar o Alternex, primeiro servidor brasileiro para a internet. Tem se dedicado ao tema da cidadania. Em 2001, integrou a criação do Fórum Social Mundial, realizado inicialmente em Porto Alegre (RS).

THE · LIBRARY · OF · COLUMBIA · UNIVERSITY ·

ALMA MATER

De Varsóvia *a* Nova York

De Varsóvia a Nova York

Aí você desembarca em Paris?
Eu passo por Paris e de lá pego um avião para Nova York.

Como você entrou nos Estados Unidos, como obteve o visto norte-americano?
Consegui o visto na Polônia. Porque como estava havendo aquela perseguição toda na Polônia, a embaixada estava facilitando o visto para as pessoas de lá irem para os Estados Unidos. E eu tinha aceitação da Columbia, tinha a bolsa, tinha uma justificativa boa. Naquele tempo não existia internet, eles também não tinham informações globais *online*. Não seria fácil para eles obter informações sobre mim no Brasil. O pessoal daqui que tinha complicações não conseguia visto para entrar nos Estados Unidos, mas saindo da Polônia, não tive problema.

Você era quase polonês fugindo da perseguição antissemita na Polônia. E o Pedro Celso, onde estava nessa altura?
O Pedro continuava lá, ficou um tempo a mais que eu. O Ivan Ribeiro, que foi fazer economia para voltar e dirigir o planejamento

do Brasil socialista, foi pego pelo golpe de 1964. Ele entrou num processo em Minas Gerais e pegou 16 anos de prisão no julgamento. O Ivan, coitado, não acreditava no que estava acontecendo. Como poderia ter que ficar dizia:"mais 16 anos de Polônia, não aguento". Então ele ficou um bom tempo, até que depois, com a Anistia, anularam sua condenação e ele pôde voltar. Ele conheceu uma italiana, foi para a Itália, aí começou uma outra história. O Pedro também ficou na Polônia um pouco mais, passou um tempo num vilarejo do norte da Itália, que adorava, e depois foi ser professor em Saint Louis, na Washington University, Estados Unidos da América.

Assim vocês se reencontram nos Estados Unidos?
A gente se encontrava sempre.

Você e Pedro Celso escreveram um livrinho, *José e Jóseph, uma conversa sem fim*, publicado pela Nova Fronteira em 1985, que apresenta um diálogo fictício entre um jovem do Leste europeu e um latino-americano. Esse livro foi escrito quando os dois estão nos Estados Unidos?
É, foi nesse período nos Estados Unidos.

Com Pedro Celso na Washington University em Saint Louis, EUA.

Houve algum choque cultural ao chegar aos Estados Unidos?
Essa "viagem" é curiosa, porque você está num país socialista, muito fechado — nenhum de nós havia escutado os Beatles, por exemplo. Os discos nas livrarias traziam as músicas clássicas do século XIX e início do XX — muito Tchaikovsky, ou então autores poloneses, como Krzysztof Penderecki. O socialismo congelou a história cultural pregressa. Depois da revolução, nada. O pessoal ouvia os clássicos ou então buscava a música clandestina em gravações que circulavam de maneira ilegal. Havia uma cultura subterrânea muito ativa, todo mundo conhecia, todo mundo ouvia, curtia, mas por meios informais. Na Polônia a gente não tinha contato com o que estava acontecendo no ocidente, sobretudo nos Estados Unidos em matéria de contracultura, música, droga, experiências psicodélicas. Eu não tinha ideia daquela maravilha toda. Me lembro que recebi pelo correio ainda na Polônia um disquinho dos Beatles que alguém me mandou. Era em 45 rotações, com um furo grande no meio. Trazia duas músicas, uma de cada lado, sendo uma delas o *Yellow submarine*. Eu juntava os colegas para ouvir, aquele som diferente — a gente ria, achava graça. Não conhecíamos aquilo, não sabíamos de onde havia saído.
Ao chegar nos Estados Unidos, em março de 1969, deparei-me com aquela loucura. Foi um choque total. Eu era um europeu do Leste, minha cabeça estava na Polônia, minha leitura era da Europa Central. Ia para a biblioteca e lia jornais da Polônia ou da Rússia antes de olhar as revistas da América Latina. Os universitários de Nova York viviam um ambiente de um outro mundo. Levei um tempinho durante 1969 para me aproximar da maconha, do LSD, essas coisas que o pessoal estava explorando. Foi uma transição chocante e superinteressante.

Tinha algum professor que o recebeu?
De novo, a conexão protestante me apoiou. Cheguei em março, mas a bolsa na Columbia começava apenas em setembro. Eu não tinha ainda o que fazer na universidade. Cheguei duro, com US$5 no bolso, e quem está à minha espera para cuidar de mim é uma representante do Movimento Estudantil Cristão, que é muito forte

nos Estados Unidos, uma pessoa chamada Margaret Flory. Foi ela quem me deu uma graninha e me encaminhou para moradia entre março e agosto num seminário presbiteriano em Chicago que me abriu um espaço de casa, comida, roupa lavada e trabalho para botar uns trocados no bolso. Eu trabalhava na limpeza do seminário, no *Ground Departement*, fazia limpeza com aquelas vassouras grandes, no interior e em volta do McCormick Seminary. Havia uma estação do metrô que estava no meu roteiro, sempre suja. O trabalho de limpeza devia ser permanente. Eu fazia parte de uma turminha mais ferrada que tinha esse benefício, negros e latinos, e eu, luso--brasileiro-polaco, com eles.

Foi sua rede protestante que possibilitou você chegar sozinho nos Estados Unidos com US$5 e ter uma moça para esperá-lo.
A Margareth já era, de fato, mulher feita. Eu com 25, ela com mais de 40, rolou uma amizade duradoura.

Então você passa por esse seminário presbiteriano em Chicago?
É, para ter um lugar onde ficar e morar enquanto espero a entrada na Columbia. O seminário é um lugar também de pós-graduação bem conhecido, mas eu estou lá isoladão, esperando o tempo passar. Os estudantes seminaristas estavam bem envolvidos nos movimentos da época, na pancadaria com a polícia na Convenção Republicana de Chicago, mas eu ficava à margem, com um amigo jamaicano. Foi minha primeira experiência da introjeção profunda do racismo. Este amigo era uma fera — competidor de corrida de curta distância, um mestre no pingue-pongue, aluno excelente, orador da turma, mas não conseguia se livrar de um complexo de inferioridade. Murchava diante dos professores brancos.

Quando você vai para a Columbia?
Vou um pouco antes para Nova York, ainda passo um mês morando numa igreja ali no Washington Square, numa Igreja Metodista que a Margareth Flory me arruma para eu morar, que tinha uma pastora amiga, chamada Jacqueline Skyle. Jacqueline também havia passado

pelo movimento estudantil protestante no Brasil. De volta, assumiu sua opção gay e passou a pastorear uma igreja predominantemente gay, no Washington Square. Foi uma das primeiras igrejas em Nova York a aceitar gays assumidos. Isso foi no verão de 1969. Morei nessa igreja ainda um mês, esperando o tempo passar, até que finalmente chegasse o momento de entrar na Columbia. Aí eu mudo para o Up West Side.

Você tinha bolsa na Columbia?
Tinha bolsa que cobria os custos da universidade e um dinheiro para me manter. Se bem me lembro, US$400 mensais.

Nessa época em Nova York em uma turma de brasileiros e de brasilianistas que se junta para divulgar nos Estados Unidos a tortura no Brasil. A Joan Dassin tem a ver com o *Brasil: nunca mais* e também o Ralph Della Cava.[48]
Eu também participei desse grupo. A maioria, que me lembre, morava perto da Universidade de Colúmbia. O Ralph era professor da New York University, mas morava na entrada do Harlem, na altura da rua 125 e Broadway, a nove quadras da entrada da Columbia. Eu morei um tempo na casa do Ralph. Ali perto também é a sede do Conselho Nacional de Igrejas, o correspondente americano do Conselho Mundial de Igrejas, que fica na Riverside Drive 175 e era um *point* obrigatório para o pessoal exilado. O Conselho Nacional de Igrejas era uma instituição de peso, tinha uma expressão importante na cultura liberal americana. Martin Luther King e outros personagens, como o pastor Jessy Jackson, passavam amiúde pelo Conselho Nacional de Igrejas. Havia um pessoal brasileiro exilado que circulava por ali, entre a universidade e o Conselho Nacional

---

[48] Della Cava, Ralph (1934). Historiador norte-americano. Na década de 1970, publicou o livro *Milagre em Juazeiro*, sobre padre Cícero e religiosidade popular no Nordeste. Escreveu vários livros e artigos sobre Europa Oriental e União das Repúblicas Socialistas Soviéticas (URSS). Atua como pesquisador associado sênior do Instituto de Estudos Latino-Americanos da Columbia University. Recebeu o título de *Doutor Honoris Causa* na Universidade Federal do Ceará.

de Igrejas. Um deles era o Jovelino Ramos, de quem já falei, um de meus mentores na adolescência. Jovelino foi malandro: inventou uma sigla que reunia todas as boas causas da época — Justiça, Liberdade, Igualdade Racial, Equidade de Gênero —, vendeu a ideia e tornou-se diretor deste novo departamento no Conselho Nacional de Igrejas. Ocupou a posição por mais de 10 anos. Viveu intensamente e foi protagonista de vários movimentos, fazendo ponte entre causas diversas que costumavam seguir caminhos paralelos. Mérito para o Jovelino, que soube desenhar um emprego para si mesmo, na medida, com aquele "jeito" sincrético brasileiro mulato, em plena Costa Leste dos Estados Unidos. O Jovelino, o Marcus Arruda, o Pedro Celso, a Valentina, o Padilha, que morava na Califórnia, mas estava sempre em Nova York, formávamos um bom grupo de brasileiros. Brasilianistas como a Joan Dassin participavam ativamente e nos ajudavam no relacionamento com as instituições locais. Trabalhávamos, sobretudo, o tema da tortura e o das liberdades, fazendo divulgação, campanhas, encontros, palestras. Havia sempre um brasileiro de passagem em Nova York que era convidado a falar.

E o Abdias Nascimento,[49] fazia parte disso?
Ah, sim. Abdias morava ali perto, uma bela figura, adorava ele. Ele com a sua mulher, uma americana. O Abdias chegou um pouco mais tarde, mas entrou de cabeça no grupo. A gente se encontrava sempre. Nessa época eu tinha duas turmas, dos brasileiros e dos poloneses, ambos no exílio, sem acesso ao país de origem. Eu ficava entre os dois setores, América Latina e Europa do Leste, que se distribuíam entre dois andares do edifício de estudos de relações internacionais, o International Affairs Building, espaço fantástico de

---

[49] Nascimento, Abdias do (1914-2011). Intelectual e ativista. Foi diretor-fundador do Teatro Experimental do Negro (1944-68). Depois do Ato Institucional nº 5 (AI-5), de dezembro de 1968, foi para o exterior. Nas décadas de 1960 a 1980, lecionou em universidades norte-americanas. Aliado de Brizola, militou pelo Partido Democrático Trabalhista (PDT), sendo deputado federal e senador.

cruzamento de pessoas, notícias e ideias das várias regiões. A minha mulher, Grazyna Drabik, era polonesa.

Você se casou com uma polonesa?
Não casei, mas "juntei", morei com ela. Ela fazia parte de uma geração que veio da Polônia em seguida aos episódios de 1968. Então eu reencontrei em Nova York vários colegas de Varsóvia...

Você já a conhecia de Varsóvia?
Não, vim a conhecer na Columbia. Eu frequentava tudo que tinha a ver com Europa do Leste, porque me interessava, e o mesmo ocorria com ela; então a gente se cruzou nestes ambientes. Vivemos uns bons anos juntos, primeiro em Nova York, depois em Campinas e no Rio, pois ela veio tentar a vida comigo e conhecer o Brasil. Grazyna foi importante para mim, nos meus 30 anos. Curiosa, corajosa, sensível, sabia muito de Nova York. Escreveu um livro sobre as atrações da cidade, *off off* Brodway. Não se deu tão bem no Brasil, de início. Dizia que as mulheres daqui são competitivas entre si, não têm aquela solidariedade feminina a que ela estava acostumada. Ao contrário, parecem querer derrubar umas às outras, na disputa pelos machos que se apresentam. Ela que fora tão segura de si, passou a sentir ciúmes, não conseguia aprender o português.
Tudo mudou de repente, em dezembro de 1981, com o golpe militar na Polônia que reprimiu o *Solidarnosc*. Por acaso eu estava por lá e fiquei uns três meses distante. Ao voltar, em fevereiro, encontrei Grazyna totalmente mobilizada pelo que se passava no seu país, dando entrevistas em rádios e TVs, cheia de conhecidos. Fez amizade com Ana Cristina César, a poetisa, filha do Waldo, minha prima de segundo grau. Traduziram e publicaram poesias polonesas juntas, organizaram um programa semanal de leitura de poesia no Barbas, um bar badalado em Botafogo. Tanto se soltou que foi minha vez de sentir ciúmes. Achei inclusive que Grazyna estava de caso com a Ana Cristina. Acabamos por nos separar, guardando uma amizade profunda, daquelas que não se esquece. Há muito não a vejo, mas aposto que, se nos cruzássemos por acaso, a conversa reataria num instante.

Exilados do Brasil e exilados da Polônia...
E adjacências, porque sempre tinha um tcheco no meio, uma russa, um pessoal *mucho loco*.

Que outros exilados brasileiros vocês receberam em Nova York?
Com esse pessoal da universidade e do conselho a gente recebeu várias pessoas — recebeu o Marcio Moreira Alves[50] e o Jean Marc, a gente organizava pequenos eventos para receber quem chegava, sobretudo entre 1969 e 1971. O Elio Gaspari passou uma boa temporada por lá, trabalhando na Columbia. Ele, com certeza, terá muito mais a dizer do que eu. Tem aquela mania pelos detalhes...

Esta é uma história pouquíssimo contada. Em Paris, a irmã de Arraes, Violeta Arraes, foi uma pessoa-chave nesse trabalho de divulgar na Europa a repressão.
Exatamente. Ela era uma referência. Quem passasse por Paris devia curtir e ser curtido pela Violeta. Outro era o Miguel Reale Júnior, que infelizmente veio a falecer ainda jovem. O Miguel Reale era uma referência dos brasileiros em Paris. Era o correspondente do *Estadão (O Estado de S. Paulo)*, que preferiu não voltar, montou casa, casa de campo, criou as filhas. Era aquele correspondente de confiança, superprofissional, que acordava cedo, cinco horas de fuso na frente, lia os jornais que traziam as notícias do dia do ponto de vista europeu, fazia a matéria dele, mandava pelo Telex aí pelo meio dia e pronto, estava livre para curtir a família e a cidade, as visitas, a boa comida, o bom vinho. Teve uma filha que virou modelo de destaque, com foto em tamanho grande no metrô e nas ruas. Gostava

---

[50] Alves, Marcio Moreira (1936-2009). Jornalista e político. Formou-se em direito. Passou a defender os presos políticos e denunciar as torturas. Destacou-se como repórter do *Correio da Manhã*. Em 1966, foi eleito deputado federal pelo estado da Guanabara através do MDB. Publicou o livro *Torturas e torturados* (1967). No Congresso Nacional, seu discurso conclamando o "boicote ao militarismo" foi um dos pretextos para a decretação do Ato Institucional nº 5 (AI-5), em dezembro de 1968. Cassado, foi para o exterior. Após a Anistia, foi jornalista da *Tribuna da Imprensa, Jornal do Brasil, O Globo* e *O Estado de S. Paulo*.

de receber e prosear, morava bem. Bom jornalista e com espaço no *Estadão*, atraía a elite brasileira que passava por Paris. Então os exilados brasileiros em Paris frequentavam duas residências principais, da Violeta e do Miguel Reale.

Quando houve o golpe no Chile, em 1973, também há uma debandada geral. Vocês recebem em Nova York esse pessoal?
É a mesma coisa, chega muito chileno, surge um movimento de solidariedade. Formou-se uma rede de latino-americanistas que agregaram a solidariedade às suas competências de especialistas acadêmicos. Na Columbia, que eu vivia de perto, havia aquela presença fantástica de pessoas do mundo todo. Havia o costume do *brown bag lunch* — você compra seu sanduíche, carrega no saco de papel pardo, vai para o seminário, fica comendo enquanto os caras falam; termina o almoço e a fala, as pessoas se dispersam. No International Affairs Building cada andar é um continente povoado por especialistas. Aqui você está na China, ali está na África Ocidental, no Oriente Médio, na Europa do Leste, na América Latina. No *hall* de entrada você encontrava papeluchos colados com durex anunciando as palestras do dia, por andar. Você entrava no elevador e escolhia o continente a visitar — um sofisticado mercado do conhecimento. Vi aqui agora na Fundação Getulio Vargas (FGV), quando estava esperando lá embaixo, uma coisa bem organizada, passando na televisão, professor tal, sala tal; era isto mesmo, só que, na Columbia nos anos 1970, era aquela bagunça interessante dos papéis colados nas paredes. Passei recentemente na Columbia, e fui nesse prédio para ver como estava. Ainda tem os anúncios em papel; está mais limpo e talvez menos vibrante, mas conserva o espírito. Nova York é um lugar de passagem de tudo que interessa.

Você vai estudar na Columbia. Qual é o seu tema de doutorado?
Vamos lá, onde estava a cabeça? Na Europa do Leste. Em particular com quem? Com meus professores. E quem eram? O Leszek Kołakowski, o Bronislaw Baczko, o Krzysztof Pomian, o Andrzej Walicki, o Jerzi Szacki, o Zygmund Bauman, uma meia dúzia de historiadores da filosofia e da sociologia. Aí eu resolvo

estudar aquele ambiente mental, como a história do pensamento era pensada e descrita na Polônia do pós-guerra. Tratei como se fora uma escola de pensamento, ou melhor, um "círculo de pensamento" formado pela releitura dos clássicos. Reler Pomian sobre o conceito de tempo na idade média, Kolakowski sobre as tensões entre mística, razão e instituição na Reforma protestante, Baczko sobre Rousseau e o iluminismo, Walicki sobre o pensamento russo no século XIX, Szacki e Bauman sobre a história da sociologia. Concluí que haviam desenvolvido uma historiografia original. Revivi meus tempos de estudante em Varsóvia, passando de curso em curso, sala em sala, entre os melhores professores, aqueles que foram expulsos em 1968, e tentei demonstrar que haviam formulado uma problemática comum, a que dei o nome de "*Antinomias da Liberdade*". Noutros termos, mais gerais, concluí que o "círculo de Varsóvia" reescrevia a "história" a partir dos paradoxos intrínsecos à modernidade, do indivíduo *versus* sociedade, da liberdade *versus* igualdade, da razão *versus* fé; e que, ao invés de buscar os meios de superação dessas antinomias, como se via no percurso filosófico entre o iluminismo e o romantismo, de Kant a Hegel e a Marx, demoravam-se no interior das contradições, como se fossem elas as fontes do próprio pensamento e da cultura. Projetavam uma visão trágica da modernidade e de seus ideais, como se desconstruíssem a dialética hegeliano-marxista. Fizeram isto através de densos e fascinantes livros de história. Minha tese foi sobre isto. Altas leituras. Queimei os neurônios que tinha e que não tinha para fazer jus aos meus mestres poloneses e a seus antecessores centro-europeus. Terminei a tese em solidão, numa casa de campo de um amigo, nas montanhas de Catskills, no estado de Nova York. Sozinho, eu e Deus, remoendo as ideias e redigindo a tese. Ao final, escrevendo a síntese, virei cinco dias e noites em pura agonia mental.

Quem é do ramo sabe que as relações conceituais entre Marx e Hegel eram objeto de polêmica acirrada entre pensadores europeus na época. Havia um certo Althusser que provocou uma celeuma com a pretensão de formular um "marxismo científico", livre dos "humanismos hegelianos". Um pretenso rigor científico foi apensado aos textos de Marx e fez um estrago entre intelectuais do revisionismo marxista. Já a versão polonesa seguia caminho bem diverso. Afastava-se das pretensões a uma verdade objetiva e abria um campo de reflexão paradoxal que se desdobra nas ideias e nas práticas, sem jamais alcançar porto seguro. Esta visão me convenceu. A tese sobre os professores passou a valer para o aluno também, foi incorporada ao meu modo de pensar e sentir.

Quem foi seu orientador?
Leonard Krieger, professor de "história intelectual" na Universidade de Columbia. Não conhecia o Leste europeu, mas sabia bastante do pensamento alemão. Pessoa interessada, rendeu um bom diálogo, foi um bom orientador. Mas o principal para mim foi a relação que mantinha com os próprios autores que eu analisava. Discutir seus textos e as circunstâncias. Eles achavam divertido este aluno brasileiro tão interessado nas minúcias de seus escritos. Haviam saído há pouco da Polônia (em 1968-69), seguiam ativos na universidade, não se viam como "objeto" de pesquisa. O Kolakowski foi para Harvard e depois Oxford, Baczko para a Universidade de Genebra, Pomian para Paris. Szacki e Walicki seguiram em Varsóvia. Eu circulava entre eles e, com humildade, buscava suporte para as minhas ideias sobre o que eles pensavam. Comportava-me como um discípulo que checa a qualidade de seus cadernos. Aquilo me dominava — livros difíceis, coisas complicadas de entender que nos pareciam importantes. Eu só estudava, com a exceção de um namoro e um cineminha antigo ou algum evento para denunciar a tortura no Brasil...

Em algum momento pensou em ficar nos Estados Unidos?
Pensei em voltar para a Polônia. Mas nos Estados Unidos teve, sim, um momento quando terminava a tese e tinha que pensar, que me fazer essa pergunta. Não para sempre, eu sempre pensava em voltar ao Brasil, mas terminando o doutorado, cheguei a dar aula na Columbia nesse período, terminei o doutorado já dando aula, dei aula lá por dois anos.

Aula de filosofia, você estava nessa área de filosofia, não é?
Filosofia social. Era uma cadeira curiosamente chamada "Civilização contemporânea", mas que de contemporânea não tinha nada. Começava pelos pré-socráticos — a mesma ideia do Raul Landin.

Você realizando a proposta do Landin!
Pois é. "Civilização contemporânea" naqueles anos de inocência, anos 1960-70, era equivalente a "cultura ocidental", e para chegar nela havia que começar por Atenas e Esparta, Tucídides e Péricles, Platão e Aristóteles, e assim seguia, Grécia, Roma, Idade Média, Renascimento, Revolução Científica, Revolução Francesa, Revolução Industrial, Independência americana e por aí caminhava a humanidade. Era uma cadeira de introdução às humanidades para os alunos da graduação; eu me divertia — boas leituras, bons alunos, anos da contracultura. Eu ganhei um tempo e um dinheirinho básico na Columbia, dando aula enquanto terminava o doutorado. Mas aí veio de fato a procura de um emprego nos Estados Unidos. Distribuí meu currículo em algumas universidades, fiz algumas entrevistas. Entre elas, uma ficou na memória. Urbana Champaign me chamou. É uma boa universidade, que fica em pleno meio oeste. Você pega um aviãozinho em Chicago e voa uns 45 minutos por sobre um cenário quadriculado por campos de grãos idênticos entre si, de uma impressionante monotonia. Eu olhava pela janela e me dizia, "meu Deus, onde estou...". Um carro enorme, rabo de peixe, me esperava no aeroporto, graças à gentileza de um colega professor. Eu vinha de Nova York e o colega foi logo me avisando: "a vida aqui é muito chata!". Era manhã ainda, mas me levam para um coquetel onde vinho e uísque são servidos. O diretor me conduz pelo salão e num momento me informa: "agora, professor, vamos para a sua palestra...". Palestra? Não me preparei para palestra! Fazia parte, não tinha jeito. Ainda lembro bem. Tema a discorrer: "Fale-nos de sua tese...". Agora, pensem bem, no marasmo dos campos de trigo, eu mergulhar nas "antinomias" de uma "liberdade" que ainda por cima não existia na Polônia... Um espírito chapliniano tomou conta de mim. Levantei-me, avancei sobre o *podium* e larguei o verbo com

grandes gestos, enquanto circulava sobre mim mesmo à frente da plateia. Só faltavam os patins nos pés para que a memória de Chaplin nos tomasse a todos. Desfeito o evento, um professorado mais jovem me cercou num canto para comentar — "Você estava chapado, cara? Foi demais!". O diretor e outros *seniors*, ao contrário, mantiveram-se a distância. Depois soube que minha *performance* gerou polêmica interna – a banda da consciência ampliada ficou entusiasmada com a possibilidade da contratação, enquanto o pessoal conservador não quis nem saber — "só nos faltava essa, um latino-eslavo doidão". Depois da palestra, veio um outro coquetel, onde, aí sim, enchi a cara.

À noite, preparando-me para dormir e depois partir, alguém bate na minha porta. Era um professor brasileiro, exilado, que trazia na mão uma garrafa: "Vamos conversar", disse ele. Foi simpatia instantânea. Passamos boas horas proseando, misturando risos e até um chororô, sobre esta história da gente se encontrar neste fim de mundo. Parecia que já nos conhecíamos de outros tempos. Eventos e até conhecidos comuns. Aquele encontro não podia ser apenas uma coincidência. Alguma coisa nos chamava para lá. Voltei cheio de ressaca, com um sentimento claro de que não queria morar nos Estados Unidos.

O risco de você pegar um emprego em um lugar parecido era muito alto.
Perdi a vontade de procurar emprego por lá. Uma coisa é ser professor ou pesquisador visitante, outra é o sentimento de que precisa, de que não tem opção, de que talvez seja para sempre.

E começou a pensar a voltar. E aí, por que Campinas?
Sim, mas deixa eu contar um outro episódio que tem a ver. Eu fumava maconha amiúde, como os meus colegas em geral. Tentei uma vez o LSD, mas fiquei com medo e me recolhi para a maconha e o haxixe, que eram substâncias corriqueiras na universidade. Nas festas, no *West End Bar*, que ficava no térreo do meu prédio, muita música, iluminação psicodélica, roupas e modos despojados, beleza jovem. Então o que a gente viveu aqui nos anos 1960 com a bossa nova, viveu-se lá, e com mais profundidade, com o rock.

Um dia, fumando haxixe, eu faço uma "viagem ruim" e começo a ficar meio paranoico. Foi no meio da noite. Aí ligo para o Jovelino e peço — "estou mal de cabeça, posso dormir na sua casa?". Vou para o apartamento do Jovelino na 96 com a Broadway, durmo na sala, e de manhã cedinho sou acordado pelos dois filhinhos dele (ele tinha gêmeos). Abro os olhos, dou com as crianças pertinho do meu rosto e tenho um sentimento de que vou agredi-las, que não consigo controlar esse desejo; ímpeto de destruir aquelas coisinhas frágeis, engatinhando ainda. Aquilo me apavora demais, grito "Jovelino, estou passando mal, estou com a cabeça ruim!". Jovelino me acode, e eu saio pra rua, mas a insegurança continua. Tenho histórico de perturbações mentais na família, inclusive de um tio pelo lado materno, chamado Lênio, que fez uma esquizofrenia por toda a vida. Passei a ouvir vozes, a flagrar figuras sorrateiras que me olham de mal jeito. Namorava na época uma menina lourinha *mignon*, membro de um time de pesquisa precursor sobre o DNA, que tinha um olhar de criança. Rompi com ela. Fiquei com medo de fazer-lhe mal.

Tentei fazer tratamento, mas era caro para o meu bolso. Na Faculdade de Psicologia da Columbia ofereciam cuidados gratuitos, mas selecionavam o tipo de patologia que interessava às suas pesquisas. Minha pequena loucura não passou no teste deles. Passei alguns meses curtindo esta "viagem ruim". Com medo de fazer uma besteira repentina. Via uma pessoa idosa caminhando em minha direção e tinha o sentimento de que iria chutar a bengala. Um medo de minha agressividade, da perda de controle.

Você parou de fumar maconha ou continuou?
Parei. Fiquei apavorado. A *bad trip* seguia se expandindo pela minha consciência. Aí eu conversei com o Richard Shaull, que nessa altura era professor na Universidade de Princeton e morava em Filadélfia. Aí o Shaull falou: "vem morar comigo, você já fez os créditos, então, vem morar comigo; você fica pesquisando lá em casa na tranquilidade; eu moro numa comunidade, a gente te dá um apoio". De fato, Shaull morava num bairro de Filadélfia que era conhecido pelas comunidades que reunia. Casarões antigos, dois, três andares,

quintal espaçoso, em cada quarto uma pessoa independente ou um casal. As casas variavam de tamanho e as comunidades variavam de estilo, segundo suas trajetórias e sua liderança. O Shaull formou um grupo de pesquisadores de teologia, entre pessoas mais *senior* e alunos seus de Princeton. Eram duas casas ligadas ao Shaull. Fui, então, morar em Filadélfia, protegido pelos amigos teólogos desviantes. Os caras fumavam o tempo todo. "Não precisa fumar, não, se você não quiser..." O Shaull tinha esse barato. Explorava no momento as "fronteiras da sensibilidade", como se dizia, e buscava novas conexões entre as percepções e o pensamento, entre a mística e o entendimento conceitual. Fumavam, mascavam ou tomavam uns troços e se punham a especular de maneira organizada, com gravador e avaliações posteriores. Passavam cremes uns nos outros, rompendo as inibições puritanas, se tocavam, se falavam, e gravavam tudo, na esperança de profundidades ainda desconhecidas.

Mas o Shaull participava ou só teorizava?...
Participava também, plenamente. Ele já era um senhor, mas sua idade e seu *status* professoral só valorizavam a sua participação. Devo dizer, também, que Shaull nunca foi um fanático para nada. Guardava um pé-atrás, um senso de humor, que preservava sua sanidade e que fazia bem ao grupo que liderava. Vivi nessa comunidade por um ano. Seguia estudando na Columbia, frequentando um seminário semanal, vendo o orientador, mas morando em Filadélfia. Aos poucos, fui retomando minha tranquilidade, embora volta e meia os tremores internos voltassem a se manifestar. Meus amigos teólogos insistiam delicadamente comigo — "Não vai embora antes de tentar de novo fumar um baseado. Não vai sair daqui com este trauma a descoberto". "Quando você tiver legal, você fuma de novo e vê o que acontece." Aí um dia reunimos o grupo para fumar comigo e conversar sobre os meus medos. Fumamos quase ritualmente, ritual simples, de amizade, que me permitiu dizer — "Estou curado!". Fato é que nunca mais tive "viagem ruim". Ao contrário, voltei a curtir. Ria muito, gostava. Recuperei a liberdade. Levei mais de ano para me recuperar daquele haxixe mal digerido.

O Shaull foi figura importante ao longo de sua vida.
Sim. Aqui, novamente, a conexão protestante foi significativa para mim. Tinha uma outra pessoa que morava lá, que nesse momento namorava o Shaull, Barbara Hall, uma teóloga especialista nos escritos de Paulo. Um paradoxo. Barbara, mulher forte e decidida, a curtir o apóstolo Paulo, teórico clássico de muitas coisas, entre as quais, da superioridade masculina... Barbara se contorcia para encontrar versões aceitáveis desta contradição em sua vida. Com tanta experimentação, Shaull separou-se da mulher em Princeton e começou a namorar a Barbara, que era sua dileta estudante, sua discípula mais forte.

Imagina aquela pastora gay de uma igreja conhecida em Nova York, isto há mais de 40 anos... Agora está mencionado essas histórias do Shaull, dele ter essa comunidade fazendo experiências sensoriais.
Duas comunidades, duas casas compostas de seminaristas de Princeton, que é um seminário de alto nível, e que fazem esse esforço de reflexão teológica num estado alterado de consciência. O desafio era superar os limites do realismo cotidiano, tão forte na cultura puritana. Acreditavam que as amarras protestantes e a lógica pragmática se integram com facilidade e se entranham na sensibilidade comum. São condicionantes pré-reflexivas. A linguagem corporal antecede o pensamento. As drogas, por seu lado, modificam os filtros da percepção e abrem o acesso a níveis mais livres do entendimento. As ideias se encharcam de imagens significativas. Aldous Huxley foi, naturalmente, uma referência obrigatória para aquele movimento. Os teólogos de Princeton, alunos do Shaull, entregavam-se generosamente ao experimento, inclusive no comportamento em comunidade. A troca de parceiros, por exemplo, não era rara e era vista como fazendo parte da experimentação. Faziam isto de maneira delicada, nada de suruba, sempre com uma certa cerimônia. O Shaull escreveu dois livros sobre esse período de sua vida. Relendo mais tarde, confirmei a opinião de que a experiência valeu por si mesma, enquanto

durou, mas não foi capaz de gerar reflexões significativas. Os seminários temperados sustentavam a conversa até um certo ponto. Passando dali, as pessoas começavam a pirar, a rir e a exclamar, e o raciocínio escorria pelo ralo, se posso dizer assim. As drogas foram boas para a música e a poesia, o som e as luzes, mas nem tanto para o pensamento teológico.

Como você sai disto e tropeça no Brasil?
Depois da Filadélfia, volto para Nova York para terminar a tese e faço aquele movimento inverso, de um isolamento no interior do estado, na casa emprestada de um amigo. Mas antes, ainda em 1975, recebo um telefonema do Brasil que mudou tudo: "Rubem, teu pai levou um tiro num assalto, está mal, está no hospital, seria bom se você viesse já, não sabemos se ele sobrevive". Fiquei fora de mim. Meu pai fora duro comigo quando criança. Eu o respeitava por várias situações, mas nunca tivemos muita intimidade. Aí me dá um desespero que meu pai vai morrer e eu não vou mais vê-lo.

Você passou 10 anos sem ver a família?
Eles me visitaram na Polônia. Fui buscá-los no porto de Gênova, na Itália. Atravessaram o Atlântico de navio. Comprei um carro para a ocasião e seguimos devagar para a Polônia, como bons turistas — Gênova, Milão, Veneza, Budapeste, Praga, Cracóvia, só coisa boa, até chegar a Varsóvia. Para meus pais e minha irmã foi a oportunidade de se aproximar do mundo em que eu estava vivendo. Para mim, foi a oportunidade do reencontro, de mostrar minhas coisas, minha cara de homem feito, embora a adolescência estivesse ainda bem próxima. Sentia vergonha de bobagens, como o tom de voz elevado nas conversas em lugares públicos, como em restaurantes ou cinemas...

Você tem que voltar diante da situação do seu pai?
Sim, tenho de voltar e volto. Vou para o aeroporto, o primeiro voo que consigo, ainda no mesmo dia, eu pego. Ao chegar no

Galeão, vejo à porta do avião, à minha espera, um almirante que havia tentado me prender em 1964, que era um membro da Igreja dos meus pais e que foi envolvido naquela onda das divisões do mundo protestante. Lá estava o almirante, antes da alfândega, em local de acesso restrito, ao lado do Ernan, um primo querido, que também era ativo na Igreja. Eles me pegam na saída do avião e me levam direto, por dentro, sem passar por qualquer controle. O almirante me dá esta cobertura e, com humildade, me pede desculpas pelas perseguições passadas. Disse-me que havia caído em si pelos erros cometidos no calor de 1964. Soube então que meu pai havia ficado uma fera com a perseguição produzida no meio dos irmãos, e que o assunto havia sido motivo de polêmicas internas no conselho de presbíteros da Igreja. Lavada a roupa suja, reconciliaram-se por fim, e o almirante estava agora se redimindo diante da família, o que era significativo num momento crítico como este pelo qual meu pai passava no CTI do hospital. Isso foi em meados de 1975.

Você não ficou com medo de ser preso ao vir visitar seu pai?
Fiquei não. Estava tão tomado pelo medo de perder meu pai, que não havia lugar para outro tipo de receio. De fato, houve até um acidente no avião, que estourou os pneus na decolagem em Nova York. Ouvimos a explosão e o piloto disse: "perdemos os pneus do lado esquerdo, mas resolvemos continuar, porque, para voltar a Nova York ou baixar no Rio, o risco é igual. Teremos tempo para preparar a chegada ao Rio, fazer uma aterrissagem com todos os cuidados". Fizemos, pois, uma aterrissagem de emergência no Rio. Eu lembro claramente. Meu estado de espírito era tal que não me importava com nada, se o avião ia ou não ia quebrar, minha agonia estava na perda do meu pai, na ideia de perdê-lo sem a gente se reencontrar. O fato do almirante estar ali foi, sim, uma surpresa; ele fardado com pompa, todo de branco, na porta do avião, pensei: "sujou". Mas não, ele me leva em seu carro particular até Niterói, onde minha família morava. Antes de chegar no hospital, meu primo Ernan me levou a um restaurante de peixe em Jurujuba, porque papai

Irmã de Rubem César, Viviam César Fernandes (também no detalhe), e a estátua de Lênin em Budapeste, Hungria, 1966.

estava isolado no CTI, não podia ser visitado. Ele me levou num restaurante no final das praias de Niterói, lugar bonito. Ali conversamos e ele me explicou tudo como havia acontecido. De lá fomos ao hospital, onde fiquei de acompanhante até papai voltar à vida. Ele sobreviveu, com uma afasia forte, mas sobreviveu. A agressão mudou a sua vida. Antes era ativo, médico, cirurgião; a contragosto, teve de largar a profissão, mas acabou recuperando uma vida feliz. Conseguiu ultrapassar a dificuldade, e eu fiquei um mês ainda com ele. Aí, de repente, teve uma confusão política que me obrigou a me esconder novamente. Foi uma perseguição ao pessoal arrolado no processo em que eu estava incluído. Assim, fui novamente forçado a sair pelo Sul, clandestinamente. Saí pela Argentina, para de lá voltar aos Estados Unidos.

Pensei que você tinha vindo de vez.
Não, eu volto para terminar a tese. Mas aí, de fato, estou aqui, fico um mês, fico ali acompanhando papai que se recupera, vejo que vai se recuperar, assisto umas situações detestáveis da nossa medi-

Momentos antes da defesa da tese de doutorado na Universidade de Columbia, Nova York, EUA. Fevereiro de 1976.

cina. Papai havia sido professor de faculdade de medicina e diretor do hospital Antônio Pedro, lá em Niterói. Era conhecido no meio médico do Rio de Janeiro. No entanto, quando precisou fazer uma tomografia, exame raro na época, esbarrou nas burocracias econômicas do atendimento. O único lugar que fazia tomografia na época, que eu me lembre, era a Clínica São Vicente, na Gávea. Papai sai de ambulância de Niterói para a Gávea, ainda bastante frágil, e não tem consigo os documentos do seguro-saúde. Eu corro ao apartamento dele em Icaraí, Niterói; eu e o Ernan. Quando chego por fim à Clínica São Vicente, encontro papai preso a uma maca, num corredor, tendo calafrios e convulsões, porque o pessoal da empresa não deixava internar enquanto não chegasse o comprovante do seguro de saúde. Havia ali inclusive um médico que havia sido seu aluno na faculdade de medicina. Eu fiquei indignado, queria romper porta adentro e botar tudo a perder. Mas papai acabou sobrevivendo e sendo feliz, e a gente teve tempo de se reconciliar. Deu tudo certo. Foi então que eu me disse: "dane-se a política, vou voltar para o Brasil!". Também a esta altura, a ditadura estava quase no fim. É 1975, começo da transição para a democracia. Então começo a procurar algum tipo de alternativa de volta. Eis quando um colega que está na Unicamp me diz: "vem aqui, vai ter abertura de uma posição em filosofia, você faz umas entrevistas aqui, você consegue entrar". Foi o que fiz logo antes de voltar aos Estados Unidos para finalizar o doutorado.

Você retorna para Nova York e o que faz lá?
Estava em Nova York, entre exilados, desfrutando das delícias do exílio. Foi então que a gente teve a ideia de juntar pessoas que estavam em situação parecida. Muita gente tinha ido para o Chile em 1973 e com o golpe contra o Allende veio uma leva grande de emigrantes que incluía brasileiros. Um bom número foi para o Canadá, outro para a Europa e alguns para os Estados Unidos. Aí a gente bolou um projeto...
Juntar os amigos e os amigos dos amigos e produzir um livro com as memórias do exílio. Não seria difícil fazer, mas teria custos. Pre-

cisaria viajar, achar as pessoas, uma a uma, e entrevistá-las no estilo de uma história oral. Histórias de vida sobre a ida ao exílio e a experiência no exterior. O Brasil visto de fora, visto do exílio. Como fazer para financiar o projeto? Alguém sugeriu a Fundação Ford. "Eu nem morto que vou à Fundação Ford pedir dinheiro", a gente ainda tinha essas opiniões. O tema voltou e voltou nas conversas, até que resolvemos ceder e procurar a Ford.

Quando você diz "a gente" era você e quem mais?
Era Pedro Celso, eu e a Valentina da Rocha Lima, companheira do Pedro Celso, também exilada. Francamente, não lembro se tinha mais alguém assim da nossa turma, acho que nós três.

E foram buscar apoio para o projeto na Fundação Ford?
E aí conversamos, conversamos, vamos lá, mas vamos definir com clareza as nossas condições. Que condições, poxa? Evidente que o livro não pode nem mencionar a Fundação Ford porque onde já se viu, não é, vai pegar mal. As pessoas não vão aceitar falar, não vão querer responder às perguntas sobre o exílio se souberem que o projeto será apoiado pela Ford. Meio estranho isso. Então a gente especulou, especulou, especulou até que fomos, fomos para receber o apoio, evidentemente, mas com aquela resistência interior.

Assim foram procurar a matriz em Nova York?
É. E chega lá... é uma sede muito linda, é um prédio em U, a frente é em vidro, então você vê o interior já da calçada da rua; tem árvores altas dentro do prédio, água fluindo, os escritórios dão para um ambiente verde. Marcamos com a pessoa responsável pela América Latina e aí foi curiosíssimo porque, tudo que a gente exigia, ele dizia: "Ok, sem problema". "A gente não vai mencionar a Ford." "Tudo bem, não há problema." Aí a gente saiu confuso: "Está vendo como eles fazem, não precisa nem mencionar...". Aí fomos financiados. Foi assim a nossa primeira relação, uma relação onde a Ford participou de maneira muito generosa, até um pouco paternalista, eu pensava: "Esse pessoal tão ingênuo"...

Vocês fizeram entrevistas?
Entrevistamos bastante gente. Foi ótimo, histórias interessantes. Publicamos dois volumes. *Memórias do exílio*, volumes 1 e 2.[51] O volume 2 tratava da mulher exilada e foi a Valentina quem tocou. A Valentina era mais séria que a gente, então ela foi mais rigorosa. A gente fez algumas boas entrevistas. A do Betinho é ótima, curiosa. Naquela altura muito reveladora. Ele contava histórias da clandestinidade, daquelas lutas internas na AP, daqueles ambientes absurdos dos agentes da "revolução", puro *nonsense*. Uma das coisas que me ficou na memória é que tinha um pessoal mais radical querendo "queimar" o Betinho, porque ele ameaçava politicamente na luta interna. Diziam que ele não podia trabalhar em fábrica como operário, por causa da sua condição médica, de ser hemofílico. Ele dizia que podia, claro que podia, então ficou aquela discussão. Resolveram por fim encaixá-lo como pipoqueiro. Imagina só, Betinho de pipoqueiro na frente da fábrica, distribuindo folhetos contra a burguesia. Um troço maluco, ele não podia ficar mais exposto em termos de segurança do que nessa função. Ele ficou achando que era sacanagem, que o pessoal queria realmente queimá-lo. Depois, ele conseguiu por fim entrar numa empresa, trabalhar como operário. As pessoas queriam ser operárias, que era considerada uma posição realmente revolucionária; mas passado um certo tempo o Betinho começou a se aborrecer com a rotina do trabalho. Para se distrair, bolou uma maneira de agilizar a produção. Acho que era uma fabricação de xícaras, uns objetos em cerâmica. Aí arrumou um jeito de fazer mais rápido — ao invés de uma, fazer 16 ao mesmo tempo. O supervisor viu aquilo, ficou impressionado, tirou ele da produção, levou para a direção da empresa e propôs uma função de assessor, para dar ideias de melhoria na empresa. "Nunca pensei. Vim aqui

---

[51] Obra coletiva que contou com colaboração, entre outros, de Pedro Celso Uchôa Cavalcanti, Rubem César, Jovelino Ramos, Valentina Rocha. Tinha por objetivo reunir memórias, documentos e reflexões dos que viveram o exílio durante a ditadura militar instaurada no Brasil a partir de 1964. Em 1976, foi publicada inicialmente em Portugal. Dois anos depois, teve a primeira edição brasileira.

para detonar o patrão...", disse Betinho. Têm histórias assim do Betinho, várias delas. Foi um livro gostoso de fazer.

Então vocês viajavam para fazer essas entrevistas?
É, entrevistávamos as pessoas que passavam por Nova York ou a gente viajava. Alguém nosso, o Marcos Arruda, foi ao Canadá. A gente se dividia, tinha alguém que estava na Europa, entrevistava para a gente, a gente mandava o roteiro. Uma experiência participativa de história oral.

Saiu ou não o nome da Ford, finalmente?
O nome da Ford não apareceu nem nos agradecimentos. Inclusive os autores e alguns entrevistados preferiram não revelar os seus nomes. Isso foi objeto de muita discussão. O Pedro, por exemplo, não assinou. Acho que a Valentina também não. Eu botei o meu, e mais alguém disse que ia botar. Ah, o Marcos Arruda estava nessa e botou o nome. Algumas pessoas entrevistadas preferiam não revelar seu nome verdadeiro no livro. Era uma publicação clandestina no Brasil, feita em Nova York.

Foi publicado em 1975?
O segundo volume já foi editado em Portugal. Porque aí o Pedro e a Valentina no final dos anos 1970 saíram dos Estados Unidos e foram para Portugal. Eles estavam em Saint Louis, eu em Nova York, mas a gente se encontrava com frequência.
Então é isso, o primeiro contato com a Ford foi um contato clandestino. Era parte daquele momento dos anos 1970, quando a Ford estava se aproximando da oposição à ditadura e criando pontes com a intelectualidade de oposição, na universidade e na pesquisa. Foi uma coisa muito curiosa, mas fez parte de toda essa agenda de direitos humanos, liberdade, direitos civis que era a agenda internacional das fundações, das ONGs, desse mundo do terceiro setor. Uma agenda forte até hoje, não é? A linguagem desse momento ia muito por aí, direitos humanos. A gente daqui não percebia isso, eu acho, pelo clima ideológico, mas de fato fazia parte de uma certa

pressão internacional pelas aberturas democráticas naquele período, e a Ford fez ponte nesse sentido.

E a Ford estava também ajudando muita gente a sair do Brasil!
Nós não sabíamos disso. Imagino que também fosse feito em sigilo...

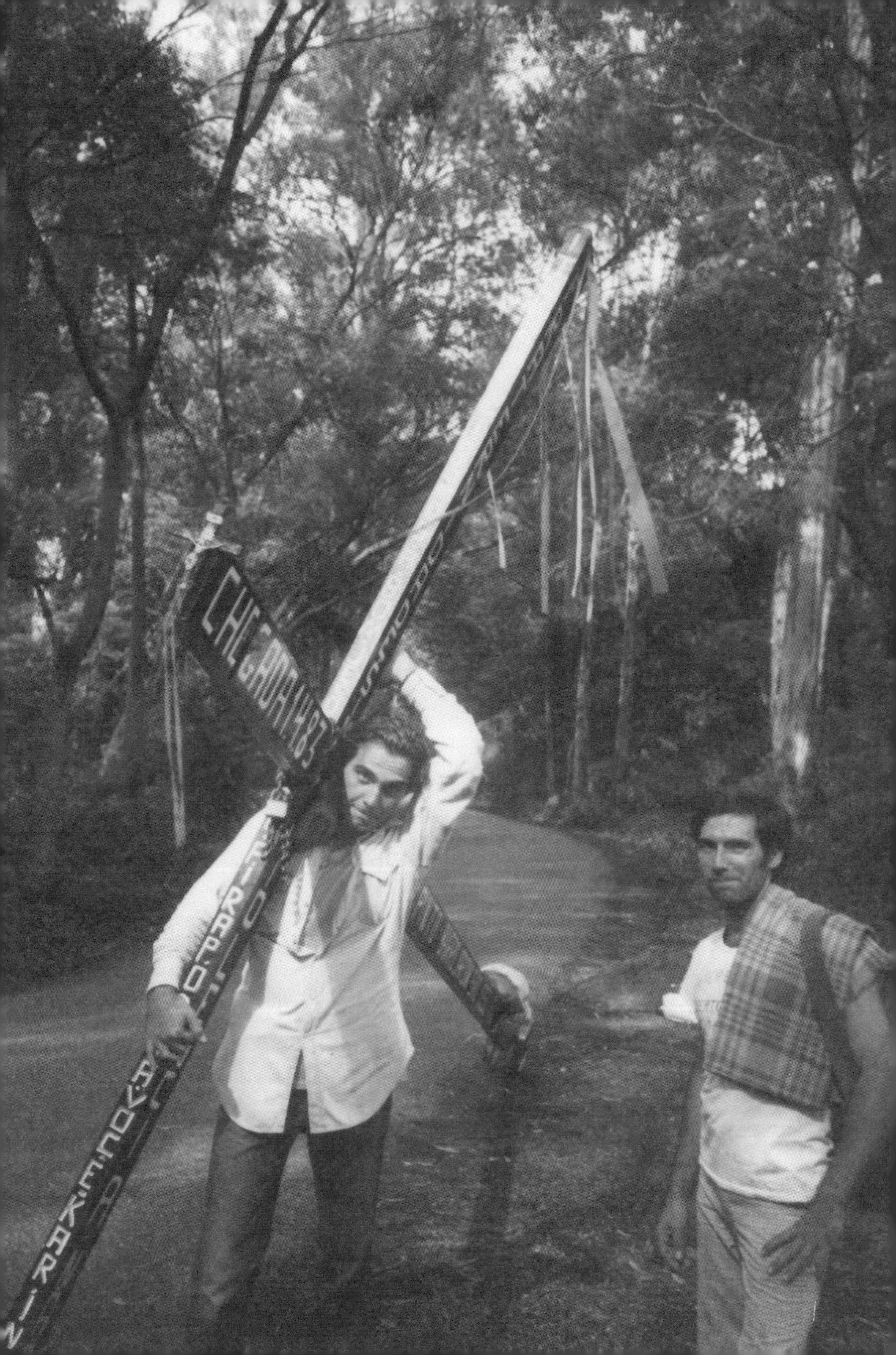
CHEGADA 1983

De Nova York *a* Campinas

De Nova York a Campinas

Você estava falando das dificuldades de sair do Brasil quando vem ver seu pai doente.
Saí pelo Sul, pela Argentina. Tinha havido uma perseguição contra a nossa turma antiga. Aconteceu alguma coisa na época, de procura, de perseguição, e o pessoal achou melhor eu sair pela fronteira, ao invés de sair pelo aeroporto e correr o risco de a polícia federal me pegar.

Quando você diz nossa turma, quem é?
Os colegas da universidade, da FNFi. Voltou aquela investigação sobre os comunistas no movimento estudantil. Teve uma queda grande do Partidão nesse período.

Foi isso, foi uma grande "queda" da turma do Partido Comunista. Acho que março de 1975.
Quando eu voltei para os Estados Unidos meu tio disse: "É melhor você sair pela fronteira". Esse tio, irmão de minha mãe, o Ben-Hur, um personagem fantástico, que era muito gozado, muito audacioso, as histórias da ditadura que ele contava eram fascinantes. Lá no Sul, em

Ijuí, ele falou: "vem para cá que eu te levo na fronteira mole, mole, a gente ainda faz umas visitas nas ruínas das Missões". Então, na volta eu fiz a travessia pelas Missões e fui pegar o avião, sem visto de saída, lá em Buenos Aires, o voo saiu de Buenos Aires para Nova York.

Na verdade sua vinda ao Brasil foi quase clandestina, porque quando você entra não passa pela alfândega, tem lá o almirante te esperando e você sai...
Saí pela fronteira. Vou de volta para Columbia, fui buscar o título de doutor, mas a tese já estava praticamente pronta... E aí é finalizar a tese e voltar para Campinas, um abraço!

Capa do livro *Dilemas do socialismo* (1982). Segundo Fernando Henrique Cardoso, o livro faz uma abordagem "primorosa" das polaridades existentes no socialismo.

Quem foi o colega que lhe falou de um lugar na Unicamp?
O Rubem Alves. Fui lá, fiz a entrevista e apresentei um seminário sobre "Paradoxos no pensamento populista russo", até publiquei um livro sobre isso sob o título de *Dilemas do socialismo*. Escrevi uma introdução longa e montei uma coletânea mostrando as várias posições do debate no populismo russo no século XIX. Os colegas gostaram, porque era um negócio diferente e questionador. Aí me convidaram.

Como é que o doutor de história da filosofia virou antropólogo?
Foi simples. Eu volto para o Brasil para o Departamento de Filosofia da Unicamp, que está tentando se estruturar para ter um departamento de filosofia sério e que opta por uma corrente de positivismo lógico, filosofia da ciência, uma área de interesse no campo das ciências exatas e das ciências da linguagem, semiótica. Mas eu chego com formação em história da filosofia e do pensamento social, outra orientação. Fiquei meio isolado e me pus a pensar — "de fato, o Brasil não é um lugar apropriado para uma especialização em história da fi-

losofia". Não temos uma tradição própria. No máximo, temos leitores e comentaristas sobre o que se escreve a respeito na Europa e nos Estados Unidos. Também não gosto muito do jeito dos colegas — meio cheio de atitudes, gente de gravata. No outro extremo do corredor ficava o pessoal da economia, Luciano Coutinho, Belluzzo, João Manoel, o Jorge Miglioli, que tinha voltado da Polônia e estava também em Campinas, grande amigo. Entre os extremos, ficava a antropologia, com Peter Fry, Verena Stolcke, Carlos Brandão, Manuela Carneiro da Cunha, Marisa Correa e outros. Então mudei para a antropologia mais por simpatia do que por formação acadêmica, embora tivesse gosto pelo tema da diversidade cultural, frequentasse textos clássicos da antropologia, mais por afinidade do que por profissão. Aí eu vou lá perguntar ao pessoal do meio do corredor: "vocês não estão precisando de alguém que dê umas aulas para graduação, cursos introdutórios, seminários sobre a filosofia das ciências sociais?". Eles acharam ótimo e me convidaram. Eu já estava dentro, não implicava custos adicionais. Mudo de sala e de especialidade, com a missão de dar os cursos na graduação. Aprendi o básico da antropologia dando aula. Começo com Teoria da Antropologia I, depois Teoria da Antropologia II, Parentesco, e vou caminhando passo a passo. Foi assim que virei antropólogo.

Como era esse pessoal da antropologia?
A maioria dos professores da filosofia morava em São Paulo, ninguém morava em Campinas, a não ser o Rubem Alves. Na antropologia, ao contrário, a maior parte morava nas periferias rurais de Campinas, sobretudo na vizinhança da universidade. Procuravam casas mais antigas, estilo fazenda.

Naquele bairro perto da Unicamp, Barão Geraldo?
Para lá de Barão Geraldo. Tinha uns sítios, o pessoal andava a cavalo, encontrava-se no fim de semana, um ambiente campestre, gostoso.

Outro padrão de vida...
Aí eu compro uma chácara, só que um pouco mais longe, construo uma casa, moro com os caseiros enquanto construo a casa, crio uma proximidade com os moradores da região, um certo "populismo antropológico", por assim dizer. Fazia festas de ar-

romba nessa chácara. Reunia alunos, professores, moradores locais, pessoal de periferias mais longínquas. A bebida era vinho de garrafão marca Sangue de Boi e cachaça comprada no comércio local. O transporte terminava cedo, então as festas viravam a noite. Alegria antropológica. À diferença da filosofia, sisuda que só, a antropologia valorizava o trabalho de campo e as representações sociais, expressas na música, no estilo de vida. O Brasil é pobre em pensadores autônomos, mas rico em representações culturais. Para mim, foi uma descoberta.

E você inicia um novo tema de pesquisa quando começa a dar aulas de antropologia?
Na filosofia, aproveitei as coisas que tinha estudado lá fora, para ajustar e publicar. Fiz esse livro *Dilemas do socialismo*, que é um estudo sobre o populismo russo, que explora os paradoxos do pensamento da esquerda. Utilizei-me da obra de Andrzej Walicki, especialista que estudei em minha tese de doutorado. O livro foi bem avaliado. Na antropologia, comecei pelo estudo das religiões populares. Fui fazer romarias e escrever sobre elas.

Só para retomar o fio da meada: você retorna ao Brasil com a Anistia[52] ou veio um pouco antes?
Eu voltei em 1976. O jeito de voltar foi conseguir um emprego na Unicamp, primeiro na filosofia, depois na antropologia, como eu já contei. Foi aí que a gente começou a procurar recursos para fazer projetos, buscar os caminhos de financiamento de pesquisa. Aí, se a memória não falha, é onde entra a Ford. Já na Unicamp a gente tinha um grupinho que se confundia um pouco com a história do

---

[52] Em meados da década de 1970, durante a ditadura militar instaurada no Brasil em 1964, amigos e parentes de presos políticos passaram a defender uma anistia ampla, geral e irrestrita para os atingidos pelos atos do regime. Em 1975, foi criado em São Paulo, sob a liderança de Teresinha Zerbini, o Movimento Feminino pela Anistia (MFPA). Três anos depois, foi criado o Comitê Brasileiro pela Anistia (CBA), com presença em vários estados brasileiros. Em 28 de agosto de 1979, foi aprovada a Lei da Anistia (Lei nº 6.683) que, ao beneficiar os agentes da repressão, desagradou muitos militantes da causa da anistia por não ser ampla nem irrestrita.

Rubem César com a cruz e demais romeiros na chegada à cidade de Bom Jesus de Pirapora — São Paulo, 1983.

Cavaleiros em romaria ao Santuário do Senhor Bom Jesus de Pirapora — São Paulo, 1983.

Iser.⁵³ Era uma rede de pessoas que eu conhecia, que se encontrava, ainda em um ambiente de ditadura, para conversar sobre ciências da religião. Era uma mistura de teólogos com cientistas sociais, padres, pastores e sociólogos.

Era o Instituto Superior de Estudos Teológicos (Iset), como se chamava na época?
Não, o Iset é anterior, é de 1969 e 1970. Virou Iser em 1971. A rede que montou o Iset foi anterior. Retomando: eu chego a Campinas voltando para a universidade no Departamento de Filosofia. Mas era uma chatice porque filosofia no Brasil não existe. Todo mundo sonhando em ir para a França ou Alemanha, ou algum departamento nos Estados Unidos, fundado por franceses ou alemães.
Então fui migrando para os temas das representações sociais, pensamento coletivo, essas coisas que têm mais a ver com a nossa história e nossa cultura. Consegui migrar da filosofia para a antropologia. Na antropologia eu sentia que tinha alguma coisa a acrescentar ao grupo, como estudos sobre religião, que era um assunto que me interessava já de outros tempos e que não tinha ninguém ali que cuidasse. De certa maneira, a minha entrada na antropologia foi através dos estudos da religião. E eu trouxe comigo o contato com uma rede que vinha do pré-1964. Era uma rede de pesquisadores, teólogos, pessoas que se encontravam para conversar sobre teologia e Marx em 1970, 1971, 1972. Era o Iset. Esta rede decorre de um processo de repressão interna a essa tendência dentro das igrejas, repressão sobretudo no mundo evangélico. Então esse povo que era professor de seminário, intelectual de Igreja, perdeu espaço dentro das igrejas, dentro dos seminários

---

⁵³ Organização criada no início dos anos 1970 por uma rede de pesquisadores interessados em estudar religião e mudança social. Tem por objetivo a defesa dos direitos humanos, da democracia, da cidadania e do meio ambiente. Divulga pesquisas e estudos, especialmente na interface sociedade e religião, através da série *Cadernos do Iser*, das revistas *Religião e Sociedade*, lançada em 1977, e *Comunicações do Iser*, desde 1981. Produziu filmes, documentários e programas de TV comunitários. Entre outras atividades, participou da Eco-92, da definição da Agenda 21 e da Rio + 20, realizada em 2012.

e teve que sair. Vão então para a universidade e se aproximam da linguagem científica. Aí começam a conversar conosco, sociólogos, antropólogos etc. Do lado dos cientistas você tinha gente como o Peter Fry, a Alba Zaluar, ambos antropólogos, o Douglas Teixeira de Melo, sociólogo da USP. Então foi esse movimento que levou do Iset ao Iser, de estudos teológicos para estudos de religião, com a incorporação dos quadros da universidade. Isso foi em meados dos anos 1970.

Como foi mesmo essa história da repressão interna nas igrejas protestantes?
Já falamos sobre isto. O mundo protestante é um mundo segmentado, dividido, não tem o sentido da integração hierárquica. Qualquer diferença, pronto, racha mesmo. Não se incomodam com as subdivisões. Era o momento da Guerra Fria, de polaridades ideológicas, e os protestantes se dividiram por aí também. Quando aconteceu o golpe de 1964, puseram comissão de inquérito dentro das igrejas para investigar os "subversivos" no seio da congregação. Houve então um movimento de expulsão do segmento progressista. Saíram figuras como Waldo César, Jether Ramalho, Richard Shaull, Rubens Bueno, uma turma boa. Os luteranos não se dividiram tanto, a divisão foi maior entre presbiterianos, metodistas, episcopais, das linhagens pós-Reforma, de origens no século XVIII, das denominações desenvolvidas na América do Norte. O próprio nome é curioso: "denominação", a igreja é um "nome", não tem realidade substancial, é expressão religiosa do nominalismo moderno.

E esses aí é que estão no Iset?
Exatamente, esses formam o Iset. Criaram duas instituições, o Cedi[54] e o Iset. O Cedi era mais ação, o mundo católico diria pastoral, mais voltado para iniciativas e ações, o que naquele tempo — em 1969, 1970, 1971 — era ainda meio complicado. O Cedi nasceu como

---

[54] Vinculado à Igreja Protestante, foi fundado em 1974 com o objetivo de documentar a exploração dos trabalhadores agrícolas e os abusos contra as populações indígenas do Brasil. O Instituto Socioambiental (ISA) e a Ação Educativa foram originários do Cedi.

Capa da obra *Os Cavaleiros do Bom Jesus: uma introdução às religiões populares* (1982). O livro busca discutir os diversos conceitos presentes nas religiões, entre eles, o contraste entre "o profano e o sagrado", por meio da experiência da romaria a cavalo ao santuário Bom Jesus de Pirapora, São Paulo.

Capa do livro *José e Józef: uma conversa sem fim* (1985). A obra estabelece um diálogo entre diferentes perspectivas políticas a partir das experiências vividas pelos personagens.

Capa do livro *Polônia: o Partido, a Igreja, o Solidariedade* (1984). A obra propõe fornecer elementos para a compreensão do movimento do Solidariedade em relação às duas principais instituições na Polônia: o Partido e a Igreja.

uma "ONG", antes que este título fosse conhecido. Isso aí gerou uma rede de pessoas que pensavam em apoio a esse tipo de ação, com o Cedi coordenando; outra rede, que era mais reflexiva, formou o Iset. As duas iniciativas são do final dos anos 1960, início dos anos 1970. São complementares. Algumas pessoas, inclusive, participavam das duas.

Esse pessoal, Rubem Alves, Jether Ramalho, eram conhecidos meus desde antes de eu viajar para o exílio. No exterior, como eu já mencionei, também mantive contato com a rede ecumênica protestante, que tinha força na Europa e nos Estados Unidos, ainda que fosse uma pequena minoria na América Latina. Então me liguei por vários caminhos a esse pessoal. A turma do Iser foi fruto dessa confluência, uma facção que se afasta da Igreja um pouco por conta das perseguições políticas. Diferente da Igreja Católica! A Igreja Católica protege os seus, grande figura maternal que é. Brigam internamente, formam a mais diversa constelação de valores e virtudes, mas protegem suas margens, não deixam outros poderes entrar em seus domínios. A Protestante chamou os militares, vem para cá!, enquanto a Católica, apesar das diferenças internas, protegeu suas ovelhas mais polêmicas. A criação do Iser veio por conta da aproximação dessas várias correntes. E com a entrada dos antropólogos, abriu-se também para outras tradições, como a afro-brasileira.

Quem fazia parte dos estudos de religião?

Da Unicamp eram basicamente cinco figuras, o Rubem Alves, que era filósofo, a Alba Zaluar, o Peter Fry com estudos sobre a umbanda, o Jaime Pinsky sobre o judaísmo e eu, recém-chegado. Havia também mestrandos que se interessavam pelo tema. Na USP tinha o Douglas Teixeira Monteiro e seus discípulos, na UFMG, o Pierre Sanchis, intelectual finíssimo. A gente resolveu criar uma revista especializada em ciências sociais da religião. Na época isso era uma novidade, em geral quem se aproximava da religião era religioso, não era um povo da ciência que olhava a religião como um objeto interessante. A revista *Religião e Sociedade* foi uma inovação que reunia pesquisadores de diversas persuasões. Essa turminha da Unicamp e mais umas pessoas da USP montaram a revista.

Capa da revista *Religião e Sociedade*. O n. 1 foi publicado em maio de 1977 pelo Iser, Rio de Janeiro.

Era uma revista da universidade?
A revista não era da Unicamp. Era uma revista de pesquisadores, com um corpo editorial de várias universidades. A gente procurou pesquisadores de vários cantos, que se interessassem pelo tema. Por exemplo, a Regina Novaes preparava uma tese de mestrado sobre aspectos sociais do pentecostalismo, no Museu Nacional, e entrou na rede já no seu início. A revista deu suporte a pesquisadores de todo o país antes mesmo de ser absorvida pelo Iser.[55]

O Iser começou como uma rede?
O Iser existia desde antes, lá para trás. Criação de 1970-71. Os documentos do Iser ficavam numa caixa de sapato, no banheiro da casa do Rubem Alves. O Rubem Alves tinha orgulho de dizer: "o Iser é isso aqui", e mostrava a caixa de sapatos, ele guardava aquelas fichinhas com o endereço das pessoas. Uma rede de pesquisadores. Era uma rede de pessoas, herdeiras do pensamento social cristão, com a adesão de cientistas sociais mais jovens. Rubem Alves liderava essa rede. Era uma coisa muito informal. Encontravam-se uma vez ou duas ao ano, em plena ditadura. Reuniam-se às escondidas para discutir ciências da religião. Escreviam artigos, debatiam, faziam a revisão e o Cedi publicava como anexo a uma publicação regular que mantinha. O Iser não tinha grana; cada um pagava sua viagem. A hospedagem era gratuita, com a comida, em alguma instituição religiosa amiga, como o Seminário Episcopal de São Paulo ou o Bennett no Rio. Não tinha uma existência institucional propriamente. Quando chega 1978, o Rubem Alves me diz: "Estou cansado, carreguei isso por muito tempo, você não quer levar?". E me passou a caixa. Isto coincidiu com a minha

---

[55] A revista *Religião e Sociedade* foi incorporada pelo Iser e Rubem César Fernandes integrou sua comissão editorial desde 1977.

vinda para o Rio, para o Museu Nacional. Eu fiquei em Campinas uns três anos só, nem isso, porque nesse período eu voltei a Nova York, dei aula na Columbia, então fiquei pouco tempo. Foi muito marcante, foi importante para mim pelas relações que fiz e por essa passagem para a antropologia. Mas se for olhar o tempo, é curto. Intenso e curto.

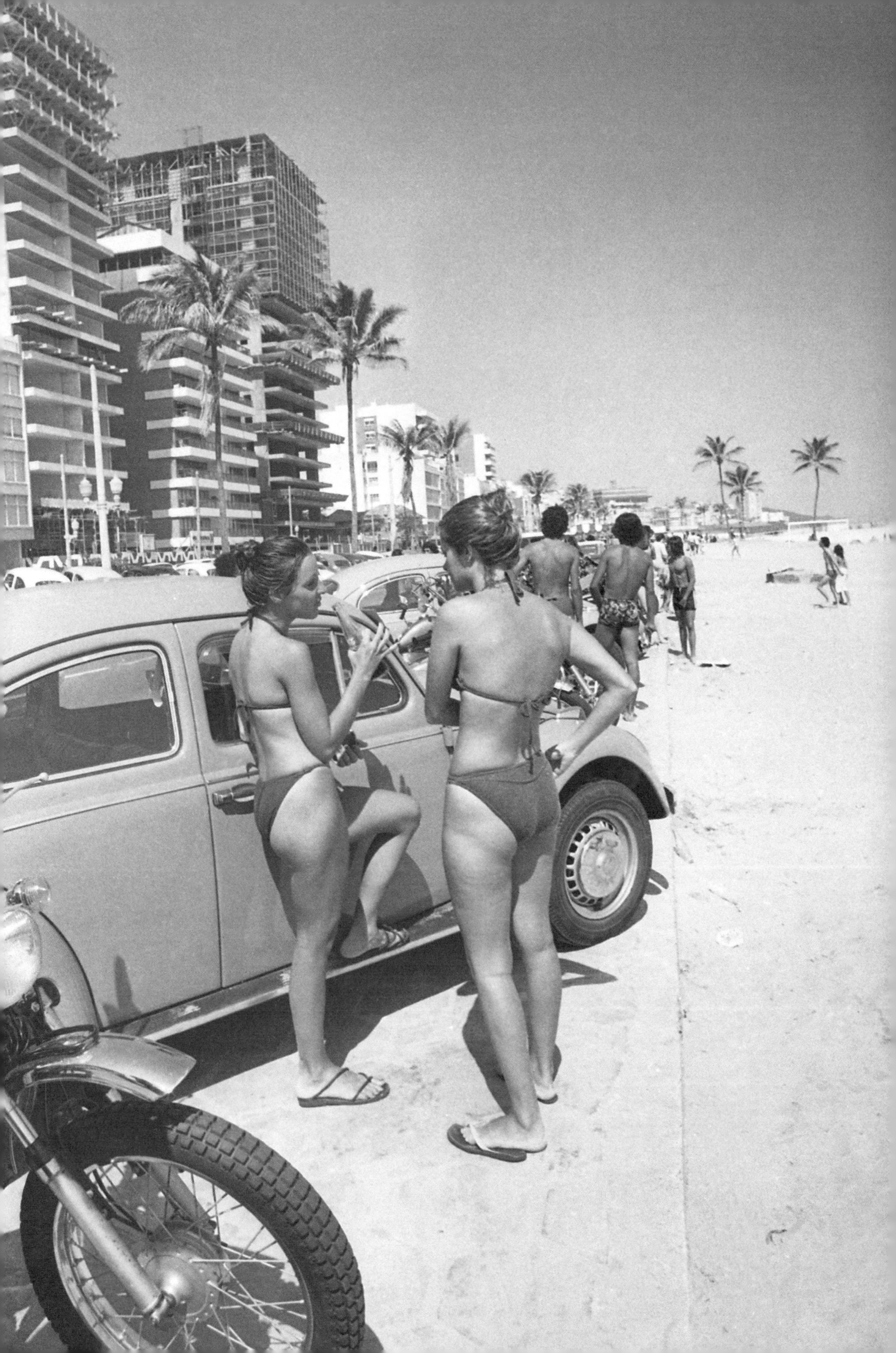

De Campinas *ao* Rio

De Campinas ao Rio

Você estava integrado na antropologia da Unicamp; por que vem para o PPGAS do Museu Nacional?
O Otávio Velho me convidou. Na antropologia da Unicamp, minha participação tinha uma visão política mais filosofante, com viés meio marxista embora não fosse, mas as pessoas percebiam assim porque tinha todo um pensamento que vem da crítica interna do marxismo, e as pessoas reconheciam. Acho que o Otávio se interessou por mim por outra razão, uma certa renovação no pensamento social que eu representava, algo que ele estivesse promovendo também. Difícil dizer, mas este convite era tudo que eu queria ouvir. Voltar para o Rio, minha terra natal!

Otávio também vinha do Partidão...
Ele me convida e para mim é ótimo, porque o Museu é uma instituição acadêmica de primeira, e... fica no Rio de Janeiro. Voltar ao Brasil para mim significava voltar para o Rio. Campinas oferece uma boa oportunidade de trabalho; curti muito os colegas, o ambiente, a antropologia, devo muito a Campinas, e a moradia foi

ótima. Gostei de morar no campo, e a universidade era interessante. De bom nível, aprendi coisas por lá que me marcaram.

Você tem que fazer algum concurso, participar de alguma seleção?
Não me lembro de fazer concurso. Na Unicamp tive que passar por um ritual de ingresso, apresentar plano de trabalho, realizar um seminário, mostrar o currículo, defender meu trabalho, passar por uma banca que me analisa. No Museu não me lembro disto. Havia uma oportunidade e me convidaram.

Ao vir para o Rio você traz o Iser?
Minha vinda para o Rio coincide com o Rubem Alves fazendo a proposta: "não quer levar o Iser com você?". Tudo bem, eu já estava trabalhando em torno do tema da religião e aí trago o Iser para recomeçar aqui.
É no Iser que começo a ter esses desvios, não só fazer trabalhos de pesquisa, mas promover projetos sociais numa linha experimental. Valorizar a diversidade cultural, de modo prático e visível, isso não deixa de ser um exercício antropológico. O Iser tinha várias frentes, não tinha uma linha programática única, inspirava-se em diversas tradições — do catolicismo, protestantismo, judaísmo, afro-brasileiro, alguma etnologia indigenista. Dessa diversidade desdobrava-se uma variação ideológica — da sociologia marxista, ao pensamento "desviante", que se ajusta bem ao éthos da umbanda e candomblé, a posturas contestadoras da moral vigente e ao gosto pela "marginália". No Iser, chegaram a trabalhar uns 40 travestis, que se reuniam para planejar atividades na Lapa. Tinha programas com o candomblé, mas também com a Teologia da Libertação, o feminismo católico e assim por diante. O Iser abrigava uma variedade de personagens, pensamentos e ritos, como se fosse uma arca de animais bizarros. O feitio tem a ver com a minha cabeça, que valoriza a diversidade e as suas contradições.

Como você migra do campo da reflexão para o campo da ação?
Acho que é o seguinte. Teve um período na vida que eu estudei muito e meu objetivo era entender o que lia, que eram livros di-

fíceis. Kant, Hegel, os comentaristas contemporâneos e assim por diante. Fiz um grande esforço para dominar aquela leitura e pensar sobre ela. No mestrado, na Polônia, aprendi a estudar. Sentar e pensar a respeito, abrir a imaginação para a literatura ao redor, foi um exercício de aprendizagem. No doutorado, busquei formar meu pensamento. Partia da experiência polonesa e me posicionava, dialogando mentalmente com os meus professores e com as suas referências na história da filosofia. Foi como cheguei às "antinomias da liberdade", o tema da tese. Levei uns bons anos nesta lida, como se tivesse que resolver o que pensava da vida. Meu objetivo, de certa maneira, era compreender aquela história que me levou ao exílio, à Europa do Leste e de lá novamente, fugindo do socialismo intolerante, num segundo exílio. Na verdade, não pretendia fazer do doutorado o começo de uma carreira acadêmica. É como se tivesse dado ali tudo que podia dar em matéria pensante profunda...

Acho que nunca me imaginei mais esperto do que os meus professores poloneses. Eles me impressionaram demais. Criei talvez um complexo de inferioridade em relação a eles. No meu primeiro seminário, os caras estão discutindo Thomas Mann, *A montanha mágica*;[56] aquilo leva horas, não acabam de discutir e tenho que entender esse Thomas Mann que está escrito em polonês. O esforço foi grande. Em resumo, eu pensava, "nunca vou ser melhor do que estes caras". Não vou fazer disso meu objetivo de vida, de ser um filósofo, não vou. Realmente, não me motivava a ponto de fazer desse objetivo uma carreira. Foi mais como entender um drama, o drama do pensamento no qual eu me formei, que chegou a mim por vias do marxismo, da revolução, das ideias da igualdade e da liberdade. Quando cheguei às "antinomias da liberdade", quando percebi que o enigma não tinha solução racional, que a superação das contradições entre os valores é uma utopia perigosa, que o segredo está na arte de conviver entre opostos, mais bem do que em

---

[56] Um dos mais importantes livros do século XX, lançado pelo escritor alemão Thomas Mann em 1924. A obra foi escrita logo após a Primeira Guerra Mundial. A trama concilia a percepção do tempo, as angústias, os questionamentos e os sofrimentos dos personagens durante suas permanências num hospital para tuberculosos nas montanhas da Suíça.

tentar superá-los ou livrar-se deles, eu me dei por satisfeito. Entendi o que penso da vida no plano filosófico. Não achei que tivesse algo a acrescentar àquele pensamento. Quando cheguei àquilo que imaginei ser verdade, me dei por satisfeito.

E agora, fazer o quê? Volto ao Brasil, vou trabalhar na universidade, e a antropologia me ajuda. Passar do pensamento abstrato para observar e descrever as variações culturais. Isto tinha a ver com o meu pensamento — explorar posturas e valores, as histórias e ritos que reproduzimos, as alternativas, os seus riscos, as suas parcialidades. Isto tem a ver com a "descrição densa" que é apreciada na antropologia. Chegar a uma situação e destrinchar suas polaridades implícitas, como propôs Lévi-Strauss. A complexidade está no concreto, e para aproximar-se dele você precisa da vivência, ouvir as histórias, pensar como o estrangeiro que te desafia. Eu gostei de fazer isso.

O famoso trabalho de campo!
Eu apreciava muito o trabalho de campo, mas com o sentimento de que ele não me levava a crescer teoricamente. O campo me fazia desejar a literatura, com suas nuances descritivas. Até hoje eu tenho o maior prazer em fazer campo em antropologia, com o jogo entre o familiar e o desconhecido. Adoraria ter o tempo de escrever sobre o Haiti, por exemplo. Muita história para contar. Mas não acho tempo.

Ou seja, você pensou: "Esses estudos são muito interessantes, mas não é isso que eu quero fazer".
Quando você escreve, faz o trabalho teórico, você se imagina num diálogo com os autores de referência no tema, como se fizesse parte daquela "República das Letras" que fez o modelo da democracia letrada no século XVIII. Você tem aqueles autores referência, e você dialoga com eles em silêncio, numa comunicação à distância — dialoga com Lévi-Strauss, com Max Weber, com Kolakowski, e você imagina que, de tanto dialogar com esses personagens, um dia alguém vai dialogar com você. Você entra no circuito da comunicação intelectual. De certa maneira, esse circuito foi me interessando cada vez menos. Voltei-me para outro quadrante, que tem a ver com a experimentação das ideias. Brincar com elas, testar as alternativas,

Rubem César como "Homem de Ideias", publicação feita no *Jornal do Brasil* em 24 de dezembro de 1994.

como um prático que busca saídas em situações difíceis. O diálogo muda de figura, traz os personagens locais para o primeiro plano. O Iser me permitiu fazer isto quando fazia o caminho de saída da universidade. Ajudei a construir ali várias situações curiosas, como no movimento de prostitutas que a Gabriela Leite inventou. Fizemos o jornal *Beijo da Rua*. Todo mês a gente lançava um número do tabloide num cabaré diferente, com direito a *strip-tease* — as meninas distribuíam o jornal, com o gosto do escândalo e da denúncia da hipocrisia geral. Foram tantas e boas que acabei sendo agraciado com o título de Presidente de Honra da Associação de Prostitutas do Rio de Janeiro. Pode? Conservo ainda este título no meu currículo.

"Vamos brincar de", como assim?
Sempre funcionei num certo quadro de valores, mas nunca fui fanático. Guardei a dúvida do ceticismo dentro de mim. Aprendi isto ainda garoto, curiosamente, com o teólogo calvinista Richard Shaull, que questionava as pretensões sistêmicas do marxismo e do catolicismo, que introduzia um elemento de incerteza em nosso pensamento, como se fosse a expressão intelectual da noção de pecado. Talvez venha daí o interesse pelas experiências sociais, a possibilidade de testar os valores, encontrar soluções, descobrir saídas em situações difíceis, mitigar sofrimentos, festejar pequenas vitórias, trabalhar em movimento sem imaginar-se detentor de um mapa seguro. Esta experimentação, afinal das contas, mobilizava-me mais do que o diálogo com os colegas da academia. Quando volto ao Rio, paulatinamente vou ficando mais no Iser do que no Museu. E alguns colegas do Museu começam a não gostar disso, começam a ficar irritados.

O Museu Nacional é uma das instituições mais acadêmicas do Brasil e tem um preconceito com o mundo das ONGs. Aí fica uma relação difícil?
No início, sem problemas, mas um certo incômodo começou a se manifestar com o tempo. Os colegas mantiveram sempre uma relação respeitosa, mas começaram a dar sinais de insatisfação. "Pô,

Primeiro fascículo do jornal *Beijo da Rua*, publicado pelo Iser em 1989. A proposta do jornal era falar da realidade das prostitutas sem meias palavras.

Fascículo n. 1 do jornal *Vermelho e Branco*. O objetivo das publicações era levar ao leitor a discussão sobre as "transformações no socialismo". Publicado pelo Iser em fevereiro de 1990.

o cara para pouco aqui, tinha que dar mais tempo ao Museu!"; até que tomei a decisão: deixar o Museu e dedicar-me 100% ao Iser. Enquanto isso, diga-se de passagem, uma coisa acontece que facilita esta decisão. Entrei num rol de anistiados por conta das peripécias da ditadura e do exílio. Então eu disse ao advogado — "quero ganhar tempo, não quero dinheiro, quero tempo". Como eu trabalhava no Iseb (o Instituto Superior de Estudos Brasileiros) antes de 1964, que foi fechado pelos militares, não foi difícil ganhar o reconhecimento da perda de um bom tempo de trabalho público por conta das perseguições de 1964. A documentação estava ok, sustentava um pedido de aposentadoria. Consegui dizer aos colegas do Museu: vou me aposentar e vou fazê-lo sem pretensão aos direitos da "dedicação exclusiva", já que venho me dedicando também ao Iser. Saí então assim, ganhando menos do que poderia, mas na moral. No Iser era possível fazer pesquisa, manter a vivência intelectual, mas era possível também fazer experiências e brincar com as situações difíceis.

Quando veio para o Museu foi para dar aula?
É, vim trabalhar no Museu como professor e pesquisar, o que fiz, mas trouxe comigo o Iser e começo a reforçá-lo. Procurar uma sede, formar uma equipe mínima, buscar recursos para projetos. O Rubem Alves havia conseguido já uma verba de uma organização chamada Icco, uma ONG holandesa. Isto foi em 1978. Quando assumo, entro aos poucos na lógica dos projetos.

Por que quando você estava no Museu Nacional não fez uma tentativa de levar o Iser para lá?
Eram muito diferentes. O Museu era cioso de dedicações exclusivas. O Iser era uma rede nacional; e aos poucos o Iser começou a tomar mais do meu tempo, e uma situação incômoda foi se criando. Nesta passagem do Museu para o Iser, publiquei três livros que resumiam meus pensamentos: em *Romarias da Paixão*, reuni relatos antropológicos sobre as experiências de observação participante que fiz em meios do catolicismo popular; em *Vocabulários de ideias passadas*, juntei escritos sobre as transformações ideológicas que me ocorriam; e em *Privado, porém público*, discuti o "terceiro setor", o mundo das associa-

Capa de *Romarias da Paixão* (1994). O livro aborda as imagens do sagrado e do profano a partir das experiências pessoais de Rubem César em romarias realizadas no Brasil e na Polônia.

Capa do livro *Vocabulário de ideias passadas: ensaios sobre o fim do socialismo* (1993). Uma coletânea de textos sobre o socialismo baseado nas vivências de Rubem César, antes, durante e depois do exílio no Leste europeu.

Capa do livro *Privado, porém público: o terceiro setor na América Latina* (1994). Um estudo que constitui a trajetória histórica do terceiro setor, identificando os desafios e as possibilidades para a consolidação das organizações não governamentais na América Latina.

ções e das ONGs, para o qual eu emigrava. Foram escritos quase que ao mesmo tempo, dando conta das variações em meus interesses.

Você vai tentar institucionalizar o Iser?
É, aí vem a ideia de institucionalizar. Isso foi em meados dos anos 1980. O Waldo César, sociólogo da religião, primo e amigo mais velho, tinha um escritório na avenida Princesa Isabel, com duas salinhas, a entrada e o corredor, que transformamos num espaço de reunião. A gente levou o Iser para lá, num espaço compartilhado. O Waldo tinha uma boa história de Iser e uma liderança em seu meio. Ajudamos a pagar a sede com o dinheiro da Icco e começamos a gastar com isto e aquilo, inclusive com alguns vínculos de trabalho. Depois alugamos um espaço maior no Colégio Notre Dame, e assim entramos aos poucos no caminho da institucionalização. A Patrícia Montemor, a Patrícia Birman, a Leilah Landin e a Regina Novaes foram pessoas importantes neste novo começo do Iser. Quatro antropólogas que se interessam pelo estudo das religiões.

Foi aí que a Ford começou a apoiar os projetos do Iser?
Os primeiros projetos para a Ford pertenciam ao campo da religião — um certo cruzamento do estudo da religião com o universo da democratização e dos direitos humanos que são caros a instituições como a Ford. No Iser tínhamos acesso a diferentes redes e tradições — ao mundo católico, ao evangélico, ao afro-brasileiro, ao judaísmo. A presença judaica foi muito importante para o Iser, pois abria um outro universo de posturas e experiências. O rabino Nilton Bonder foi bastante atuante no Iser neste período. Foi do Conselho Diretor e figura diferenciada nas reflexões estratégicas que fazíamos. A própria sutileza do pensamento. Ele estava começando como rabino no Rio. Havia voltado de seus estudos em Nova York, com aquela cara de menino e cabeça de velho sábio... Nas reuniões anuais do Iser, que fazíamos em algum hotel à beira-mar, o Nilton nos ajudava a botar rumos no pensamento. Na Eco-92[57] e na fundação do

---

[57] Em junho de 1992 ocorreu na cidade do Rio de Janeiro a Conferência das Nações Unidas sobre Meio Ambiente e Desenvolvimento, conhecida como Rio 92 ou Eco-92. Simultaneamente, foram realizadas, no Aterro do Flamengo,

Viva Rio em 1993, o Nilton trouxe a sua comunidade para estar conosco e agregar a sua sensibilidade. Em 18 de dezembro de 1993, no evento das "Orações pelo Rio", umas 300 pessoas deitaram-se numa das dependências do Museu de Arte Moderna no Aterro, para dormir e se reunir em sonhos, na busca de soluções para os conflitos da cidade. Ideia do Nilton, recuperada de suas leituras nos alfarrábios medievais. A presença judaica foi muito expressiva no Iser deste tempo. Além do Nilton, que foi membro do Conselho Diretor, e do Bernardo Sorj, com sua força intelectual, tivemos e ainda temos o Maurício Lissovski, cabeça e espírito privilegiados, que foi secretário executivo por um tempo.

Além das religiões, e com elas, o Iser cultivava certos temas de interesse para os processos da democratização. Quanto à posição das mulheres, por exemplo, tínhamos figurações variadas — de Maria, mas também de Madalena e de Iemanjá ou Oxum. O assunto não percorria apenas uma linha liberal politicamente correta. Vinha pelo povo da rua, mas também por dentro das igrejas. Reunimos no Iser uma rede de prostitutas, de um lado, e de pastoras protestantes e teólogas católicas, de outro. Elas não se frequentavam especialmente, mas aceitavam a convivência e até, acho eu, apreciavam o inusitado dessas relações. Reunimos pesquisadoras católicas de peso como Maria Clara Bingemer, Teresa Cavalcanti e Lúcia Ribeiro, intelectuais ousadas, que abriram a temática feminina no interior da igreja Católica no Brasil, em diálogo com colegas de outros países, mas também em proximidade com o oposto marginal que circulava pelos corredores do Iser. Por exemplo, a Lúcia Ribeiro realizou uma pesquisa na Baixada Fluminense sobre o que os padres pensam sobre o aborto que é praticado pelas devotas de suas igrejas e como lidam com isto. Pesquisa interessante, que foi financiada pela Ford, se bem me lembro. Só alguém como Lúcia poderia fazê-la, que tivesse como obter a confiança dos padres, falar com eles olho no olho, e a liberdade interior para conversar com as mulheres sem

---

por diversas ONGs, várias atividades para discutir questões sobre meio ambiente. O evento foi importante para a discussão das políticas internacionais de desenvolvimento sustentável.

constrangê-las. Aprendi uma coisa importante com esta pesquisa da Lúcia: da importância das "penumbras" nos relacionamentos e no discurso do catolicismo paroquial. Os padres sabiam dos abortos, naturalmente, e via de regra eram compassivos com as fiéis que sofriam por conta deles, mas desde que não se falasse muito abertamente do assunto, salvo talvez nos limites do confessionário, que também é penumbroso quanto ao que se vê e quanto ao que se diz. A luminosidade das igrejas católicas, filtrada pelos vitrais, com seus nichos diversos, é própria à guarda de segredos, ou ao menos à manutenção de controles sutis. Diferente da claridade demandada pela Reforma protestante. Perdas e ganhos, lá e cá, ainda que a "transparência" tenha se tornado uma palavra intocável nos últimos tempos.

A Lúcia tinha penetração na Igreja para fazer a pesquisa?
Ela podia perguntar como acontece e podia comentar a "vista grossa" que permeia a atividade dos padres. A maioria deles convive e orienta as mulheres que passam pelo aborto; não lhes rejeita sequer os sacramentos. Segundo a pesquisa, feita por métodos qualitativos, à voz baixa das conversas íntimas, boa parte dos padres mantém uma atitude e uma prática mais aberta do que a gente imaginaria. A "vista grossa" não tem *status* de doutrina, naturalmente, mas parece ser parte significativa de uma relevante opção cultural. A pesquisa da Lúcia me ajudou a pensar sobre as nuances da temática feminista num ambiente católico, onde as coisas não são realmente bem definidas, mas há espaço para muita negociação, talvez mais que diante da clareza cortante do protestantismo.
Surgiram outras mulheres fortes no Iser, a Tereza Cavalcanti, que estudava a temática da mulher na Igreja, numa perspectiva mais teórica. A Maria Clara Bingemer preparava seu doutorado sobre a Trindade e, pelo que entendi, introduzia a questão do gênero no próprio cerne da fala sobre o Divino. Ela hoje é personagem de destaque na Igreja. Só falta ser consagrada bispa. Dirigiu o Centro Loyola, espaço jesuíta de reflexões, que fica na Gávea, no Rio de Janeiro; dirigiu a Faculdade de Teologia da PUC-Rio, foi decana lá; só não foi reitora, não entendo por quê.

Candelária. Movimento que deu origem ao Viva Rio. Às 12h do dia 17 de dezembro de 1993 foram pedidos dois minutos de silêncio em prol da paz.

Quais eram os principais financiadores do Iser?
No início foi a Icco, que começou em 1978 e só foi parar o ano passado, quando muita coisa mudou e aí eles pararam. Mas a Icco foi uma constante, que espero volte a se aproximar um dia. Fazia parte de uma rede de organizações de cooperação internacional ligadas às Igrejas europeias, como a Christian Aid, em Londres, a Miserior, alemã, a Igreja Luterana da Noruega, a Igreja Luterana da Suécia, a Igreja Luterana da Finlândia, o Conselho Mundial de Igrejas em Genebra. Todo ano, eu pegava um trem em Paris e visitava os parceiros. Um mês na estrada, de trem, contando as estórias do Iser — sua maneira diferenciada de enfrentar os desafios sociais. Não era muito normal, mas convencia o suficiente para nos manter em crescimento. Nos Estados Unidos foram, sobretudo, a Ford e a Tinker Foundation.

A Ford interferiu na escolha desses projetos?
Não, a Ford não interferiu em nada. Era muito mais, por assim dizer, uma aproximação de agendas onde o elemento de financiamento de projetos tem um peso importante, mas era num diálogo genuíno. Em geral, há uma troca de influências que é fruto de um relacionamento relativamente intenso. Nunca sofri "interferências" que me parecessem ofensivas.

Além do tema sobre mulher, que outros recebiam a atenção do Iser?
Outro tema relevante foi o campo afro. Uma coisa interessante a ser mencionada, desde os anos 1970 havia, por conta dessa história do cruzamento entre religião e universidade, a necessidade de pensar a diversidade religiosa brasileira. A presença marcante de antropólogos influenciava esse gosto pela diversidade. Então figuras como Peter Fry e outros antropólogos da Unicamp puxaram o tema. Havia diferentes setores que se interessavam pelo campo e que se juntavam, e reuniam mais gente interessante e interessada no tema. Assim, um outro totem importante na Ford, "o negro", se imbricava com tema da diversidade cultural brasileira, tanto pelas relações raciais quanto pela religião. Então estudos foram feitos abordando, por exemplo, a

ascensão social de negros no ambiente evangélico. É um fenômeno de dimensões internacionais, a começar pelos Estados Unidos, naturalmente. A ascensão social é forte no meio pentecostal, pela liderança mais de vida do que pelo estudo. A presença de negros nas lideranças evangélicas entre os pastores é impressionante — como ocorre também na polícia, aliás. São meios marcados pela influência popular que propiciam a ascensão social.

Quem coordenava ou dirigia essa área?
Várias pessoas. O Peter Fry, que também deixou a Unicamp e veio para a Universidade Federal do Rio de Janeiro, interessava-se mais pela umbanda, que lhe parecia indicativa de estratégias simbólicas tipicamente brasileiras. Peter aproveitava-se do tema religioso para desenvolver um discurso criticamente irônico que se contrapunha à seriedade sociológica marxista. Jogava tempero nas conversas. O Iser absorvia uma variedade de personagens. Tínhamos inclusive pesquisadores protestantes negros. O Carlos Hasenbalg ajudou bastante, ele não era um quadro do Iser, mas era um consultor, estava sempre lá ajudando nesse tipo de pesquisa. A gente começou a entrar mais pelo lado do afro-brasileiro, umbanda, depois candomblé. Aí já começaram a se misturar um pouco, sob a minha influência, os estudos e as atividades relacionadas. A gente começou a trazer pai de santo e mãe de santo para dentro da conversa. Combinávamos momentos de pesquisa com eventos diversos.
A Aids foi um tema que nos invadiu e que levou à pergunta: como se fala de Aids e sexualidade, de cuidados na sexualidade e cuidados com o sangue, num ambiente de candomblé? Você tem escarificações, tem presença marcante de personagens gay no ambiente de candomblé e a moralidade não separa "risco" e "segurança" de maneira tão clara, como se pretende nos meios cristãos. Como você lida com os cuidados necessários no momento em que a Aids está aparecendo, era uma pergunta relevante e nova. A questão tornou-se objeto de pesquisa que se desdobrava na produção de material pedagógico para a formação de pessoal da umbanda e do candomblé. Contamos com o apoio de um babalorixá de uma Casa em Alcântara, no outro lado da baía. Chamava-se Adilson, bela figura,

cheia de conhecimentos e muito dedicada ao projeto, um jovem intelectual do candomblé. Ele desenvolveu uma linguagem para falar do assunto usando referências internas da mitologia e dos ritos do candomblé, das maneiras de saudar e cuidar. O trabalho gerou uma publicação ilustrada que circulou bastante. Pessoas treinadas neste processo seguraram a bandeira e continuaram com ela, como o José Marmo, que a levou para a Associação Interdisciplinar de Aids (Abia) e outras organizações, como a Criola. Richard Parker,[58] também antropólogo, expandiu o tema e deu-lhe densidade.

O Iser teve apoio institucional ou era só por projetos?
Projeto, projeto. Não me lembro de apoio institucional. Nos anos 1980, o Iser tinha muito dinamismo. Era interessante o Iser entre meados dos anos 1980 e os inícios dos 1990. Muita coisa maluca e significativa acontecendo. Vários projetos e pessoas interessantes, numa renovação constante. As coisas se renovavam e não havia a preocupação como houve em outras instituições, com o *institution building*, não teve isso. Acho que justamente por não ser uma instituição universitária, não teve um perfil mais estável, era bicho solto. Meio "Caetano", se vocês me permitem. O Iser era uma instituição assim, pouco dada à formalização. Talvez por isso a Ford não tenha pensado conosco sobre caminho de institucionalização; a gente tentou, claro, mas não rolou.

Nesse período aí, metade dos anos 1980, começo dos 1990, proliferam as ONGs mais focadas na ação, em juntar ciências sociais com ativismo...
Exato. Foi um período de transição, quando instituições autônomas, que vieram a ser chamadas de ONGs, se criavam. Havia umas

---

[58] Parker, Richard (1956). Antropólogo. Pela Universidade da Califórnia, nos Estados Unidos, doutorou-se. Faz pesquisas sobre os impactos sociais e culturais da Aids. Foi fundador do Sexuality Policy Watch, que reúne pesquisadores e formuladores de políticas públicas de saúde e sexualidade. Leciona na Universidade de Columbia, em Nova York, e no Instituto de Medicina Social da Universidade do Estado do Rio de Janeiro (Uerj). Integra a Associação Brasileira Interdisciplinar de Aids (Abia).

instituições mais antigas, como a Fase, com o Jorge Durão, o Cedi, com o Jether Ramalho, o Zwinglio Dias, o Carlos Alberto Ricardo e outros, mas no final da ditadura há essa proliferação de novas entidades ou o fortalecimento das antigas sob nova roupagem, como foi o caso do Iser.

Mais importante, há o surgimento de um novo gênero de ativismo, que teve no Betinho a principal liderança inovadora. Foi o caso da "Ação da Cidadania". Que novidade aquilo foi! Estávamos acostumados à primeira pessoa do plural — nós trabalhadores, nós camponeses, nós estudantes; havíamos assimilado a fala de certos segmentos — nós índios, negros, mulheres; quando o Betinho botou o singular na roda: "eu faço a minha parte". Parece mentira dizer que uma pessoa provocou uma transformação de tal monta. Decerto já rodava esta conversa, e não apenas no Brasil, mas acho mesmo que foi ele quem pescou no ar e nos devolveu a ideia: que cada um faça a sua parte, isto é a Ação da Cidadania!

Por acaso, eu estava na sua sala, ao fim do dia, tomando uma cerveja e especulando sobre os próximos passos, agora que o *impeachment* havia se consumado. Betinho puxou outra ideia: "será contra a fome!". Que eu me lembre, ninguém gostou. Digo ao menos por mim, que não gostei. Amplo demais, difuso, estrutural. Isto é coisa de programa de governo, argumentei, não sustenta um movimento de pessoas soltas. Ele insistiu e assim foi, como sabemos. Alastrou-se como pólvora, com o apoio também surpreendente da imprensa, que a cada dia apresentava uma outra pessoa que dizia "eu faço assim" — em casa, no trabalho, num evento, na empresa, muitas vezes com o gesto simples da entrega de uma cesta de alimentos não perecíveis.

O movimento cresceu além do imaginado. Cresceu em número e formas de participação, graças à inventividade dos publicitários e dos artistas voluntários. Prolongou-se no tempo, a ponto de ocupar o resto da vida de pessoas como o Maurício Andrade. Criação esperançosa de uma geração, que já não era criança quando deu estes primeiros passos.

O Cândido Grzybowski nos contou que o Betinho, logo no início do Instituto Brasileiro de Análises Sociais e Econômicas

(Ibase), teve resistência de receber dinheiro da Ford. No Iser teve isto também?

Não, porque era diferente. O Iser vem de uma rede de pesquisadores, de cientistas sociais da universidade. Nesse ambiente a Ford já havia feito o seu rito de ingresso no Brasil democrático, já havia entrado e se legitimado. Quando chegam os anos 1980, a rede do Iser era de universitários, o que o diferencia do Ibase e de outras ONGs que tinham uma história de militância política mais forte. No Iser a militância sempre foi cruzada por uma diversidade disciplinar e também de interesses. Por conta disto, não havia uma linha ideológica que definisse o Iser. Era um lugar de encontro, encruzilhada, cruzamento de ideias, sempre no campo "progressista", é claro, mas com uma insistência crônica na diversidade interna. Isso então, eu acho, abriu espaço para que desde o começo não houvesse problemas dessa ordem. Os únicos que poderiam ter algum problema seria a turma da Teologia da Libertação, que tinha presença no Iser, mas não era hegemônica. Havia mesmo um diálogo irônico e uma brincadeira, além da discussão teórica com o pessoal da Teologia da Libertação. O Peter Fry vinha de uma antropologia que "relativizava" os dogmas da macrossociologia e da chamada "ciência política". Preferia aproximar-se da umbanda como quem se aproxima do Brasil real; pesquisava temas "marginais" como o da sexualidade; falava de coisas que a "Libertação" não enxergava. Havia pesquisadores como o Bernardo Sorj, sociólogo crítico até a raiz dos cabelos, que, embora tolerante, não perde a ocasião de ironizar as derrapagens ideológicas dos atores sociais, à esquerda e à direita. Bernardo contribuiu muito para a vida intelectual do Iser e, mais tarde, do Viva Rio. Acredito mesmo que tenha incluído a temática das ONGs e da sociedade civil em sua produção acadêmica graças à sua proximidade com as peripécias do Iser e do Viva Rio. Acompanhou de perto, solidário e crítico, desde os anos 1980. Uma relação similar vim a desenvolver anos mais tarde com o antropólogo Federico Neiburg, do Museu Nacional. Faz pesquisa de campo em Bel Air, principal área de trabalho do Viva Rio no Haiti, num diálogo implícito com as perguntas que nos fazemos — sobre os significados e os circuitos de distribuição de água, sobre as formas de aproveitamento do lixo e seus significados, sobre a formação de lideranças comunitárias, inclusive da chamada bandidagem, sobre os mercados de rua, que é o tema preferido do Federico, sobre as relações de gênero e assim por diante. Federico foi mais longe, formou uma equipe de jovens pesquisadores, mestrandos e doutorandos, brasileiros e haitianos, que desenvolvem um conhecimento *sui generis* sobre aquela sociedade. Cada uma dessas pesquisas, estritamente acadêmicas, ilumina um aspecto dos desafios que enfrentamos em nossas práticas. É uma estratégia dialógica de relacionamento entre pesquisa e ação, que reduz os riscos de apropriações indevidas.

Outros campos eram mais anarquistas ou mais lúmpen; tinham a ver com as prostitutas, os travestis e os michês, ou ainda com aquela galera meio pedetista da Cinelândia. Isso rendia direitinho, inclusive porque os sociólogos da "libertação" apreciavam a oportunidade dos embates teórico-ideológicos; sentiam-se desafiados pelas tensões deste relacionamento. Foi bem bom enquanto durou; mas depois "melou" geral. As pessoas começaram a brigar. Foi uma verdadeira cizânia. Por um período foi criativo e interessante. Gerou projetos que receberam o apoio da Ford, que à época tinha gente como Peter Fry, Shepard Forman e Elizabeth Leeds. Gente como a gente, que virou amiga, simplesmente.

E quando foi que o Iser entrou na área de estudos da violência?
Acho que foi em 1991. A gente convida o Luiz Eduardo Soares justamente para cuidar disso. É quando a gente aluga uma sede, primeiro na rua do Russel, depois na rua Ipiranga, para abrir um espaço para o setor. Não é só isso. A gente abre um espaço novo de pesquisa em geral, por que o Iser ficou tão militante que deu margem a muita ebulição. Já não se conseguia fazer pesquisa na sede principal, que era no Largo do Machado. O Luiz Eduardo foi personagem importante dessa mudança, porque a um tempo recuperamos a área de pesquisa e criamos um setor de estudo da violência urbana.

Como o Iser justificava a mudança de estudo da religião para estudar violência?
O Iser sempre foi aberto, a coerência nunca foi nosso forte. Eram mais as pessoas, que transitavam de um campo para o outro. Hou-

Capa da revista *Domingo* do *Jornal do Brasil*. Reportagem sobre a atuação do Iser como a instituição mais atuante no Rio de Janeiro na promoção de encontros entre líderes religiosos.

Luiz Eduardo Soares em reportagem sobre o Iser publicada no *Jornal do Brasil*.

Origem das verbas

A primeira compra realizada pelo Iser foi uma máquina de escrever usada. Curiosamente, este objeto levou, à época, o tesoureiro do instituto a pedir demissão por achar aquela Olivetti portátil azul um gasto excessivo. Era o tempo das vacas magras, no final dos anos 70. Hoje, o Iser está instalado em três casas alugadas (na Glória, em Laranjeiras e em Botafogo), tem salas cheias de modernos computadores e recebe anualmente ajuda de custo de cerca de US$ 1 milhão, que é repartida entre os projetos. Os fundos do Iser vêm basicamente da Comunidade Econômica Européia (CEE), da Fundação McArthur (EUA), da Fundação Interamericana (do Senado americano), da Fundação Ford, da Universidade de Miami, de igrejas e de agências de cooperação internacional. Os gastos têm de ser demonstrados aos financiadores e, no caso dos projetos, é necessário apresentar os resultados. Do contrário, a verba é cortada no ano seguinte.(J.L.)

ve discussão e apresentação de justificativas, com certeza, mas o principal foi o interesse pelo tema, o sentimento de que crescia de importância e de que não era devidamente trabalhado.

Os temas de gênero e o de raça tiveram interseção com a questão religiosa. E o da violência?
Procurando você acha..., mas nesse caso foi uma proposta de estudar a violência a sério, olhar os dados, deixar de lado as polêmicas hiperpolitizadas e pouco informativas. Criar uma nova área de estudos no Iser. O então vice-governador e secretário de Segurança Pública, Nilo Batista, foi importante para a nossa formação, porque ele abriu as fontes para a gente estudar. A primeira pesquisa coordenada pelo Luiz Eduardo Soares sobre os inquéritos policiais foi uma fonte inestimável, inédita. Permitiu o primeiro estudo sério no Brasil sobre as investigações de homicídios. Revelou-se então que apenas 8% dos homicídios eram esclarecidos no estado do Rio de Janeiro, e que, destes, a maior parte era de crimes relacionais, onde a identidade do suspeito é de fácil acesso. Até hoje você vê publicado esse número de 8%. Acredito que isto mudou, não é possível que depois de 20 anos o número ainda seja o mesmo. Foi uma pesquisa séria porque o Nilo Batista pegou os inquéritos inteiros e nos entregou dizendo: "Olhem isso aí e analisem para nós". Total transparência. Depois ele ficou infeliz com a relação e brigou conosco, mas a verdade é que nosso começo nesta seara muito deveu a ele, intelectual que acredita na objetividade do conhecimento.

E nesse período vocês tiveram apoio de outras agências internacionais, além da holandesa?
Sim. Desde meados dos anos 1980 a gente percorria a rede das agências de cooperação. Todo ano eu fazia uma viagem de trem pela Europa inteira, uma viagem de seis semanas, mais ou menos. Entrava no trem, tinha um roteiro que começava pela Inglaterra ou França e seguia pela Bélgica, Holanda, Alemanha, Dinamarca, Noruega, Suécia e terminava na Finlândia. Era uma rede institucional, mas a familiaridade com as pessoas responsáveis fazia a diferença. Criava-se um relacionamento de confiança. A maioria das agências não tinha

meios de nos visitar no Brasil com frequência. A agenda era a dos direitos humanos, que forma a linguagem da cooperação internacional no pós-guerra e, sobretudo, a partir dos anos 1960, em meio à Guerra Fria. Cada atividade do Iser, com toda a sua variedade interna, explicava-se com esta linguagem, à qual eu acrescentava a dimensão da diversidade cultural. O Iser distinguia-se neste sentido e chegou a compor a direção internacional de uma rede chamada "Culturas e Desenvolvimento", onde o respeito aos costumes alheios era percebido como uma condição para o sucesso dos projetos de desenvolvimento. A cegueira cultural e a incompetência na comunicação interculturas eram identificadas nas posturas dos porta-vozes das agências hegemônicas, à direita e à esquerda. Cheguei a ser presidente desta rede, que tinha sede em Bruxelas e contava com um conselho interessante. Thierry Verhelst era o líder intelectual, sociólogo e teólogo belga, que se converteu à ortodoxia russa; Hassan Abouabdelmajid, economista marroquino; Siddhartha Inodepasa, líder comunitário da Índia, residente de Bangalore, uma espécie de guru cívico, na linhagem de Gandhi; Edith Sizoo, holandesa, eram os demais diretores; Thierry e Edith tocavam a organização desde a Bélgica e circulavam mundo afora. A ideia central, da inclusão das relações interculturais na temática do desenvolvimento, esteve sempre comigo, fosse na universidade, no Iser ou no Viva Rio. O Iser, portanto, fazia o roteiro regular das ONGs, com o diferencial de sua sintonia com as contradições e as mediações interculturais. A presença expressiva de antropólogos na rede de sócios do Iser reforçava esta sua marca.

O Iser teve outros apoios norte-americanos?
Teve outros apoios, da Tinker Foundation e da Rockefeller, mas a Ford foi sempre a mais importante para nós, inclusive pela sua presença institucional no Brasil.

E a sua vida pessoal, como fica no Rio, depois da separação da Grazyna?
Formei, por fim, uma família. Fiz amizade com o Newton Carlos, jornalista para assuntos internacionais, que além de bom papo era festeiro. Newton me levava a festinhas dançantes, apresentando-me

a uns círculos sociais próximos da imprensa do Rio. Numa dessas conheci Denise Reis, que havia sido correspondente da TV Globo em Paris e que era bem amiga do Newton. Ele nos convida para um fim de semana em Barra de São João, numa casinha que tinha por lá, perto da praia. Viramos a noite conversando agradavelmente, com o Newton liderando a conversa, por conta de suas fantasias bizarras. Encanou que havia um albatroz voando sobre nossa casa, que a gente procurava e não achava, ainda mais porque ninguém ali tinha noção do que fosse um albatroz. Ríamos bastante, embalados pela leveza de um baseado, que o Newton oferecia. Por conta desse pássaro desconhecido, Denise e eu começamos a namorar. Foi a mãe de meus filhos. Casamos na Igreja Luterana, com dois deles presentes e a Denise grávida — o André, mais velho, que teve a sorte ou o azar na vida de ter dois pais, seu pai primeiro, que é o jornalista Roberto D'Ávila, primeiro marido da Denise, e eu, pai segundo, que o pegou aos quatro anos de idade. Roberto e eu nos coordenamos, sem combinar, para oferecer ao André uma paternidade dividida e amistosa. Muito generoso o Roberto. Agradeço a ele ter me proporcionado ser também pai do André, sem uma rusga sequer, nesses 30 anos de convivência. No meio, o Carlos Roberto, o mais centrado da família, entre pais e filhos. Desde menino, em viagens, era ele o convocado para a leitura dos mapas, onde quer que estivéssemos. Carlucho, como gosto de chamá-lo, dá a impressão de que nunca se perde. Emoções controladas, pés no chão, pensamento ordenado, domínio do Excell, da computação e dos celulares. No divórcio, foi escolhido por unanimidade para gerenciar a economia doméstica em seguida à minha saída de casa. Fez cinema primeiro e administração de empresas no Ibmec e na FGV, onde, creio, definiu seu caminho profissional. Fez dissertação de mestrado sobre os desafios da administração no terceiro setor e veio ajudar a formar o setor de Gestão de Projetos no Viva Rio. Sei que é capaz de perder a cabeça, como quando numa vez, pré-adolescente, rondava com fúria, fora de si, à procura de uns moleques que lhe roubaram o relógio na rua Prudente de Moraes. Estes rompantes chegam a dar medo quando ocorrem, mas eles são bem raros com o meu Carlucho. O terceiro, caçula, é o Tiago, o mais impetuoso dos três. Deu trabalho aos 15 anos, quando se rebelou contra decisões autoritárias da direção da Escola Parque, onde estudava. Depois de polêmicas entre pais, alunos e professores, os responsáveis pela escola decidiram expulsar três alunos que tiveram a coragem de confessar que haviam fumado maconha numa excursão da turma a Tiradentes, em Minas Gerais. Eram amigos do Tiago, que se revoltou de tal maneira que acabou por perder o ano e se envolver com uma turminha mais pesada. Afetados pelos riscos absurdos que rodeiam o tema das drogas, resolvemos que era melhor ele dar um tempo e se afastar. Acertamos um intercâmbio internacional, para um curso de espanhol em Salamanca. Foi a coisa mais certa. Cidade universitária com arquitetura que remete a oito séculos de história, povoada por estudantes, livre da paranoia repressiva em relação à maconha, propiciou um ambiente onde Tiago foi aos poucos se acertando, a ponto de formar amizades duradouras. De volta, seis meses mais tarde, com dois anos de atraso escolar em relação aos colegas de sua idade, fizemos um trato: Tiago recuperaria o tempo perdido estudando no programa de aceleração escolar do Viva Rio, um supletivo multimídia que utiliza a pedagogia do Telecurso desenvolvida pela Fundação Roberto Marinho, e com um pequeno detalhe: o curso é dado nas favelas, em salas improvisadas em associações de moradores e igrejas. Assim foi, terminou o ensino fundamental no Pavão-Pavãozinho e o médio no Chapéu Mangueira. Vivenciou as situações extremas que eram comuns naqueles anos, quando alunos e professores, vez por outra, tinham de se esgueirar pelas paredes, agachar sob as carteiras, enquanto o tiro comia no lado de fora. Era o único *playboy* da turma, mas conseguiu resistir às provações, passar e obter os certificados em bom tempo, até mais cedo que alguns colegas. Escolado na favela, voltou ao asfalto, com curso de relações internacionais na Estácio, de direito na FGV e de finanças no Ibmec. Superou a turbulência dos 15 anos, com vantagens.

As angústias desta nossa geração, de pais e filhos, e de todas as classes, com as violências associadas ao mercado de drogas...
Pois é, fruto de uma política absurda, que transforma o consumo de drogas em assunto de bandidos, polícias, juízes e prisões. Não bastas-

Família, (da esquerda para a direita) Rubem César, Carlos Roberto, André d'Ávila, Tiago e Denise Reis.

sem as preocupações psicológicas e morais, vem o Estado e deporta todo este mundo simbólico para os subterrâneos da criminalidade. Na Europa, nos Estados Unidos e no Brasil, como na maior parte do mundo, as pessoas começam a testar o sexo e as drogas aí pelos 13 e 15 anos. Com a proibição legal, que é praticamente global, nossos filhos entram na adolescência sob a ameaça da criminalização.

A grande preocupação com a violência no Rio de Janeiro acontece no espaço do Viva Rio?
Já vinha com o Iser, desde 1991, mas cresce com o Viva Rio, que nasce em 1993. O Viva Rio surge em resposta a episódios extremos de violência, como as chacinas da Candelária e de Vigário Geral, mas é parte dos movimentos de cidadania no início do período democrático, em seguida ao Fora Collor.[59] Há uma afirmação forte

---

[59] Depois de muitos anos sem eleição direta, Fernando Collor de Melo foi eleito presidente da República, em 1989. Seu governo foi marcado por medidas econômicas impopulares e por denúncias de corrupção, notadamente o esquema PC Farias, que ganhou esse nome por causa do seu principal assessor, Paulo Cesar Farias. O movimento popular "Fora Collor" exigia o *impeachment* do presidente

neste período, pós-ditadura, de abertura de um espaço que não é propriamente político, no sentido da política partidária, mas um espaço de ações da sociedade civil. O Viva Rio veio a ser uma das expressões desses movimentos da época. Pareciam ser muito promissores, a gente acreditava em tudo aquilo. O Viva Rio consegue um apoio mais amplo, para além dos movimentos sociais de esquerda; trouxe empresários, associações patronais, elites culturais, líderes da mídia, além das redes sindicais e de favela. Isto gerou uma movimentação muito grande, muita visibilidade, quase sem dinheiro.

No primeiro ano e meio de vida, o Viva Rio não tinha dinheiro para nada, não pagava nada. Era o Iser que sediava. Fax, telefone, escritório, secretariado, serviços gerais, toda a infra do Viva Rio era oferecida pelo Iser, numa casa simpática da rua Ipiranga, em Laranjeiras. Por mais de um ano, funcionou com apenas uma funcionária própria, a meio tempo. Era uma jornalista, Renata, que trabalhava a imprensa para o "movimento". Saiu, mais tarde, e foi formar o "Viva Santa", pela recuperação de Santa Teresa.

É bom de lembrar. Fizemos megaeventos de protesto entre 1993 e 1995 sem botar um tostão — chamar a cidade a fazer silêncio por dois minutos ao meio-dia de uma sexta feira, 17 de dezembro de 1993 — inspirados por manifestações em Israel (lembradas pelo publicitário Lula Vieira), com olhos na Hora do Ângelus, e o coração embalado por Gary Cooper em *High noon*... Foi um espanto. Adesão plural de tal natureza que a cidade de fato parou, vestida de branco. Começou ali esta mania de vestir o branco para protestar, ao invés do vermelho da Internacional. Depois a "Naveata", em março de 1994, quando enchemos a baía da Guanabara de barcos e navios de todos os tamanhos, cheios de gente, num belo dia de domingo, para manifestar pela retomada da indústria naval, que estava em decadência. O "Rio Desarme-se", a começar de novembro de 1994, subindo favelas com chamamento ao desarme voluntário, com a liderança evangélica

---

e teve grande participação de estudantes conhecidos como os "caras pintadas". O clamor das ruas deu respaldo ao pedido de afastamento apresentado ao Congresso Nacional, resultando no *impeachment* de Collor em setembro de 1992. O vice-presidente Itamar Franco assumiu a presidência da República (1992-94).

Mortos na chacina de Vigário Geral em 29 de agosto de 1993. O episódio, somado à chacina da Candelária, em 23 de julho do mesmo ano, motivou o surgimento do Movimento Viva Rio.

Lançamento da logo do Viva Rio por Rubem César e Herbert José de Sousa (Betinho).

do pastor Caio Fábio,[60] em contraponto às ocupações militares. O Luiz Eduardo escreveu um artigo engraçado chamado "O mágico de Oz", comparando o Viva Rio ao personagem da fábula: você ouve aquele vozeirão no vale, retumbante, parece emanar de um poder do outro mundo, mas atrás do cenário você encontra um ratinho que fala pelo megafone. Era de fato meio estranho. A organização Viva Rio era praticamente vazia por dentro e, no entanto, parecia capaz de mover montanhas. O artigo expressa leituras sobre o pragmatismo contemporâneo, de Luiz Eduardo, sobretudo de Richard Rorty, que lhe ajudavam a interpretar os "novos movimentos" como o Viva Rio. A Regina Novaes chegou a dele dizer que era uma "impossibilidade sociológica". Depois, curtiu se desdizer. De minha parte, interpretava como ação catalisadora de múltiplos recursos que se somavam diante de um desafio comum, que era a violência. Coincidia com Luiz Eduardo no desinteresse crescente por identidades coletivas substanciais, uma das marcas do pensamento da esquerda tradicional. O Viva Rio não se posicionava como um "sujeito" dos protestos. Dificilmente poder-se-ia falar de um "sujeito coletivo". Com um ano de existência e muita visibilidade, reunia um conglomerado de redes e representações. Era, sim, um "movimento", mas de novo tipo. Escrevi inclusive um livro de reflexões sobre essas mudanças. Chamava-se *Vocabulário de ideias passadas*.

Vale à pena, a propósito, lembrar os nomes dos fundadores e conselheiros do Viva Rio nos primeiros anos. Reuniam-se mensalmente, num almoço informal, para comentar a conjuntura e os rumos do movimento. Um timaço. Olhando ao redor da mesa, tinha-se a impressão de que, dali, o Viva Rio chegaria rapidinho a qualquer espaço da sociedade carioca.

---

[60] Caio Fábio (1955). Liderança protestante da Igreja Presbiteriana. No final da década de 1970, tornou-se pastor. No Rio de Janeiro, fundou a Visão Nacional de Evangelização (Vinde). Participou de missões evangelizadoras e ajudou no processo de criação do Viva Rio. Em 1994, fundou o projeto social Fábrica da Esperança, em Acari, no Rio de Janeiro. Em Manaus, sua cidade natal, passou a apresentar programas religiosos na TV. Em 1999, mudou-se para Miami, nos Estados Unidos, onde continuou na evangelização e, desde 2008, se dedica ao site Fundação do Caminho da Graça.

Viva o Rio.

O Rio descobriu a cidadania. Não apenas de quatro em quatro anos, nas eleições, mas todo dia e a cada passo. Não apenas para criticar, mas ajudando a construir. Dando de si, pensando no outro. Não foi fácil fazer a caminhada pela paz. Não é trivial para um morador de favela romper as amarras da dúvida, vestir-se de branco em boa fé e partir para o centro da cidade dizendo "eu também sou cidadão!" Não é evidente, tampouco, para as pessoas de classe média, do empresariado ou para as tantas vítimas de violência e seus familiares. A descoberta ainda surpreende. Ao invés de pedir mais guerra ou de entregar-se à anarquia, os cariocas apostam na solidariedade. Ao invés de marchar contra o Palácio, convidam os seus responsáveis a juntar-se à caminhada comum. Perguntam pelos projetos, buscam soluções, exigem competência. Insistem na pergunta positiva: "o que eu posso fazer?" Pagar impostos já não é suficiente. Abrem assim um novo espaço para a vida pública, feito de incontáveis iniciativas locais. Não há nisto confusão de papéis. O Viva Rio é, simplesmente, um animador da atividade cidadã. Valoriza as parcerias: com as empresas, como na Fábrica da Esperança; com o Estado, como no Policiamento Comunitário; com a Prefeitura, como no projeto "Vem Pra Casa, Criança." Pretende, deste modo, contribuir para que o governo seja mais eficaz no cumprimento das suas obrigações e portanto mais respeitado. Plural ao extremo, o Viva Rio não pode e nem deve transformar-se num movimento político partidário. Seus coordenadores, cujas fotografias compõem esta página, são bem diferentes entre si, mas encontraram uma razão maior: o destino da cidade onde vivem. Reunidos, dão testemunho que o Viva Rio acontece principalmente quando as pessoas se encontram para encarar os problemas que as separam. A caminhada destacou dois temas de peso: a reforma da polícia e a integração das favelas. É a nossa grande agenda. Com a chegada do ano novo, desejamos a todos que possam desfrutar do prazer da esperança, onde quer que estiverem - no local de moradia ou de trabalho, de estudo, de devoção ou de brincar. Que continuem a reagir, com inteligência e simplicidade, indagando-se: o que podemos fazer? Que novas parcerias construir? Como diminuir os pequenos e os grandes delitos que nos infernizam a vida? Que novas oportunidades criar? É a multiplicação destas perguntas, na vasta escala da sociedade, que há de reunir os cacos desta cidade partida, humanizando a sua beleza. Viva o Rio!

VIVA RIO

Os fundadores do Viva Rio. Publicação do *Jornal do Brasil* em 19 de dezembro de 1995.

161

Fundadores e conselheiros do Viva Rio nos primeiros anos, com suas funções à época

Comunicadores
Elísio Pires — Presidente da empresa de consultoria Vivamúsica
João Roberto Marinho — Vice-presidente das Organizações Globo
José Roberto Marinho — Vice-presidente das Organizações Globo
Luís Fernando Levy — Diretor-presidente da *Gazeta Mercantil*
Lula Vieira — Publicitário — Presidente de Criação da V&S Comunicações
Mauro Ventura — Jornalista — Colunista do *Jornal do Brasil*
Kiko Britto — Executivo do *Jornal do Brasil*
Reinaldo Paes Barreto — Diretor Institucional da *Gazeta Mercantil*
Roberto Medina — Publicitário — Presidente da Artplan Comunicação
Walter de Mattos Jr. — Ex-vice-presidente d*e O Dia*, presidente do jornal *O Lance*
Zelito Viana — Cineasta
Zuenir Ventura — Jornalista e escritor

Desportistas
Isabel Barroso Salgado — Atleta olímpica — Técnica de vôlei do Flamengo
Luisa Parente — Atleta olímpica — Professora de educação física/ginástica artística

Empresários
Andres Cristian Nacht — Presidente do Conselho de Administração da MILLS do Brasil Estruturas e Serviços Ltda.
Antonio Carlos Mendes Gomes — Diretor do Sindicato da Indústria e Construção Civil do Rio de Janeiro
Arthur Sendas — Presidente da Associação Comercial do Rio de Janeiro
Eduardo Eugênio Gouvêa Vieira — Presidente da Federação das Indústrias do Rio de Janeiro (Firjan)
Humberto Mota — Presidente do Conselho Superior da Associação Comercial do Rio de Janeiro
Milton Tavares — Membro da Associação Comercial do Rio de Janeiro
Orlando Diniz — Presidente do Sistema Fecomércio — RJ
Ricardo Amaral — Empresário cultural

Líderanças sociais
Amaro Domingues — Presidente da União Esportiva Vila Olímpica da Maré
Antonio Félix — Vice-presidente do Sindicato dos Trabalhadores da Construção do Rio de Janeiro

Carlos Manoel C. Lima — Vice-presidente da Federação Nacional dos Metalúrgicos
Maria Cristina Sá — Coordenadora da Pastoral do Menor — Arquidiocese do Rio de Janeiro
Fernanda Carísio — Presidente do Sindicato Nacional dos Bancários
Itamar Silva — Coordenador-geral do Grupo ECO
Miguel Darcy de Oliveira — Secretário executivo do Instituto de Ação Cultural (Idac)

Profissionais Liberais
Alfredo Brito — Arquiteto e urbanista
Arnaldo César — Jornalista — Editor executivo do jornal *O Dia*
Clarice Seibel — Economista — Membro do Conselho de Administração da Dixie-Toga
Elena Landau — Diretora da Elandau Consultoria Econômica Ltda.
Joaquim Falcão — Secretário-geral da Fundação Roberto Marinho
Jorge Hilário de Gouvêa — Advogado
José Murillo de Carvalho — Professor da Universidade Federal do Rio de Janeiro
Liszt Vieira — Professor da Pontifícia Universidade Católica/RJ

Diretor executivo
Rubem César Fernandes — Antropólogo

Conselheiro
Herbert de Souza, Betinho — Sociólogo, *in memoriam*

Este conselho teve e tem enorme importância para o Viva Rio. A composição é incomum, ilustra a sua identidade — são pessoas notáveis, oriundas de diferentes regiões sociais, por vezes contraditórias, que se reúnem por um bem comum. Outras pessoas não fazem parte do Conselho de Fundadores, mas é como se fizessem. João Moreira Salles tem "uma história particular" com o Viva Rio. É uma espécie de conselheiro pessoal, pessoa de referência para assuntos diversos, inclusive o futebol, a sério. Outro ainda, no mesmo diapasão é o Edmar Bacha, quem diria, em relação à política de drogas. Há pessoas assim, que são referências em nossa história intelectual, também no meio popular, como Hércules Ferreira, da Vila Cruzeiro, a quem consulto, há anos, a propósito das correrias na favela. Todos são participantes voluntários, que não esperam qualquer ganho financeiro em troca do tempo que dedicam. Ao contrário, ajudam na busca de recursos, seja do próprio ou pela mobilização de terceiros, seja em dinheiro, em materiais, em contatos pessoais ou no enfrentamento de problemas difíceis. O somatório não tem preço. Em momentos tumultuados, desde o início, o conselho deu lastro e rumo ao barco. Foi assim quando reagimos a acusações preconceituosas do general Cerqueira, o secretário de Segurança do governador Marcelo Alencar. Com o apoio do conselho, fomos a público para processar o general na Justiça. Na campanha do desarmamento, o conselho foi uma força, na vitória e na derrota. Agora ainda, na campanha pela descriminalização das drogas psicotrópicas, os conselheiros sustentam as ousadias do Viva Rio e nos ajudam a pensar. Diversos deles vão além da função de conselheiros, dedicando-se às causas do Viva Rio como verdadeiros voluntários. Foi o caso dos episódios que cercaram a "Guerra da Rocinha", que se prolongava por anos sem fim e que nos mobilizou demais. Os conselheiros foram em peso à Secretaria de Segurança Pública argumentar com o governador Garotinho e o secretário Itagiba. Para a infelicidade geral, a intervenção não deu bons frutos. Ao contrário, provocou em retorno ainda mais perseguição, que terminou em armação ignóbil contra William de Oliveira e Alexandre Leopoldino, lideranças que enfrentavam o crime organizado na comunidade e que, numa inversão dos fatos e dos processos, foram duas vezes presos, por longos períodos, sem condenação formal. Jorge Hilário Gouveia Vieira, nosso conselheiro, não se cansava de agir sobre o caso e de nos instigar a fazer o mesmo. Hoje, por fim, muitas injustiças depois, William e Alexandre estão soltos e trabalham no Viva Rio.

Voltando ao fio da meada, foi depois do "Reage Rio", em final de 1995, dois anos depois da criação do Viva Rio, que o aspecto voluntário começou a ser mais fortemente combinado a uma profissionalização dos trabalhos. O *slogan* do "Reage Rio", inventado pelo Roberto Medina, era "Um milhão por um bilhão". Ou seja, se a gente botar 1 milhão [de pessoas] na rua, o governo se compromete a investir 1 bilhão em projetos relevantes para a segurança pública no Rio de Janeiro. Fomos a Brasília falar com o ministro da Justiça e com o próprio presidente. Fernando Henrique Cardoso nos recebeu de bom grado e disse: "Se apresentarem projetos consistentes eu boto

O GLOBO

Fundador: IRINEU MARINHO — Presidente: ROBERTO MARINHO

ANO LXXI — RIO DE JANEIRO, TERÇA-FEIRA, 28 DE NOVEMBRO DE 1995 — Nº 22.650

PAZ

A cidade se une hoje contra a violência, na caminhada Reage Rio, a partir das 16h, da Candelária à Cinelândia

Seqüestradores assassinaram executivo

O executivo David Kogan, seqüestrado em 5 de maio passado, foi assassinado por bandidos da Favela Nova Brasília, quando tentava fugir do cárcere. Os detalhes do crime foram relatados ontem na DAS pelo traficante e seqüestrador Djalma Castilho Júnior, o Naval, preso pela PM. A mulher de David, Vera Dias, ao receber ontem a notícia, disse que não deixará de ir hoje à caminhada Reage Rio:

— Será a última homenagem que prestaremos a ele.

■ A caminhada Reage Rio espera reunir um milhão pela paz. Metrô, trens e barcas terão roletas liberadas à tarde. Os bancos fecharão às 15h30m. Os servidores municipais serão liberados às 15h; e os estaduais e os federais, às 16h. **Páginas 16 a 25**

Disque-denúncia: fone 253-1177

Envolvimento com grampo derruba Graziano

O presidente Fernando Henrique demitiu o terceiro auxiliar em dez dias por envolvimento no escândalo do grampo no Planalto. Francisco Graziano, presidente do Incra, ficou sem condições de permanecer no Governo depois de ser abandonado até pelo PSDB. Ele foi identificado como responsável pela iniciativa de grampear o telefone do embaixador Júlio César, com quem brigara pelo controle da agenda do presidente da República. O porta-voz Sérgio Amaral anunciou a abertura de sindicância interna no Planalto para investigar a existência de tráfico de influência. **Páginas 3 a 7**

O GLOBO fará reforma gráfica em dezembro

Em coquetel realizado ontem à noite, na pérgula do Copacabana Palace, O GLOBO apresentou ao mercado publicitário carioca seu novo projeto gráfico, concebido pelo **designer** americano Milton Glaser, autor do símbolo da campanha "I love NY" e da reforma da revista "Time", entre outras. A primeira edição do jornal redesenhado chegará aos assinantes e às bancas no dia 20 de dezembro. Na apresentação do projeto gráfico, o vice-presidente do GLOBO, João Roberto Marinho, disse que nenhum órgão de imprensa do Brasil passou por uma reformulação tão profunda. **Página 13**

Segundo Caderno
Griffith em curtas no MAM

A Cinemateca do MAM recebe do consulado dos EUA 33 curtas de David W. Griffith, o inventor da narrativa cinematográfica. **Página 1**

■ Arnaldo Jabor vê na era FH o renascimento do cinema brasileiro. **Página 10**

■ Affonso Romano de Sant'Anna e a civilização do Rio Antigo. **Página 2**

No dia 28 de novembro de 1995, O Globo traz em primeira página a chamada para a Campanha Reage Rio.

1 bilhão!". Foi aí que o governador Marcelo Alencar[61] botou tudo a perder. Ao invés de alegrar-se com a mobilização, que era a favor de mais investimentos, sentiu-se ameaçado e "chutou o balde": disse que a gente era aliado de traficante, plantou cocaína na Fábrica da Esperança, botou a Polícia Civil para investigar o pastor Caio Fábio, um horror. A gente, ainda meio ingênuo, ficou bastante frustrado com a resposta do governador. Ao invés de ajudar a definir os projetos do "bilhão", partiram para a difamação. Foi para nós um momento de virada. "Se é assim, vamos ter de nos organizar." Foi quando começamos a fazer projetos para sobreviver enquanto instituição.

É a partir daí que começa o Balcão de Direitos?
Foi um dos primeiros projetos. Estávamos no governo Brizola — Nilo Batista na Secretaria de Justiça criou o CCDC, Centro Comunitário de Defesa da Cidadania. A ideia era abrir serviços jurídicos, serviços de identificação e de defesa dos direitos na favela. Só que os líderes do PDT tinham na cabeça aquele modelo do Brizolão.[62] Eles encomendam o espaço do CCDC a Oscar Niemeyer, que desenhou um modelo de concreto armado que ocupava 300 m² de área. Aí ficou difícil. É difícil achar um espaço assim em favela, e mais difícil ainda levar juízes para trabalhar na favela... O mundo jurídico oficial não queria trabalhar em favela. Apesar dos esforços do secretário e do governador, o CCDC começou a dar sinais de que teria um crescimento limitado. Foi diante deste impasse que o "Balcão de Direitos" foi criado. Era leve, funcionava em espaços alugados na favela com uma combinação de advogados, estagiários de advocacia e agentes

---

[61] Alencar, Marcelo (1925). Político carioca. Advogou em favor dos estudantes presos nas manifestações contra o regime ditatorial instalado no Brasil em 1964. Cassado pelo Ato Institucional nº 5 (AI-5), de dezembro de 1968, dedicou-se somente à advocacia. Foi prefeito da cidade do Rio, por indicação do governador Leonel Brizola, entre 1983 e 1985, e eleito entre 1989 e 1992. Também governou o estado do Rio de Janeiro entre 1995 e 1998.

[62] Assim como ficaram conhecidos os centros integrados de educação pública (Cieps), idealizados por Darcy Ribeiro e implantados nos governos de Leonel Brizola (1983-87 e 1991-95) no estado do Rio de Janeiro. Essas unidades eram voltadas para o ensino público integral, além de oferecer atividades complementares e refeições. Os edifícios foram projetados por Oscar Niemeyer.

comunitários treinados para facilitar o relacionamento com a comunidade. A ideia foi apoiada pelo Ministério da Justiça, como um complemento ao programa do CCDC. Os Balcões de Direito entraram, pois, como um contraponto à política de governo, ao gênero da sociedade civil. Foi proposto pela doutora Elizabeth Süssekind, que para auxiliá-la trouxe um estudante do DCE da UniRio que se chamava Pedro Strozenberg. Pedro chegou para ficar. O nosso "jovem". Até hoje, 20 anos depois, olho pra ele e vejo um garoto — brilhante, mestre em mediações, mais radical que eu, mas também mais cuidadoso que eu... Beth e Pedro juntaram uma garotada entusiasmada, "gatinhos" e "gatinhas", que entraram na favela sem cerimônia, para ajudar a resolver os problemas cabeludos do dia a dia — brigas de casais, de vizinhos, de trabalho, de defesa do consumidor. Em caso de violência, especialmente de "abusos de autoridade", nossos "agentes comunitários" entravam em cena. Assim formamos também alguns quadros de primeira linha que estão conosco até hoje, que ajudaram a criar o "jeito Viva Rio de fazer", que não deixa de ser "político", mas não se confunde com as políticas partidárias, não deixa de defender direitos, mas não se ancora nas "denúncias", que prefere se dedicar à "resolução de problemas". Carlos Costa, da Rocinha, Osmar Vargas, do Guarabu, na Ilha do Governador, coordenam uma brilhante rede de articulação comunitária cidade afora, um diferencial do Viva Rio. Cada serviço nosso vai acompanhado de alguém desta rede, como facilitador de entradas e saídas, e sobretudo da mediação em situações conflitivas. O Viva Rio não teria cumprido sua missão, de agir pela integração da "cidade partida", não saberia como fazê-lo, sem a inteligência e a lealdade dos companheiros e amigos de nossa rede de articulação comunitária. Eles estão conosco desde o início, nos anos 1990. Ajudaram a criar um estilo de intervenção comunitária que virou uma marca diferenciadora do Viva Rio, e que foi reproduzida no Haiti. Robert Montignard, Daniel Delvas, Herold St-Joy são os nossos articuladores comunitários de lá, que lograram inclusive alguns feitos que não conseguimos realizar por aqui.

O Balcão foi montado em 18 favelas?
Não me lembro em quantas exatamente, mas foi, sim, disseminado. Chegamos a ter mais de 70 jovens advogados e estagiários envol-

vidos. Formamos uma classe diferenciada no campo das mediações em comunidades de favela. E foi a Ford que financiou. De fato, foi o Ministério da Justiça e a Ford.

Quando o Viva Rio se organiza fica parecido ao Iser?
O surgimento do Viva Rio coincidiu com um momento de crise no Iser — uma crise nas relações internas. Aquele jardim florido encheu-se de espinhos. Teve uma "pauleira" entre a turma mais libertária com a Gabriela Leite à frente e a turma da Teologia da Libertação. Em paralelo, teve uma demanda interna no meio afro que deu até em morte. Coisas graves aconteceram, com episódios de magia. O babalorixá Adilson morreu de Aids, logo ele que liderou o trabalho sobre cuidados com Aids na linguagem do candomblé. Pegou Aids e morreu. O automóvel da Caetana Damaceno, estudiosa de negritude, despencou ladeira abaixo. Algumas pessoas diziam: "Isso aí é coisa feita". Falava-se de uma demanda entre duas casas do candomblé, a da Mãe Beata e a casa do Adilson em Alcântara. Um dia a Carmen,[63] que também pertencia ao programa Afro-Brasileiro, "bolou no Santo", como se diz, e não tinha quem tirasse a entidade do corpo dela. Foi bravo. Foi levada para a casa da Eda Dias, uruguaia casada com o Zwinglio Dias, e continuava incorporada. A Eda era bibliotecária e gostava de defender os oprimidos, mas não entendia nada de macumba... Eda mandou buscar um pai de santo, que veio à casa dela, mas não conseguiu lidar com a Carmen; trouxe um outro babalorixá, que diziam trabalhar com Egum, mas que também não funcionou. Eda chamou um pastor pentecostal para exorcizar a entidade, que a esta altura já diziam ser o Diabo, enquanto Carmen jurava que iria se matar. Foi um barraco! Carmen era bonita, um rosto doce, mas tinha um espírito bravo. Viajou para a Europa e se estabeleceu por lá.

Foi aí que surgiu o Iser Assessoria?
O Iser acabou implodindo. Os programas em conflito foram transformados em organizações autônomas, cada uma seguindo o seu caminho. Foi a solução que a gente encontrou para a demanda cres-

---

[63] Nome fictício, introduzido para preservar a identidade da pessoa.

cente. Surgiram sete ONGs do Iser original. Cada programa saiu com o seu dinheirinho, e o Iser enquanto tal voltou ao *status* de um instituto de pesquisas. Ficou com o nome, mas quase sem dinheiro, para começar de novo. Uma das novas ONGs foi justamente o "Iser Assessoria". Liderado pelo Pedro Ribeiro de Oliveira e o Ivo Lebauspin, o pessoal ligado à Teologia da Libertação não queria perder o nome Iser. Aí fizemos uma conciliação, concordando que assumissem o nome de Iser Assessoria. O programa das prostitutas, com a liderança da Gabriela, formou o Davida. O pessoal da Negritude se espalhou por várias instituições. Enquanto isto, nós, que ficamos com a marca do Iser, voltamos a pesquisar, a ser um lugar de reflexão, de pesquisa, de seminários; deixamos o ativismo para o Viva Rio. Então a gente se reorganizou no Iser — essa é a minha versão, deve ter outras —, mas a minha memória é essa, a gente implode o Iser e dele surgem sete organizações diferentes.

Quer dizer, implode em termos, porque ainda fica um núcleo?
Fica o núcleo da origem, que é a pesquisa. Um instituto de estudos. E não só de religião, porque aí já tem uma pessoa muito forte que continua, que é a Samira Crespo, na área de meio ambiente. A área de meio ambiente se consolida, é uma área forte no Iser. A área de pesquisa da violência se fortalece com o Luiz Eduardo...

Violência ficou no Iser, não vai para o Viva Rio?
Ficou. O Iser faz pesquisa, o Viva Rio faz ação.

E quais temas passaram a ser pesquisados no Iser?
Violência, meio ambiente e religião sempre. Eram essas as três principais, tinha uma quarta, com a Leilah Landim, sociedade civil, associativismo. Essas quatro vertentes ficam no Iser.

Você em algum momento saiu do Iser e ficou só no Viva Rio?
Eu nunca deixei o Iser, o Iser para mim é do coração, é uma coisa importante. Então eu tenho um pezinho no Iser, sempre. É meu lado, digamos assim, de pesquisador e, ainda que deixe de fazer pesquisa, ainda assim mantenho laço afetivo com o Iser.

Mas você tem algum cargo no Iser?
Não mais. Fiquei por um bom tempo ainda com a coordenação funcional das pesquisas na área de violência. Agora quem está na direção do Iser é o Pedro Strozenberg, que tem 40 anos, ainda muito jovem...

O Iser e o Viva Rio fazem uma divisão do trabalho?
O Iser volta às suas origens como uma rede de pesquisas e a gente tenta fazer uma relação de trocas entre Iser e Viva Rio; eu sempre fui favorável a separar pesquisa de ação. Não gosto da ideia de "pesquisa-ação". É importante ter um espaço de pesquisa independente, que segue os cânones da academia e dialoga com os demais pesquisadores. Isto é um espaço diferenciado do espaço da ação, da militância, da intervenção. Tudo bem que dialoguem, mas cada qual no seu cada qual. Por um tempo, o Iser acomodou-se bem ao papel de pesquisar temas e perguntas que teriam interesse para as ações do Viva Rio. Isto ficou claro no tema do controle de armas de fogo. Pablo Dreyfus e Antônio Rangel Bandeira desenvolveram este campo de estudos. Pablo dialogava com uma dúzia de colegas mundo afora sobre a circulação de armas leves e o seu controle. O Small Arms Survey, instituto associado à Universidade de Genebra, foi parceiro importante neste processo. Ajudou a formar uma rede latino-americana de pesquisadores sobre o comércio de armas que atraía inclusive especialistas das polícias e dos exércitos. O resultado das pesquisas coordenadas pelo Pablo e pelo Rangel subsidiava as políticas tocadas pelo Viva Rio em campanhas pela mudança de lei, com o *Estatuto do desarmamento*. Então era essa a relação: o Iser coordenava pesquisas que eram relevantes para o trabalho do Viva Rio. Com o tempo, eu me afastei da direção do Iser, dando lugar a Samyra Crespo, historiadora e socióloga, com especialidade em meio ambiente. Samyra mais tarde foi para o Ministério do Meio Ambiente e o Pedro Strozenberg assumiu a direção do Iser.

O desarmamento foi a maior das campanhas lideradas pelo Viva Rio, não foi?
O controle sobre as armas de fogo foi o nosso grande tema por mais de 10 anos. Em 1994, lançamos a campanha "Rio, Desarme-se!";

em 1998 reunimos no Rio lideranças internacionais de movimentos pelo desarmamento; em 1999 abrimos uma linha de pesquisa especializada, em parceria com a Polícia Civil do Estado do Rio de Janeiro e com a Polícia Federal. Foi quando o Pablo Dreyfus e o Antônio Rangel assumiram a liderança do tema, não só no Viva Rio, mas no Brasil, e mesmo além, numa rede internacional que nos levou a participar por vários anos de esforços pelo controle de armas leves no sistema da ONU. Em dezembro de 2003, em parceria com diversas organizações, conseguimos aprovar o *Estatuto do desarmamento* no Congresso Nacional. Em 2004 e 2005, participamos ativamente da campanha pela entrega voluntária de armas de fogo, que resultou em mais de 500 mil armas entregues e destruídas. Em outubro de 2005, tentamos um passo além, com a proibição da venda de armas de fogo a civis no Brasil, mas fomos derrotados em referendo nacional. Foi um trabalho de muitas vitórias expressivas, diria mesmo duradouras, que culminou desgraçadamente com uma grande derrota. A opinião da maioria virou entre julho e outubro de 2005, os meses de denúncia do Mensalão,[64] influenciada justamente por fatores alheios ao tema das armas. Foi quando perdi o gosto pela chamada "democracia direta". A opinião pontual é volátil, responde ao vai e vem das conjunturas.

O nome do Pablo Dreyfus merece ser reforçado aqui, com carinho e respeito, pelo muito que contribuiu para o conhecimento das possibilidades que temos de controlar as armas de fogo e o seu uso. A partida repentina de Pablo no voo 447 da Air France em 31 de maio de 2009, dele e de sua companheira Ana Carolina, feriu nossa memória para sempre. Deixou conosco, em compensação,

---

[64] Em 2005, o então deputado federal Roberto Jefferson, do Partido Trabalhista Brasileiro (PTB), denunciou a compra de votos da base aliada, durante o primeiro mandato do presidente da República Luiz Inácio Lula da Silva (2003-06). As denúncias envolveram políticos de vários partidos, como José Dirceu, José Genoíno, João Paulo Cunha, Valdemar Costa Neto, Pedro Corrêa, José Borba, Roberto Jefferson, além de Delúbio Soares (então tesoureiro do PT), Marcos Valério (dono de agência de publicidade) e Henrique Pizzolato (ex-diretor do Banco do Brasil). O caso ganhou enorme cobertura da mídia e grande pressão social pela condenação. Em 2013, o Supremo Tribunal Federal (STF) condenou vários envolvidos acusados de corrupção, formação de quadrilha e lavagem de dinheiro.

Campanha do Desarmamento: Rubem César na destruição das 100 mil armas no Aterro do Flamengo no ano de 2001.

Campanha do Desarmamento: destruição de 10 mil armas no ano de 2003.

Destruição da arma no ato da entrega na sede do Viva Rio.

um acervo de conhecimentos que serviram à opinião pública, aos movimentos sociais, aos pesquisadores e aos especialistas nas polícias e nas Forças Armadas. A história do controle sobre "as armas leves", quando for escrita, haverá de incluir uma página sobre a obra do Pablo entre nós.

Além do desarmamento, que outro tema você destacaria entre os trabalhos do Viva Rio?
Há diversos, como "VivaCred", a primeira experiência de crédito para micronegócios em favelas do Rio; ou a "Aceleração Escolar" para jovens que estão fora da escola, que aplicamos presencialmente em parceria com a Fundação Roberto Marinho, por sugestão do Joaquim Falcão, nosso conselheiro que dirigia a fundação. O *Telecurso 2000* foi introduzido pela primeira vez em sala de aula no Borel, no Santa Marta e no Cantagalo, em 1996; tivemos o "Comércio Solidário", na linha do "*Fair Trade*", sob a coordenação do Franklin Coelho. O Franklin, aliás, capitaneou as "Estações Futuro", centros de informática que foram pioneiros no Brasil no acesso sem fio à internet. As pessoas não devem se lembrar, mas foi na Rocinha, depois na Maré e depois em Antares que primeiro se viu no Brasil a comunicação sem fio pela internet. O empresário Luiz Cesar Fernandes importou a tecnologia de Israel e resolveu testá-la na favela.

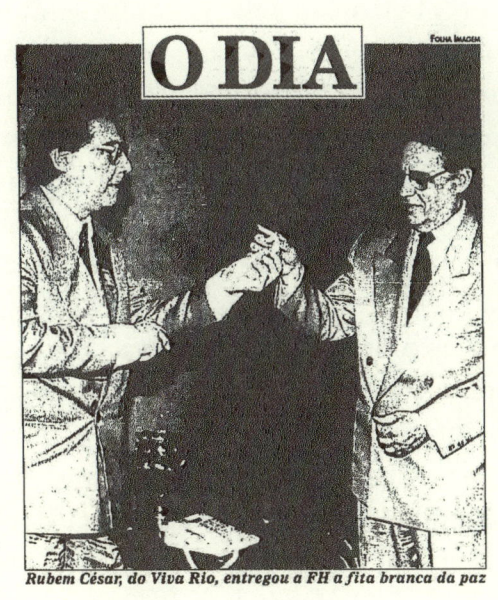

Rubem César e Fernando Henrique na campanha pela paz, 1995.

FH na luta pela paz no Rio

O presidente Fernando Henrique é o mais novo aliado do movimento Reage Rio. Ele conversou ontem, em Brasília, com os organizadores da caminhada pela paz e prometeu ajudar na mobilização para levar um milhão de pessoas às ruas, no dia 28. FH se encontra hoje com o governador Marcello Alencar e apoiará publicamente a iniciativa no programa a Palavra do Presidente.

Rubem César, do Viva Rio, entregou a FH a fita branca da paz

Procurou o Viva Rio com este propósito e ficou feliz, pois a iniciativa rendeu divulgação espontânea no mundo inteiro. Ganhamos juntos, inclusive, prêmio no Vale do Silício, em 2001. Depois de dirigir as "Estações Futuro", Franklin Coelho foi assessorar o Pezão, prefeito de Piraí, na implantação de uma bolha de acesso à internet que cobrisse toda a cidade, outra novidade na época.

A comunicação sempre foi um atributo forte do Viva Rio. Nasceu de uma reunião convocada pelos primeiros executivos das Organizações Globo, do *Jornal do Brasil* e de *O Dia*, que vieram a participar de seu Conselho Diretor; a eles, juntaram-se publicitários do porte de Lula Vieira, Roberto Medina e Elysio Pires, e jornalistas como Zuenir Ventura, Mauro Ventura e Arnaldo Cesar. Para além da exposição na grande mídia, que foi enorme, talvez mesmo excessiva, vivemos de perto uma questão espinhosa, qual seja, das dificuldades de comunicação entre a favela e o asfalto. No "Reage Rio", em 1995, lideranças de favela reunidas em plenária na Faferj lançaram o desafio: somente participariam do movimento se incluíssemos na pauta a questão da imagem negativa da favela que é projetada pela imprensa. Nossos conselheiros levaram o protesto a sério e convidaram as lideranças da Federação de Favelas para uma conversa sobre o assunto. Reunimos o pessoal da Federação das Favelas do Rio de Janeiro (Faferj) com os maiores responsáveis pela imprensa do Rio na época, João Roberto Marinho pelas Organizações Globo, Kiko Britto pelo *Jornal do Brasil* e Walter Mattos Jr. pelo *O Dia*, todos fundadores do Viva Rio. A reunião foi com um grupo pequeno nas dependências do jornal *O Dia*, onde os nossos conselheiros se comprometeram a trabalhar pela mudança da imagem da favela. Foi somente depois deste encontro que o "Reage Rio" ganhou a dimensão ecumênica que o marcou como uma das maiores e mais expressivas manifestações públicas que a cidade do Rio de Janeiro conheceu em sua história. Elite e povão caminharam juntos em protesto contra a violência, conclamando a sociedade a reagir de maneira forte e construtiva.

O Viva Rio já trabalhava com as rádios comunitárias, graças à liderança do Sebastião Santos, carinhosamente chamado de "Tião". Ele liderava uma rede composta de mais de mil rádios, Brasil afora, e contribuiu como ninguém para a difusão no país desta mídia capilar. Tião e sua mulher, Beth Costa, liderança sindical do jornalismo no Rio de Janeiro, vieram a compor a nossa equipe de comunicação. Trouxeram consigo uma vasta rede de relações entre comunicadores populares, e particularmente das favelas. Com o apoio deles, demos um passo que nos permitiu resgatar uma parcela da dívida contraída com a Faferj no "Reage Rio". Criamos o "Viva Favela". Era o ano de 2001, auge do entusiasmo pela internet e suas oportunidades. Um grupo de jornalistas de primeira linha criou um novo veículo na web, chamado *No.*, que fez furor como sinal de uma nova era. Marcos Sá Correa, Dorrit Harazim e outros do mesmo calibre mostraram o caminho. Foi então que, com o apoio do João Roberto Marinho, que se lembrava ainda das promessas feitas em 1995, a orientação da equipe do *No.* e a rede de relações do Tião e da Beth, montamos o "Viva Favela", um veículo virtual de comunicação que nascia com a missão de atravessar as barreiras simbólicas que dividem a cidade. A ideia era produzir notícia a quatro mãos, de dentro para dentro e de dentro para fora, integrando comunicadores de favela com jornalistas profissionais, fosse no texto, no áudio ou na fotografia. A chefia da empreitada foi entregue a Xico Vargas, jornalista rigoroso, porém amante da criatividade. Xico pertencia ao grupo do *No.* e sabia tudo que precisávamos para entrar com a favela no jornalismo virtual. Selecionamos "correspondentes", moradores com perfil jornalístico, formamos uma excelente equipe de fotógrafos com a liderança da Kita Pedroza e da Sandra Delgado, e fizemos uma bela história que tem sido objeto de estudos especializados no Brasil e no exterior. Passamos inclusive por uma fase de site colaborativo, sob a coordenação de Mayra Jucá, e voltamos recentemente ao formato original, novamente com o Xico Vargas na direção, com o apoio do Ronaldo Lapa, nosso coordenador de comunicação. Em 12 anos de "Viva Favela", logramos manter uma linha sadia de comunicação, em meio às violências que reproduziam a "cidade partida", na expressão do Zuenir.

Nessa área de violência, vale ressaltar a importância da Elizabeth Leeds, da Fundação Ford, naquele período.

Importante, sim. Deve-se lembrar que o tema não tinha tradição nas ciências sociais brasileiras. Na Anpocs, você tinha grupos de trabalho sobre jogos de guerra militares, e não tinha nada sobre segurança pública. Polícia não era lembrada como um objeto de pesquisa propriamente acadêmica. Era um tema distante tanto das universidades quanto das ONGs. Até os anos 1980, ninguém falava nisso. Não foi tema da Constituinte de 1988. No período autoritário, a "Segurança" era vista como parte da "Defesa" e a Constituinte não mudou esta visão. Foi cega para o tema e na verdade consagrou o conceito de que a polícia era "uma força auxiliar" das Forças Armadas. De lá para cá foi feito um longo caminho nesse campo. Acho que o Iser foi um dos primeiros a se dedicar ao tema com afinco, com a liderança do Luiz Eduardo Soares, que formou pesquisadores importantes como a Jaqueline Muniz, a Bárbara Soares Musumeci e a Leonarda Musumeci. Outros centros se formaram, como o Centro de Estudos de Segurança e Cidadania (Cesec), com a Julita Lemgruber, em São Paulo, em Belo Horizonte. No lado dos financiadores, quem tinha um histórico de interesse substantivo era a Fundação Ford, com a Elizabeth Leeds. Ela não só apoiou a pesquisa, mas foi uma catalisadora de iniciativas que acabaram por formar uma rede nacional que se organiza hoje no Fórum Brasileiro de Segurança Pública. Antes disso, a primeira intervenção da Ford no tema foi com o Peter Fry subsidiando os trabalhos do coronel Nazareth Cerqueira.

A Elizabeth Leeds está escrevendo a biografia dele, inclusive.
É bom saber. Foi muito inovador porque naquele tempo ninguém da academia ou das ONGs interessava-se positivamente pela polícia. O Peter, com o faro que tem, percebeu a importância do Nazareth Cerqueira. A história da polícia do estado do Rio de Janeiro, e em certa medida do Brasil inteiro, pode ser dividida entre antes e depois do Cerqueira. Um personagem forte, criativo, estudioso; ele estudava, traduzia, introduzia temas inovadores. Foi dele que ouvi, pela primeira vez, sobre a estratégia do *Planejamento para a resolução de problemas*, por exemplo. Foi graças a ele que o Viva Rio encontrou um rumo de trabalho em segurança em dezembro de 1993.

No seminário fundador de nossa agenda inicial, o coronel Cerqueira falou-nos do "policiamento comunitário" como um meio de aproximação entre polícia e comunidades, e como estratégia de planejamento para a resolução de problemas geradores de distúrbios e violências. Ao invés de agir apenas sobre os fatos acontecidos, num modo reativo, a polícia pode se antecipar às ocorrências, desmontando suas microcausas. É um tipo de policiamento que dá lugar ao planejamento e às avaliações. A fala do Cerqueira abriu os nossos olhos para as colaborações possíveis entre sociedade civil e segurança pública. Foi como se abrisse portas e janelas no que antes parecia uma barreira intransponível. Em parceria com o seu comando, participamos de uma experiência de policiamento comunitário em Copacabana que demonstrou a positividade do método. Infelizmente, esta experiência foi interrompida pela interferência da política negativa do novo governador e do general que colocou no comando da Secretaria de Segurança, que por ironia também se chamava Cerqueira.

Além das ideias e da experiência de Copacabana, o coronel Nazareth Cerqueira deu uma contribuição única ao Viva Rio, que só posso dizer como o Vinícius, que será "eterna enquanto dure" — determinou que a nossa pessoa de contato na corporação fosse um jovem e atlético capitão chamado Ubiratan Ângelo. Ubiratan cresceu na carreira e no peso, pois adora a vida e é mestre em comida de botequim. Foi comandante do "GPAE" (Grupamento de Policiamento em Áreas Especiais), origem da "UPP" (Unidades de Polícia Pacificadora), coordenou o processo de debates internos, chamado "A Polícia Que Queremos", sob o comando geral do coronel Hudson Aguiar, e progrediu para o Comando Geral da PMERJ (Polícia Militar do Estado do Rio de Janeiro), sem nunca descuidar do relacionamento com o Viva Rio. E vice-versa, sempre foi nosso orientador na seara do relacionamento com as intrincadas dinâmicas policiais. Devemos muito, portanto, ao coronel Cerqueira, que foi um dos fundadores do pensamento sobre a nova polícia no Brasil. A Ford apoiou o seu trabalho, no tempo de representação do Peter Fry. Depois a Elizabeth Leeds ajudou a desenvolver esta linha de trabalho, até a criação do Fórum Brasileiro de Segurança Pública.

O que é esse fórum?
É um círculo nacional de trocas entre pesquisadores e operadores da segurança pública no Brasil. Eu participei no início. Depois fui me afastando por absoluta falta de tempo. O trabalho no Haiti começou a tomar mais o meu tempo, mas mantive a ligação com o fórum, ao menos para acompanhar os seus debates internos. O fórum conseguiu reunir policiais militares e civis de vários estados, ainda que poucos da esfera federal. É uma elite da polícia brasileira que está ali e que dialoga bem com os pesquisadores. Consegue discutir de maneira civilizada, apesar de uma grande diversidade de opiniões. São personalidades fortes e vários deles viraram comandantes-gerais e referências nos seus estados. O fórum foi capaz de cruzar intelectuais pesquisadores e operadores de segurança pública, com a diversidade regional e a diversidade institucional. É um feito isso. É raro encontrar esse tipo de combinação. Você encontra organizações de polícia com qualidade, ou de pesquisadores, mas cruzando os dois

Coronel Ubiratan Ângelo, na época major, e seu filho Vitor Ângelo.

Foto do coronel Carlos Magno Nazareth Cerqueira na capa do livro *Sonho de uma polícia cidadã* (2010).

não é comum, não. O fórum não é homogêneo e nem tenta formar um pensamento padrão. Ele anima a comunicação e o debate, promovendo a evolução do pensamento, sem reprimir as diferenças que vão se manifestando. O fórum foi construído assim e tem demonstrado que é possível evoluir com essa formação. José Marcelo Zacchi e mais recentemente o Renato Sérgio de Lima souberam moderar as relações neste espírito inovador, em meio a um círculo de egos poderosos... Até os anos 1980, praticamente ninguém das universidades falava nisso. Na Constituinte dominou ainda o *lobby* militar, que compreendia a "Segurança" sob a égide da "Defesa Nacional". De lá para cá foi percorrido um longo caminho, e eu acho que o fórum teve um papel importante.

Nesse momento de crise das ONGs gostaria de saber por que agências internacionais, muitas delas de base protestante, passaram a focar a questão indígena no Brasil?
Não posso dizer, pois não é meu campo. Lembre-se, no entanto, que o Brasil deixou de ser prioridade de financiamento em alguns campos tradicionais, como o dos direitos humanos ou da redução da miséria. Claro que há ainda muito a fazer nestas áreas, mas entende-se que o país tem condições de enfrentar estes desafios por conta própria. Se deixa de fazer ou faz pouco, é por falta de vergonha, não por falta de recursos. Já na área do meio ambiente e do indigenismo, o Brasil é ainda objeto de preocupações internacionais. Vale entrevistar o Carlos Alberto Ricardo sobre isto. Ele é fundador do Instituto Socioambiental (ISA), que se originou no Centro Ecumênico de Documentação e Informação (Cedi). O Beto deve conhecer bem a cooperação internacional protestante. Aliás, ele é uma pessoa a ser procurada por vocês. Ele tem feito uma contribuição importante aos estudos indígenas no Brasil. O Beto e a Fani, sua mulher, fizeram mestrado lá na Unicamp. Os dois bem bonitos, com jeito de "gatinhos", entraram na faculdade para estudar "índio", e não fizeram outra coisa na vida. São destas pessoas focadas, empreendedoras. Eu fui professor e amigo dos dois, na Unicamp. Eles tinham um projeto de atualizar a obra do Darcy Ribeiro, os *Índios do Brasil*, onde Darcy faz um primeiro le-

vantamento das populações indígenas no Brasil, segundo uma tipologia de relacionamento com a sociedade brasileira abrangente. O Beto deu-se a missão de atualizar o trabalho do Darcy Ribeiro, utilizando novas metodologias de trabalho, como a fotografia por satélite e coisas assim. Eu que conhecia o Darcy de outros tempos me prontifiquei a apresentá-lo. Viemos ao Rio para o Beto fazer o contato com o Darcy, entrevistá-lo e quem sabe ganhá-lo para o seu projeto. Fomos ver o Darcy naquele apartamento que ele tinha na avenida Atlântica, de frente para o mar. O Beto foi direto ao assunto e apresentou a ideia: "gostaria de atualizar a sua obra...", mas não foi longe na proposta. O Darcy botou a gente porta afora. "Ousadia desse menino, como você traz um garoto ousado como esse na minha casa; ninguém vai atualizar minha obra!", aquelas coisas do Darcy. O Beto saiu espantado e com certeza fortalecido em suas intenções. Beto e Fany conseguiram reunir uma quantidade de antropólogos por região, por área linguística, com as facilidades da tecnologia contemporânea, e produziram um volume impressionante de informação. O Beto tornou-se o organizador do conhecimento sobre as populações indígenas do Brasil. O Instituto Socioambiental (ISA), criação do Beto e amigos, teve origem no Cedi, que também implodiu. O Cedi deu origem a duas organizações importantes que é o ISA e a Ação Educativa.

A Ação Educativa saiu do Cedi também?
Sim, originou-se no Cedi. As duas são herdeiras da rede ecumênica de cooperação no Brasil. Seus primeiros financiamentos vieram justamente dessa matriz, que são organizações de financiamento de cooperação internacional no campo do desenvolvimento e direitos humanos. Basicamente países nórdicos, por isso protestantes — Inglaterra um pouco, Holanda, Noruega, Dinamarca, Suécia, Finlândia, onde se tem uma história de proximidade entre Igreja-Estado, e onde o principal canal de transferência de recursos internacionais, as organizações não governamentais mundo afora, são justamente as Igrejas. São vinculadas a Igrejas, mas não têm uma orientação proselitista, missionária. São organizações que aplicam e monitoram a aplicação

do dinheiro do Estado de seus países, bem como de campanhas que as Igrejas fazem a cada ano, sobretudo na quaresma. Então a pauta de valorização das populações indígenas é uma pauta dessas regiões, da agenda de direitos humanos dentro do marco da cooperação internacional. Para essas agências há algumas figuras totêmicas: mulher, negro, índio, criança, esses são os focos da cooperação.

Como você vê o cenário de hoje quando as ONGs brasileiras tradicionais, importantes, estão com dificuldade de obter financiamentos?

Eu acho que mudou o cenário e que, se você não mudar junto com ele, você morre. É um jogo cruel, darwiniano. Onde vejo que há campo de renovação e de continuidade? Há vários. Vou mencionar apenas o que o Viva Rio tem feito. São dois movimentos, um interno, outro externo.

Em primeiro lugar, evoluímos de uma organização que defende causas sociais para uma prestadora de serviços. Não esquecemos as causas, é evidente. São elas que formam a nossa identidade, com ideias como a da integração da cidade, da inclusão social pela cidadania e a educação, da superação da violência pela via de uma política de segurança democrática, da formação de uma cultura de paz. Em nosso início, quando perguntavam... "O que faz o Viva Rio?", respondíamos numa expressão breve: "O Viva Rio faz paz!". A resposta é ainda válida. Os valores são os mesmos, mas o desafio do momento é fazer acontecer, ir além do anúncio dos princípios ou das denúncias, e contribuir positivamente para que as mudanças aconteçam. O contexto mudou, e nós mudamos com ele, sem perder o conteúdo da marca. A missão, os valores e as competências acumuladas nos permitem prestar serviços diferenciados justamente naqueles ambientes mais difíceis, onde prevalecem ainda a pobreza, a discriminação e a violência. No estado do Rio de Janeiro, trabalhamos em mais de 50 municípios, e na cidade do Rio gerenciamos programas que alcançam diretamente mais de 1 milhão de moradores de favela cadastrados. Crescemos, sobretudo, no campo da saúde pública, com a Saúde da Família, as UPAs (Unidades de Pronto Atendimento), os programas de Saúde Mental e a assistência a moradores de rua dependentes de drogas. Crescemos também com a educação para o mercado de trabalho, com o "Jovem Aprendiz", e nas parcerias com as forças de segurança pela pacificação de comunidades conflagradas. Com tudo isso, o Viva Rio tem hoje mais de 6 mil funcionários com carteira assinada. A missão segue viva e atual, mas as atividades, os resultados e os meios transformaram-se profundamente. Os desafios da gestão, da logística e da transparência ganharam dimensões que de início sequer imaginávamos. Somos avaliados agora não apenas pela pregnância de nossas intenções, mas pelos resultados produzidos, seu impacto e sua qualidade. Perdemos, em consequência, uma boa parte daquela liberdade dos inícios voluntários e não governamentais. Funcionamos hoje pela obrigação dos contratos e somos responsáveis pela execução de orçamentos importantes. O espírito voluntário continua sendo vital, marca identitária, mas a eficiência dos processos e a qualidade dos produtos, em ambientes particularmente difíceis, como sempre, é o que nos gratifica ou condena. Compartilhamos a gestão de políticas públicas, junto a prefeituras e a governos estaduais. Guardamos a independência no pensamento e na gestão, mas nos aproximamos dos gestores públicos. Uma boa expressão desta tendência conseguimos realizar na Região dos Lagos, sob a coordenação do Alexandre Fernandes dos Santos, que tem sede regional em Macaé. O Alexandre representa bem a nova geração de gestores do Viva Rio, com foco na qualidade dos processos e dos serviços. Foi formado no setor privado, pensa em termos de resultados e aplica estes valores na perseguição de fins sociais. É praticamente o inverso da minha trajetória. Começa por onde estou terminando, então, por isso mesmo talvez, a gente se entende muito bem.

Vivemos polaridades institucionais, que se complementam e geram múltiplas tensões. Somos uma "Associação Cidadã, Filantrópica e Voluntária", que nos remete à *"Ação da Cidadania"* dos inícios da democratização dos anos 1990, que orienta ainda diversas atividades de mobilização voluntária, nas emergências ou na proteção a grupos vulneráveis, a ponto de nos aproximarmos dos tradicionais valores da caridade. Nosso programa de voluntariado é essencial para a nossa imagem pública. Voltou a crescer, sob a liderança obstinada de Cibele Dias, que chegou ao Viva Rio como voluntária e se desenvolveu no setor, sem perder o entusiasmo ingênuo das origens. Acolhemos propostas de voluntários quase todo dia, do Brasil e do exterior. Recebemos mais de mil voluntários em 2013, sendo 57 estrangeiros, que dedicam uma parte do seu tempo à visitação das favelas do Rio. Somos também ainda uma "Organização Não Governamental", com sua rebeldia e a defesa de causas radicais, como na campanha pela descriminalização das drogas psicotrópicas. Somos, por fim, uma "Empresa Social", qualificada como uma "OS", uma "Organização Social", cogestora de políticas públicas em parceria com os governos. A terceira dimensão, da Empresa Social, consome 80% do orçamento e das energias. Implica mudança profunda em nossa estrutura gerencial. Buscamos para tanto o aporte de técnicos experientes na gestão de coisas públicas, como o Bruno Sasson e a Regina Pinto; buscamos também pessoas egressas do setor privado, como o Ronaldo Teixeira, o João Gonçalves e o Alexandre Moura. Criamos novos instrumentos, como a ouvidoria e a controladoria internas. Da maior importância, acertamos por fim com uma "vice" que é dedicada, sobretudo, à vida interna da instituição. É a Carolina Caçador, cria do Viva Rio, que começou como estagiária no Balcão de Direitos, passou à direção do setor jurídico e tornou-se recentemente vice-diretora executiva. De certa maneira, curiosamente, a Carol no Brasil e a Daniela no Haiti introduziram uma suavidade na direção do Viva Rio que eu, niteroiense "casca-grossa", nunca fui capaz de apresentar. Com tudo isto, a verdade é que os primeiros 20% dos recursos, focados na solidariedade voluntária e na ousadia inovadora, preservam e renovam a cultura do Viva Rio. Apreciamos a tensão entre racionalidade e carisma, típica dos tempos modernos, como dizia Max Weber, faz tempo.

O Viva Rio virou um gestor de políticas públicas!
Sim. E no campo do varejo, que lida diretamente com as pessoas. É o mais desafiador no Brasil, que tem uma tradição de força nas políticas "macro" e de fraqueza indigente nas políticas "micro". Acredito que o Viva Rio faz jus à sua motivação original quando aposta o seu futuro na promoção dos bens públicos nas comunidades mais vulneráveis.

Capa do *Jornal do Brasil* em 19 de março de 2000. Rubem César entrega uma maçã ao então secretário de Segurança do Rio de Janeiro, Josias Quintal, como símbolo da "banda podre" da polícia.

Para isto vocês se aliam a prefeituras e governos estaduais...
E com governos federais também. Há quem diga que de uma "ONG" estamos virando uma "OQG", uma "Organização Quase Governamental"..., mas não é bem assim. A autonomia institucional é uma condição para o desenvolvimento de nossas competências gerenciais, que por sua vez nos garantem a capacidade de implementar programas de interesse público. A complexidade do Viva Rio — voluntário, sem fins lucrativos e empresarial —, com especialização em comunidades vitimadas pela pobreza e a violência, é uma fonte constante de perguntas e respostas que mantêm viva a chama fundadora.

Esta foi, portanto, uma primeira resposta que demos à crise do financiamento internacional para as ONGs no Brasil. Evoluímos no sentido da prestação de serviços, participando de editais para a execução de políticas públicas. A segunda resposta foi noutra direção: da internacionalização de nossas atividades.

Hoje as agências de cooperação internacional do terceiro setor têm dificuldade de financiar projetos no Brasil e com razão. Elas acham que o Brasil já ultrapassou o patamar de desenvolvimento capaz de prover as políticas sociais. Por outro lado, o Brasil tornou-se um ator relevante na política internacional e espera-se que ele contribua para a redução das desigualdades no planeta. Se as ONGs e as instituições de pesquisa brasileiras acompanharem este processo, encontrarão fluxos importantes de recursos a apoiá-las. O Viva Rio fez esse movimento em direção ao Haiti e foi levado a se reencontrar por lá, nascer de novo, por assim dizer, sem perder os acúmulos feitos com a experiência brasileira. Hoje a gente está grande lá, talvez até grande demais, fazendo um esforço para concentrar objetivos e recursos. Em 2014, o Viva Rio completa 10 anos de Haiti.

A internacionalização do Viva Rio começou no Haiti?
Começou antes. O trabalho pelo controle das armas de fogo nos levou a participar da criação da "Iansa", uma "Rede Internacional de Controle das Armas Pequenas", que veio a ter sua sede em Londres. Fomos fundadores e membros do Conselho Diretor por vários anos. Em seguida, facilitamos a criação de uma Rede Latino-Americana pelo Desenvolvimento Institucional das Polícias da Região. Depois, nos envolvemos numa Rede de Inclusão de Jovens em Situação de Risco, com parcerias na Colômbia, Guatemala e El Salvador. Começamos, portanto, com redes temáticas, que promoviam diversos tipos de programas. Mas trabalhar em rede é complicado. Tem gente que gosta, mas não é o meu caso. Muita política miúda e um esforço contínuo para animá-la, não deixá-la cair. A gente fez experiências interessantes com redes internacionais, mas que já não nos ocupam tanto.

Então o caso forte passou a ser o Haiti, que demanda ação direta, assumir riscos, participar da história local. A partir do Haiti, temos recebido convites para seguir em outras partes, América Central e África, sobretudo. Chegando a nove anos no Haiti, passando por poucas e boas, fomos reunindo experiências e pessoas. A maioria de nós hoje no Haiti é haitiana, mas temos uma paquistanesa, chamada Mariam Yazdani, que se tornou uma figura central, coordenadora dos programas, temos um espanhol, uma menina do Burundi, tivemos um belga e assim por diante. A origem é brasileira, mas a composição se internacionaliza.

Quantos são brasileiros na base do Haiti?
Brasileiros são uns 15 permanentes. Estão em posições centrais, como é o caso da Daniela Berkovitch. Ela conhece o Haiti por dentro, de anos de experiência, fala o *creole* com leveza e simplicidade, sem enganação, como acontece com a maioria de nós. A Daniela foi a minha segunda no Haiti até o advento do terremoto, quando teve de se mudar, para proteger suas filhinhas. Segue conosco contudo, desde Miami. O coronel Ubiratan Ângelo é o nosso vice-diretor executivo atual no Haiti. Engana bem no *creole*, a ponto de por vezes passar por haitiano, cuida mais dos assuntos de segurança, mas tem comando geral. O Marcus Gomes da Silva é o nosso financeiro; *chef* gaúcho, mestre das carnes, além de renovar as amizades, ajudou a botar ordem no pedaço num período de grande turbulência. Vestiu a camisa e não tem medo de barulho. O Francisco Potiguara é o coordenador de Educação, Artes e Esportes. Levou para o Haiti a experiência brasileira de aceleração escolar, um produto que tem futuro mundo afora. Potiguara conseguiu introduzir a metodologia em forma experimental, níveis fundamental e médio, produzindo materiais em *creole* e em francês, formando professores na metodologia dos supletivos sofisticados. Os produtos de educação para a juventude em situação de risco, tão desenvolvidos no Brasil, são de interesse internacional, com potencial de disseminação por América Central, Caribe e África. Em suma, há um núcleo brasileiro que não deve ser perdido, mas a tendência atual é dar mais abertura para haitianos ou para internacionais com experiência em Operações de Paz. Tem gente que circula pelos chamados "Estados Frágeis", e que vem nos procurar em busca de trabalho e de inspiração. Falam as línguas, conhecem os mecanismos. Pagamos menos que as agências da ONU e que as grandes ONGs, mas ainda assim somos atraentes, pelas características do trabalho. Há muitos voluntários que nos procuram. Alguns, inclusive, chegam gratuitamente e acabam ficando, tornando-se membros plenos da equipe. Foi o caso do Martin Wartchow, que do nada me telefonou de Brasília, logo em seguida ao terremoto, oferecendo-se para trabalhar gratuitamente no Haiti. Emprestou-nos suas competências de engenheiro hídrico e de churrasqueiro. Tomou as vacinas, fez sua revisão médica e partiu,

para morar conosco nas barracas da emergência. Está lá até hoje e conseguiu inclusive levar sua esposa, Elisabeth Wartchow, profissional de primeira linha do Ministério da Saúde, que veio a coordenar um programa tripartite de saúde, governamental, que reúne recursos do Brasil, de Cuba e do Haiti.

E quem está financiando?
Variado, alguns apoios bilaterais, como dos governos da Noruega, do Canadá e da Suíça; mas também multilaterais, como o BID, o Banco Mundial, o Pnud (Programa das Nações Unidas para o Desenvolvimento),[65] a Ocha, e uma variedade de ONGs internacionais, de origem europeia.

Mas é aquele esquema de fazer projeto? Então são vários projetos?
Sim, sempre os projetos. A gente trabalha em quatro áreas: segurança, saúde, educação-arte-esporte, meio ambiente. No Brasil e no Haiti, o Viva Rio está organizado nessas quatro áreas. Temos projetos nessas áreas, e a lógica é levar *know-how* brasileiro e ajustá-lo às condições de lá. A gente leva o que sabe fazer e aprende na interação.

Você poderia fazer um comentário sobre a experiência do Viva Rio nesse contexto internacional?
A internacionalização abre cabeça, areja, mas confirma também o que você já sabe, valoriza a sua bagagem. É mais continuidade do que ruptura. Você recoloca a sua experiência em outros ambientes. É bom você perceber que aprendeu alguma coisa na vida, que você sabe coisas que têm utilidade e valor universais.

Há um outro aspecto que conta no nosso caso: a coisa da pele, do sentimento de proximidade. Funcionou conosco no Haiti. Acredito

---

[65] Rede de desenvolvimento global da Organização das Nações Unidas (ONU) presente em muitos países e territórios. Através de apoio técnico, operacional e gerencial, atua no combate à pobreza e à violência e defende o crescimento socioeconômico através do desenvolvimento sustentável. O Pnud está presente no Brasil desde o início da década de 1960. Em 1990, introduziu o conceito de Desenvolvimento Humano, base do Índice de Desenvolvimento Humano (IDH) e do Relatório de Desenvolvimento Humano (RDH) publicado anualmente.

que funcionaria também na América Central, pelo lado latino, no Caribe e na África, pelas origens. O Atlântico Sul é o nosso ambiente. Meu primeiro sentimento em Bel Air foi de proximidade. "Já vi esses caras em algum lugar...", e o pessoal que a gente leva diz o mesmo. A atitude é bem diferente daquela do povo do Norte. Eles chegam nesses lugares como *gringos* assumidos, se vestem como *astronautas*, por causa da insegurança, e perguntam: "Dá para chegar em Bel Air assim?". A gente está lá, nossa sede é lá, mas eles não vão lá, estão proibidos de ir lá, a não ser com escolta. É outra cabeça. E chegam com os modelinhos fechados, essa coisa liberal ortodoxa, os manuais de direitos humanos na cabeça e as matrizes lógicas de planejamento. Chegam com o "dedinho" em riste, politicamente corretíssimos — faz assim, faz assado, mas a vida e a comunicação entre as pessoas passam por outros caminhos. Pouco a ver com os receituários. A distância cultural entre o universo das Nações Unidas e das grandes ONGs, de um lado, e o ambiente local dos lugares que a gente frequenta é abissal. Vale aqui a nossa experiência na América Latina e no Brasil, no Rio de Janeiro em particular. A gente trabalha no interior das comunidades, com pessoal local, num movimento de dentro para fora, de baixo para cima. Temos facilidade e prazer na condução deste estilo de trabalho. O "internacional" é vizinho, um cruzamento de proximidade e distância, de afinidades e estranhamentos.

12 • O DIA   POLÍCIA   RIO DE JANEIRO, terça-feira, 30 de abril de 1996
SEGUNDA EDIÇÃO

ONGs, hare krishnas, pais-de-santo e grupo de reggae se uniram contra a impunidade

Deu de tudo do lado de fora

Élcio Braga

O PM Nelson de Oliveira Cunha, que agora se declara evangélico, conheceu ontem a força de outras religiões. Para chegar ao Fórum, o camburão da polícia que o levava teve de cruzar uma manifestação de líderes de várias crenças. Passou justamente quando pastores, padres, pais-de-santo e monges gritavam por justiça e paz.

Os cerca de 150 manifestantes nem perceberam que Cunha, que confessou ter participado da chacina, estava no camburão. Logo depois, o grupo se deitou no chão e cantou a Oração de São Francisco. Monges hare krishnas, com alto-falante, cantaram mantras, acompanhados pelo Grupo Afro-Reggae de Vigário Geral.

Os manifestantes haviam se reunido ao meio-dia, nas escadarias da Biblioteca Nacional, na Cinelândia. "É um ato em defesa da vida", explicou o coordenador do movimento Viva Rio, Rubem César Fernandes.

Para o sociólogo Herbert de Souza, o Betinho, o julgamento significa um marco. "Espero que seja o fim da era de impunidades", observou. Com problemas de saúde, ele não participou da caminhada de 20 minutos – ao som dos tambores – até o Fórum.

"A falta de espiritualidade é a causa de tanta violência", disse o monge hare krishna Chandra Mukaa Swami. Ao seu lado, o pastor da Igreja Presbiteriana da Taquara, André de Mello, justificou o encontro inter-religioso. "Precisamos evitar mais violência", ressaltou.

● *'É um ato em defesa da vida', assim o coordenador do movimento Viva Rio, Rubem César Fernandes (deitado de terno) definiu a manifestação que reuniu vários grupos*

Rubem César em manifestação contra a impunidade.

Mr. Ramos

Ao sair da secretaria estadual de Meio Ambiente, hoje, André Corrêa fez questão de não deixar sua jóia da coroa nas mãos do PT. De agora em diante, a administração do Piscinão ficará com o Viva Rio. O diretor-executivo da ONG, Rubem César Fernandes, é quem vai dar as cartas em Ramos. Cuidará desde a manutenção até a programação cultural da área de lazer.

Charge de Rubem César no Piscinão de Ramos publicada no jornal *O Dia*.

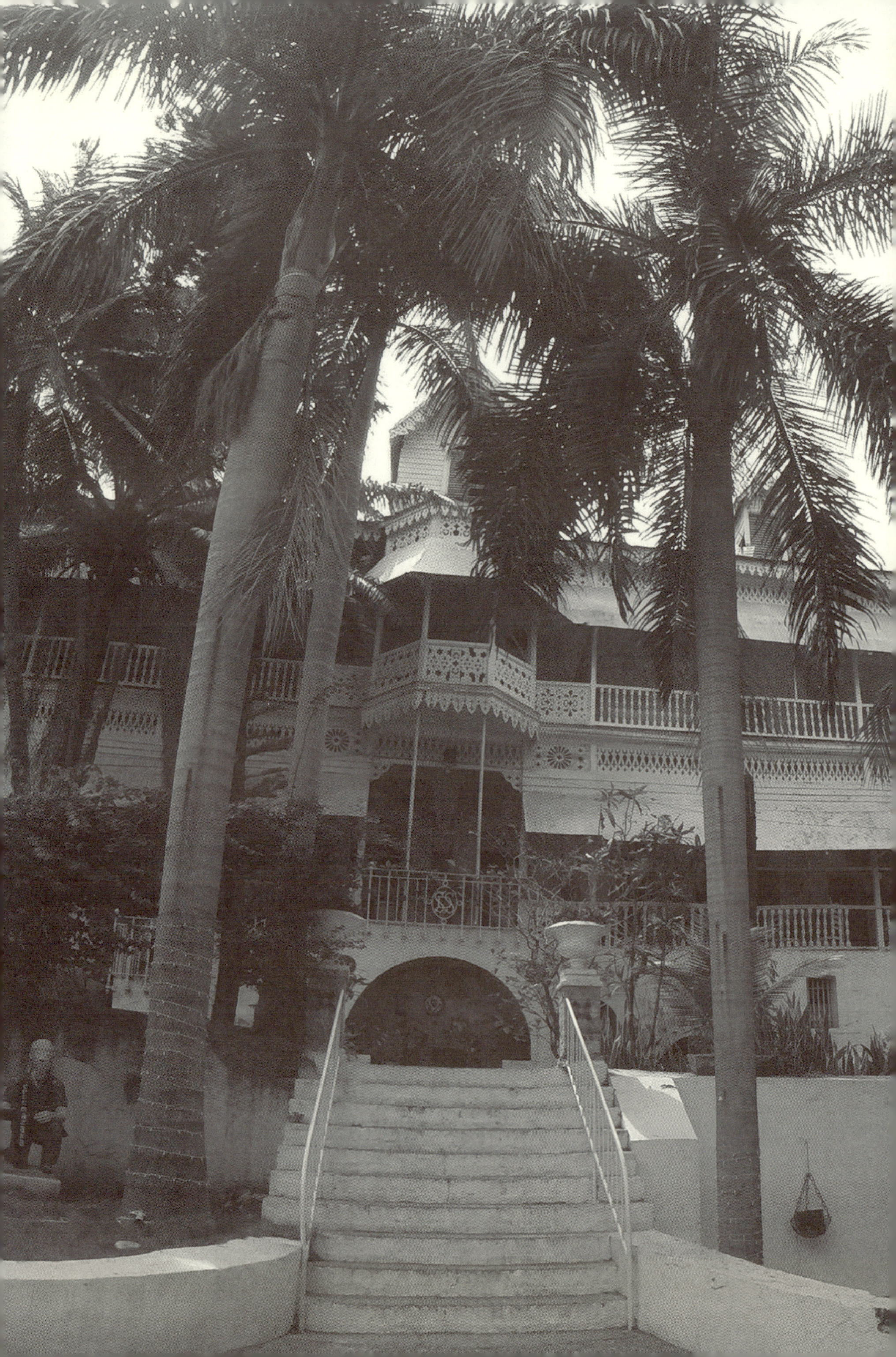

Do
Rio
a
Porto
Príncipe

Do Rio a Porto Príncipe

Estávamos falando sobre o Viva Rio aqui no Rio e avançamos sobre a atuação no Haiti. Vamos voltar ao caso. Como foi, bateram na sua porta e perguntaram: não quer ir para o Haiti?
Foi assim. Tem uma pessoa chamada Arne Dale, que é representante de uma agência de cooperação norueguesa, chamada Ajuda da Igreja da Noruega (AIN). O Arne é parceiro antigo. A gente trocava ideias sobre a experiência brasileira e ele dizia: "olha, é importante em termos internacionais, não se vê esse tipo de trabalho, com essa abordagem". Então esse era um tema que o Arne e eu de vez em quando comentávamos. Aí o Arne foi deslocado do Brasil para cuidar do Haiti, isso a partir da agência da Noruega.

Qual é a entidade dele?
A Ajuda da Igreja da Noruega (AIN). Acho que é a maior ONG da Noruega, associada à Igreja Luterana, que trabalha com o governo na cooperação internacional. Faz a intermediação com organizações da sociedade civil em mais de 100 países. O governo contrata algumas ONGs de porte para servir como intermediárias do rela-

cionamento da Noruega com o mundo não governamental internacional. O mesmo esquema funciona em países como a Suécia, Dinamarca, Finlândia, Holanda, Inglaterra e outros. O Arne adora o Brasil, vem ao Brasil desde os anos 1980. Trabalha com o Christian Schoien, um técnico mais jovem e igualmente comprometido. Conhecem muita gente por aqui, falam português, seguem de perto tudo que acontece. Além dos jornais, comunicam-se amiúde com seus parceiros brasileiros. Acontece que um dia a AIN resolveu deslocar o Arne para o Haiti. Ele brincando, comentou: "Vamos para o Haiti comigo?" Foi a primeira vez que a ideia entrou no meu radar.

Quer dizer, ele vai para o Haiti pela AIN?
Pela AIN, muda de cargo, mudou de uma mesa no Brasil para outra no Haiti. Aí ele brinca comigo: "Poxa, podíamos aproveitar a experiência do Viva Rio lá no Haiti...". Isso ficou no ar. Eis que em 2004 vem um convite de um setor da ONU chamado DDR (Desarmamento, Desmobilização, Reintegração). O DDR é um setor das operações de paz da ONU que atua em situações de crise militar. O DDR chega com a Missão da ONU e tem a tarefa de negociar a desmobilização das forças combatentes e o seu desarmamento. O DDR vai às partes em conflito e fala: "Vocês precisam desmobilizar, se vocês desmobilizarem e entregarem as armas, nós arrumamos uma situação para vocês, um emprego, uma perspectiva de reintegração na sociedade legal". Este é o trabalho do DDR.
Quando o DDR chega ao Haiti, percebe que a situação ali é diferente. Primeiro, porque não tem verdadeiramente uma guerra; mas também não tem paz. Não tem dois lados em conflito, propriamente. Não tem estruturas claras de comando rebelde, e não tem, portanto, com quem negociar a desmobilização; ao invés de exércitos em confronto, defronta-se com uma variedade de grupos armados locais. Aí alguém diz (eu até sei o nome do perito que deu a opinião): "Isto aqui está parecendo o Rio de Janeiro; não é igual a Timor Leste, Angola ou Moçambique, Sérvia e Croácia, Israel e palestinos. Aqui não tem dois lados. Aqui é diferente... É uma confusão. Com esses grupos armados nas comunidades, você não tem direito com quem falar; quando chega, já mudou a liderança. Necessitamos de

outras estratégias e outros protocolos, outras abordagens; seria conveniente ter conosco gente com experiência nesse tipo de situação, como no Rio de Janeiro". Aí falaram: "Chama o Viva Rio!". Já tinham ouvido falar, já conheciam o Viva Rio. Então veio o primeiro convite de lá, diretamente do DDR/Minustah. O diretor do DDR chamava-se Desmond Molloy, um militar escocês, com experiência em missões de paz da ONU na África e na ex-Iugoslávia. Um militar, um cara simpático e voluntarioso, que se achava um pouco perdido. Então eu fui convidado e cheguei lá como consultor. Assim, fomos ao Haiti a convite do DDR/Minustah.

Chegando lá, pergunto ao Desmond qual o problema, qual a maior dificuldade? Ele me olha e diz de uma vez: "Eu estou perdido aqui, não entendo nada e o pior é que todo mundo mente para mim. O presidente interino mente, o primeiro-ministro mente, o chefe de polícia mente, o bandido mente, a minha amante mente para mim, todo mundo mente, estou perdido nesse país, não entendo nada!". Achei graça na maneira como ele descreveu o problema, que no fundo tinha a ver com dificuldades de comunicação, um típico problema cultural. O pessoal sempre dando a volta nele; aquela coisa de nunca dizer exatamente o que se está pensando. Diz sem dizer, a malandragem que a gente conhece bem (e que no Haiti chamam de *marronage*).

O diretor do DDR é escocês e estava perdido naquela situação?
E tendo que comandar uma ação de aproximação com os bairros difíceis... Foi assim que eu cheguei ao Haiti, através do convite do DDR. Eles queriam que eu desse ideias de como se aproximar das comunidades conflagradas, sob o comando de grupos armados informais.

E o que você propôs?
O primeiro que propus foi uma pesquisa de campo, de tipo antropológico, com observação participante, sobre os grupos armados nas favelas de lá, que eles chamam de "gueto" ou de "bairros desfavorecidos". Convidei um colega da Unicamp, Omar Ribeiro Thomaz, que conhecia o Haiti, havia escrito sobre a elite haitiana, e que, sobretudo, gostava do Haiti. O Omar foi o meu primeiro tutor de Haiti — me deu as primeiras dicas, me apresentou o país. Então

propus a pesquisa e mais algumas atividades de aproximação com a juventude, através da música.

Você teve que conseguir financiamento para essa pesquisa?
Não, o DDR arrumou o dinheiro com o Pnud. Eu propus três coisas. Primeiro foi a pesquisa, que foi feita e que não serviu muito, porque o assistente do Omar que coordenou o estudo, Sebastião Nascimento, era competente, mas bastante teórico. Conseguiu montar uma boa rede de trabalho de campo, com jovens dos próprios bairros conflagrados, que conheciam as lideranças locais. Mas ele tinha mais interesse teórico, metodológico, do que objetivo. Talvez não se sentisse à vontade de pesquisar para uma operação com forte componente militar. Dedicou-se a discutir as percepções dos moradores, mais do que descrever as redes de ação armada. O Desmond queria saber quem era quem e como chegar a eles para negociar o desarmamento. Mas a pesquisa não produziu este tipo de informação. E, além do mais, era de leitura complexa... O Desmond não gostou e se recusou a pagar pela pesquisa. Foi um problema, porque a gente gastou, o rapaz viajou, passou um tempo lá, fez um bom trabalho de campo, mas a rigor não disse nada sobre os "bandidos", limitou-se a comentar o que as pessoas diziam sobre eles, que, evidentemente, era um conjunto de opiniões diversas. O que as pessoas diziam dos "bandidos" era interessante do ponto de vista de uma leitura de discurso, mas não tinha utilidade direta para um operador civil, com cabeça militar, das Nações Unidas.

E o que mais você propôs além da pesquisa que se mostrou inútil?
A segunda coisa que propus e que também não funcionou muito bem foi um festival de música jovem nas favelas, com temas sobre a pacificação. A ideia não era ruim, mas a equipe do DDR revelou-se lenta demais para a sua execução. Veio a acontecer mais de um ano mais tarde, já em outro contexto.

E o que mais?
O que melhor funcionou foi a proposta de promover uma cerimônia vodu pela paz. Procurar babalorixás e ialorixás e indagar sobre

como as lideranças religiosas dos bairros quentes poderiam participar do esforço de reduzir a violência. Tem como? O Desmond se impressionou com a ideia e me autorizou a tocar. Ele é um sujeito de cabeça aberta. Eu apresentei também essa proposta ao Gilberto Gil, que na época era ministro da Cultura, e que se encantou com a possibilidade de uma troca de conhecimentos entre pessoas do candomblé da Bahia e do vodu do Haiti. Isto se encaixava com a cooperação Brasil-Haiti, e poderia criar uma reflexão sobre a Afro-América, provocar uma experiência mais profunda, que ajudasse a destravar a comunicação com os bairros barra pesada. Cheguei a levar o Gil ao Haiti para um encontro com músicos ligados à cultura vodu. Lá tem um rock vodu que é muito bom, umas bandas fortes bem conhecidas, como o Bookman Experience e o RAM, cujo líder é o Richard Morse, um mulato americano que faz um rock vodu, uma "*mizikracine*", como dizem, ou seja, uma "música de raiz" que é obrigatório conhecer.

Esse é o filho do historiador Richard Morse?[66]
É exatamente o filho do historiador Richard Morse. É um tipo meio fora de série, um sujeito interessante. Eu vou falar mais sobre ele. Já na primeira ida, perguntei ao Omar onde eu deveria me hospedar.

O Omar conhecia o Haiti como pesquisador?
Como pesquisador. Tinha feito estudos sobre o Haiti. É voz comum criticar a elite haitiana: "são uns sanguessugas, não fazem nada pelo povo". O Omar, ao contrário, valoriza a elite, fez um estu-

---

[66] Morse, Richard (1922-2001). Historiador norte-americano dedicado ao estudo da história e da cultura do Brasil e da América Latina. Formou-se pela Universidade de Princeton. Fez pós-graduação na Universidade de Columbia. Esteve pela primeira vez no Brasil em 1941. Seis anos depois, retornou para estudar a cidade de São Paulo, onde conheceu Sérgio Buarque de Holanda, Antonio Candido e Florestan Fernandes. Essa experiência resultou no doutoramento e no livro *Formação histórica de São Paulo* (1958). Ainda publicou *O espelho de Próspero* (1988). Lecionou em várias universidades dos Estados Unidos. Em 2010, foi publicado o livro *O código Morse: ensaios sobre Richard Morse*, organizado por Beatriz Domingues e Peter Blasenheim.

Homenagem ao historiador Richard Morse feita pelo intelectual Wanderley Guilherme dos Santos no *Jornal do Brasil*, em 29 de agosto de 1992.

HOMENAGEM

Um dissimulador

Humanista, enciclopédico, Richard Morse sabe demais da vida

Wanderley
Guilherme dos Santos

Acreditar em Richard Morse é arriscar-se a não conhecer Richard Morse. Seu aparente descaso pelos ritos universitários, a sofisticada ironia que dispensa aos emblemas acadêmicos — congressos, seminários, prêmios e distinções — e, por fim, o afetado tédio que lhe inspiram homenagens e admirações de estudantes e colegas, tudo sugeriria a síndrome de um intelectual pronto-cínico. Contudo, experimente algum desavisado violentar a disciplina do trabalho, as regras da investigação, a lisura das inferências e interpretações ou não exibir boa-fé na argumentação. Sob heterônimos como José Analítico de Casos-Concreto, McLuhanaíma, M. Cavalcade Prowess, Tony Frank, Harry O'Feilds e James Watson Webb II, ou com seu próprio nome (tal como em Erecting a Boomstone), Richard Morse utiliza-se do mais virulento sarcasmo contra evidentes farsas intelectuais.

Morse tem um afetado tédio pelas homenagens

Consulte o leitor os ensaios de *A volta de McLuhnaima* e verá a devastação promovida por Morse em várias empáfias latino-americanas, incluindo-se as brasileiras.

Richard Morse costuma apresentar-se como historiador, de inclinação minimalista, insinua com zombeteria, autor de pequenos artigos, breves ensaios e alguns livrinhos. E mesmo esses rebentos são tratados com grande distanciamento brechtiano, não vá o público imaginar ser ele algum intelectual de solene, sólida e extensa cultura. Nesta dissimulação, porém, estão embutidas uma farsa, uma fraude e, no mínimo, falsidade ideológica.

A farsa consiste nos qüiproquós que se geram quando algum ingênuo aceita como verdadeira a pobreza cultural — ("não sei, não entendo nada" — eis uma de suas mais ardilosas frases) — com que o erudito Richard Morse se apresenta. Mas assim que a conversa descontrai começam a surgir as narrativas sobre pessoas, poetas, romancistas, ensaístas — do século 17 inglês ao século 20 do Equador, do Paraguai, da Nicarágua, dos Estados Unidos, da França, nossa mãe —, sempre comunicados em voz baixa, suave, como que a encobrir a fonte para melhor ressaltar a glória do autor mencionado.

A fraude vem contrabandeada no enganador invólucro de livros e artigos. A edição mexicana de *O espelho de Próspero* se incorpora em volume realmente não muito grande, embora o tipo da impressão seja bem pequeno. A sugestão é a de que o leitor encontrará ali música talvez até excelente, mas apenas camerística. Puro engodo. Nas últimas 60 e 80 páginas do volume, Richard Morse executa vertiginosa e complexa sinfonia, orquestrando idéias, eventos, processos, invenções, em pizzicatos quando necessário e nos quais os séculos não parecem senão segundos. Ou seja, o que de fato são do ponto de vista de um olhar transcendente. Histeresis as mais inesperadas, associações súbitas e originais, transformam a ordem da história que conhecemos em grande balbúrdia e desencontros, balbúrdia que permite considerarmos a hipótese de que é possível que estejamos vivendo um grande equívoco há aproximadamente quinhentos anos. O que nos leva à falsidade ideológica.

Historiador, ele que me perdoe, é o que Richard Morse nunca foi. Humanista, enciclopédico, ele sabe demais da vida para acomodar-se em qualquer escaninho burocrático-acadêmico. *O espelho de Próspero* não é um livro de história, assim como não são história ordinária os dois capítulos — *claims of political traditions* e *notes toward fresh ideology* —, que compõem a 2ª parte de *New World Soundings*, de 1989, cuja primeira parte, aliás, desenvolve crítica social através da crítica literária.

Richard Morse é uma dissimulação bem-sucedida. Por isso, e embora eu conheça bem Emmy, a quem dedica todos os seus livros, hesito em afirmar que ele, de fato, exista. Dizem que faz agora 70 anos. Se estamos falando do mesmo Richard Morse, não acredito. Pelo que sei, já deve andar pelos 250 anos e pronto para recomeçar. Assim espero.

Wanderley Guilherme dos Santos é um dos 15 intelectuais que participarão do seminário Cidade e Cultura Latino-Americanas: a contribuição de Richard Morse, *na Casa de Rui Barbosa, dias 3 e 4 próximos*

JORNAL DO BRASIL ☐ 29/8/92

do sobre ela na moda antropológica, conversando com as pessoas, identificando trajetórias, ambiguidades. Explora a tradição francesa transformada pela história conturbada do país e pelo predomínio da língua *creole*. Contrasta a autorreferência histórica com o contexto de um mundo globalizado, anglo-saxão. Agradeço ao Omar por me tomar pela mão e me apresentar o Haiti. É Omar quem me indica onde ficar. Tem de ser no Oloffson, o hotel que o Graham Greene eternizou no romance *Os comediantes*, hotel que criou o ambiente para o filme de mesmo nome estrelado por Richard Burton e Elizabeth Taylor em 1967. Isto no período de François Duvalier,[67] o Papa Doc; eles reproduziram o hotel na África para fugir aos controles de Duvalier. Reproduziram o hotel à perfeição, com os detalhes artesanais da madeira em que é construído. O hotel é realmente um charme. Vestido de belas imagens vodu. Transmite o espírito caribenho vodu. Pinturas, tapeçarias, esculturas vodu, de veia popular, a um tempo rude e delicada. Toda quinta-feira tem o som do RAM, que começa pelas 23 horas e vara até as 2h30, 3 horas da manhã. Faça chuva ou faça sol, com ou sem os conflitos e as operações de paz, o RAM se apresenta na quinta-feira à noite, sob o comando de Richard Morse Filho e sua mulher Lunise Morse. Dizem que o Richard Morse, o historiador, vai ao Haiti nos anos 1950 e se encanta por uma cantora e dançarina, que foi a primeira a introduzir sons e gestos vodu num ambiente de espetáculo, transformar o vodu num espetáculo, uma coisa que a Bahia fez muito bem com o candomblé. Lá era novidade e até hoje é pouco comum. Richard Morse fica impressionado com a beleza e a graça dessa mulher, apaixona-se, casa com ela e mais tarde arrenda o Hotel Oloffson. É o hotel onde Graham Greene se hospedava e que, como eu já disse, ficou famoso graças ao seu livro *Os comediantes*. Então o Richard Morse arrenda esse hotel que até hoje está na

---

[67] Duvalier, François (1907-71). Presidente do Haiti, também conhecido como Papa Doc. Formou-se em medicina e dedicou-se ao tratamento de camponeses e populações pobres. Aproximou-se do vodu, muito popular em seu país. Foi eleito presidente em 1957. Contou com a ação da polícia secreta, conhecida como *tontons-macoutes*, e instaurou um regime ditatorial terrorista. Em 1964, tornou-se presidente vitalício. Após sua morte, foi substituído por seu filho Jean-Claude Duvalier, conhecido como Baby Doc, que permaneceu no poder até 1986.

família, com a mulher dele, Emerante de Pradines, já com seus 90 anos, ainda linda e ativa (você a vê puxando um carrinho de mão e plantando flores nos jardins do hotel), e o filho, o líder da banda RAM, que leva por nome as iniciais de Richard Auguste Morse. Quando tem festa de santo, Emeranta puxa o cortejo, com a elegância de uma bailarina. No show das quintas-feiras do RAM, é comum que algum mistério se manifeste e alguém bole no santo em pleno salão do baile. Então o filho é mulato, meio norte-americano, meio haitiano, que repetiu a história do pai e casou-se com Lunise, também cantora e dançarina, a principal vocalista do RAM.

O filho do casal!
Sim, o filho de Richard Morse e Emeranta, que por sua vez casa-se com Lunise, uma cantora de um bairro da região de Bel Air, nossa área de trabalho. Richard dirige o hotel sem muito afinco. Roda pelas mesas como se fosse Humphrey Bogart no Café Rick, cheio de charme, conversando sobre política local num tom conspiratório. Prefere compor e liderar o RAM, sua criação, uma banda de rock-vodu, que atrai público certo toda quinta-feira à noite.
No período de 2004, 2005, quando eu estava chegando ao Haiti, Bel Air era um lugar proibido, os brancos não podiam ir, o pessoal civil da ONU não podia, era uma região considerada de alto risco. O próprio Hotel Oloffson, que fica perto do centro e de Bel Air, era visto como "Zona Vermelha". Na época era só frequentado pela galera local, gente que sabia as músicas de cor, respondia aos tambores "Petwo" e às cornetas "Rara", peças da tradição vodu, o som intenso, de qualidade, e as mulheres que de repente enlouqueciam no salão. Eu fiquei apaixonado pelo hotel.

Como você conseguiu entrar nesse ambiente?
Eu aluguei um quarto no Hotel Oloffson e montei nele a sede do Viva Rio. Ficamos lá um ano e meio. Era um quartinho, depois crescemos um pouco e pegamos um bom quarto do segundo andar. Tinha um varandão maravilhoso, aberto para os jardins, uma palmeira que descia e quase entrava na varanda quando o vento batia forte. As palhas da palmeira, envelhecidas, formavam uma espécie de

ninho gigante para milhares de andorinhas. Eu dormia na varanda, protegido, mas sem parede e sem janela. Foi desta varanda que eu e André, meu filho, assistimos à entrada pelo mar do furacão Hanna, em 2008, que rodava sobre a cidade com muita água e destruição. Neste ano, foram quatro furacões que atravessaram a ilha. A sede do Viva Rio ficava, portanto, bem no centro da cidade, em uma área pesada, mas o hotel era cheio de verde, de madeira recortada. Eu dormia na varanda, na maior cama que já tive na vida, daquelas antigas, e quadros vodu pelas paredes. O hotel tem uma coleção de qualidade da iconografia vodu, e tem encantamento, mas o serviço é bem ruim. Richard não se importa. O hotel é meio abandonado, mas vive lotado por conta de sua aura. O hotel tem uma magia, entendeu. Quem sabe do Haiti, sabe do Hotel Oloffson.

Retomando o DDR, foi ao Richard Morse que recorri para encontrar um pai de santo que se dispusesse a celebrar pelo fim dos conflitos. A primeira ideia foi promover uma série de eventos que mostrassem o Haiti como o epicentro da diáspora negra, com a participação de sacerdotes e artistas locais, mas também de outros cantos do Caribe, do Brasil e mesmo da África. Gilberto Gil falou de levar amigos seus de renome, como Stevie Wonder; Flora, mulher de Gil, mobilizou-se para levar ialorixás da Bahia. Faríamos um grande evento sobre a dimensão libertária do Haiti, apontando que a luta de hoje passa pela não violência. Marcar a ideia de que a violência hoje reforça os opressores. Então propus isso ao DDR e ao Pnud e foi aceito. O Gil foi ao Haiti preparar o terreno, e a Flora começou a pensar na produção. A data seria em agosto de 2005, durante as festas de *Bois Cayman*, em memória da primeira revolta vitoriosa dos escravos, em 1791. O líder da revolta, Bookman, era um sacerdote vodu, famoso pelos seus conhecimentos de plantas, mas também da cultura europeia. Bookman mandou tocar os tambores na floresta por duas semanas, em cerimônia contínua, que visava atormentar os franceses e reforçar a resistência dos quilombolas. Os escravos guerrilheiros, diz a história e o mito, invadiram as fazendas com o corpo fechado e se impuseram às armas de fogo francesas. Nossa ideia era reviver a batalha de *Bois Cayman* na linguagem da pacificação.

Para a nossa surpresa, no entanto, a então ministra da Cultura do governo de transição do Haiti — uma atriz de teatro, elegante e orgulhosa — não gostou da proposta. Achou que associava demais o Haiti com o vodu, uma prática que vem de baixo, que reforça noções negativas sobre a cultura haitiana. A oposição da ministra embaraçou o Gilberto Gil, que afinal de contas, além de ser "Gil" era ministro, não podia invadir o país amigo com os seus poderes. A participação oficial brasileira gorou portanto, e a gente continuou por conta própria. Convidei um ogã do Rio de Janeiro, que além do mais trabalhava no Viva Rio. Foi o Yuri, figura querida, do candomblé e do *hip hop*, experiente nas correrias das favelas do Rio de Janeiro. Então, levei o Yuri como representante do candomblé do Brasil e com a ajuda do Richard Morse encontramos um *hougan* (babalorixá na linguagem deles) que conhecia o povo de Bel Air.

Bel Air é um bairro?
É um bairro no centro da cidade. Na época, Bel Air era o bairro mais violento, mais difícil de chegar porque fica perto do Palácio do Governo e de diversos Ministérios. Os grupos armados resistentes fecharam Bel Air com barricadas feitas de lixo socado. Controlavam quem entrava e quem saía. Não permitiam que o trânsito atravessasse Bel Air. Mais tarde, num censo que organizamos, foi encontrado que 48% da população de Bel Air migraram para outros cantos nestes anos de 2004 a 2006. O fechamento de Bel Air sufocava a circulação no centro da cidade. Você precisava dar uma volta larga, em ruas entupidas de pessoas e veículos, porque não se podia atravessar Bel Air. O primeiro grande enfrentamento das forças da ONU no Haiti, comandadas pelo general Heleno, brasileiro, foi tomar Bel Air. Então o Viva Rio no Haiti teve também como foco Bel Air. Levamos o arquiteto Sergio Magalhães,[68] para ajudar a

---

[68] Magalhães, Sergio. Arquiteto. Foi subsecretário municipal de Urbanismo no Rio de Janeiro (1986-88), no governo de Roberto Saturnino Braga, e diretor de urbanismo de Niterói (1989-92), na gestão de Jorge Roberto Silveira. Como secretário municipal de Habitação do Rio de Janeiro (1993-2000) durante os governos de Cesar Maia e Luiz Paulo Conde, implementou uma política habitacional, incluindo programas como Favela Bairro. Foi secretário de estado de

definir o projeto. Rodamos juntos, e ele concordou com a escolha: Bel Air, bacana, parte antiga e valiosa da cidade. Destruída pela pobreza e pela violência, mas com um grande patrimônio histórico e imaterial. Bel Air tem memória, tem história.

Quer dizer que lá a "cidade era partida" na realidade?
Estou falando da "Grande Bel Air", que compreende diversos bairros, dos quais "Bel Air" é o mais conhecido. Tem história política e cultural importantes. É hoje o lado empobrecido do centro da cidade, mas guarda ainda muita atividade comercial e diversos grupos culturais. Quatro ex-presidentes estudaram no Liceu Petion, Bel Air. Jean-Bertrand Aristide, o presidente deposto, líder do partido popular Lavalas, foi padre de uma igreja em La Saline, que é parte da grande Bel Air. Ele cresceu politicamente ali, como padre daquele bairro. Você tem o centro político que é ao lado, com o palácio, os ministérios, uma grande praça, a universidade, museus. Ao lado, fica Bel Air, forte em cultura e comércio, militante à esquerda, próximo de Aristides, radicalmente empobrecido.

É uma região semelhante à Baixa do Sapateiro de Salvador?
De certa maneira. Orientado pelo Sérgio, consideramos que recuperar Bel Air teria um significado maior para o país — era o centro da cidade, histórico, do século XVIII, tem um formato iluminista, desenhado por um arquiteto francês. Seria como recuperar a Lapa no Rio ou o Pelourinho em Salvador; recuperar o centro da cidade que havia decaído. Foi este o nosso conceito: intervir para a recuperação de um bairro decadente, que naquele momento estava tomado por uma resistência contra a entrada da ONU no país.
O evento vodu visava abrir uma comunicação com lideranças locais que pudessem influenciar essas forças resistentes. Encontro o pai de santo apresentado pelo Richard, do Hotel Oloffson, e pergunto a

---

Projetos Especiais do Rio de Janeiro (2001-02) do governador Anthony Garotinho e subsecretário de Desenvolvimento Urbano do Rio de Janeiro (2003-04) da governadora Rosinha Garotinho. Participa do Plano de Recuperação Urbanística de Bel Air, em Porto Príncipe (Haiti). Presidiu o Instituto de Arquitetos do Brasil (IAB).

ele se é possível fazer uma cerimônia vodu pela pacificação. Ele diz: "Sim, é possível". "Como se faz?" "Leva tempo, não é fácil." "Quanto tempo?" "Umas 48 horas, direto." "Dá para fazer?" "Dá." "Quanto custa?" "US$ 3.000." "Fechado." Aí ele fez uma lista dos ingredientes que seriam necessários para montar a cerimônia, que incluíam coisas como champanhe, dançarinas e que tais. Quando apresento para o Desmond ele me diz: "está maluco, como vou conseguir que a ONU pague por champanhe e dançarinas?". E de fato levou uns seis meses para eles aceitarem, mas acabaram pagando. O Pnud, imagina!

Ritual vodu em pedido de paz para Bel Air. A frase no tecido diz: "água, mulher e saúde".

Cerimônia vodu realizada pelo Viva Rio em pedido de paz para o Haiti.

E o Pnud pagando orgia!
Não era "orgia", mas podia até parecer aos olhos de funcionários mal-avisados. Chegou a receber uma carta de alguém de Genebra, do Pnud, que questionava: "Estamos agora financiando o terrorismo?" Alguma inteligência genebrina que pensava o vodu como terrorismo...
Agendamos o evento para agosto, no período de festas de *Bois Cayman*, que na memória local representa uma vitória fundadora da nação, carregada de magia, que inaugura uma série de batalhas pela libertação dos escravos e a independência do Haiti, durante a década de 1790, e termina com a vitória em 1804. Então a gente escolhe fazer a cerimônia no *Bois Cayman* para simbolizar a liberdade, com o toque de que à diferença do passado, quando a cerimônia anunciou a guerra, passaríamos agora a mensagem de que para fazer a libertação precisávamos fazer a paz. A grande virada do povo negro das Américas, esse era o nosso discurso, é a conquista da paz no dia a dia. Trabalhar a ideia de que os negros serão capazes de promover a paz justamente porque estão no fundo do poço, fazendo um apelo ainda que transformado à memória revolucionária. A proposta caiu bem e alguns haitianos trabalharam com afinco e voluntariamente pelo evento.
Mas a cerimônia corria riscos de desandar por conta da ação da polícia do Haiti. A polícia, na época, era ainda muito violenta e fora de controle. O próprio pessoal haitiano nos disse: "A polícia vai intervir, vai dizer que é coisa de bandido, e vem bandido mesmo para a festa, ao invés de paz, vamos ter confusão". Pedimos então apoio ao Exército brasileiro, para que nos desse segurança e a gente conseguisse fazer a cerimônia na tranquilidade. Afinal, ela tinha o apoio do DDR e, portanto, da ONU. O comando do contingente brasileiro indicou dois oficiais para dirigir um pelotão militar para a segurança da festa, o capitão Amaral Peixoto e o cabo Coelho. Acontece que o capitão Amaral Peixoto, de Madureira, é da umbanda; e que o cabo Coelho, de Nilópolis, é do candomblé. Então eles chegam todo armados, com aquelas roupas militares pesadas, mas quando se aproximam do terreiro demonstram uma atitude de respeito. Na verdade, a preocupação deles não era tanto

com a polícia do Haiti, que acreditavam tirar de letra. Os problemas deles eram com os espíritos presentes, que desconheciam e, quem sabe, não batiam bem com os santos que eles cultuavam... Então eles já chegam fazendo sinais de reverência, passar a mão pela cabeça, tocar a terra no chão, os dedos pela testa... Os haitianos estranham... "O que é isto?", um comportamento não muito militar. O Yuri logo se aproxima dos militares, paramentado como um ogã brasileiro, estabelece a conversação, e aos pouquinhos eles se integram na festa.

E eles largaram as armas?
Não, eles estão ali em missão de segurança, não podem descuidar das armas, mas a postura é participativa, não é ameaçadora, é de proteção. Teve inclusive um momento na cerimônia que os envolveu de modo especial. Como o *hougan* havia avisado, a festa era longa. Representava uma reordenação das relações espirituais que fundamentam o mundo. Se estamos em guerra, devemos apelar pela recuperação da harmonia entre os mistérios que comandam a guerra e a paz. O sacerdote invoca os espíritos maiores das várias tradições. Primeiro chama os santos católicos, e reverencia e dança para cada um deles. Depois chama os loa da África, os orixás, como dizemos nós. Por fim, invoca os guias de tradição haitiana, que é vasta. Só depois de toda este invocação, com os diversos mistérios satisfeitos, é que o trabalho mais profundo se inicia, de reafirmação da harmonia entre as forças vitais. Por isso leva tanto tempo, umas 48 horas, o pessoal lá direto, dormia, voltava, cantava, fazia uma nova dança. Na segunda noite, já todos um pouco cansados, chega um povo da rua, entre os quais um Exú muito apreciado, que é o *Guedê*, um espírito dos mortos, que se manifesta, sobretudo, no dia de Finados. É o mistério dos mortos atuais, não é dos ancestrais. Quando incorporam, passam um pó branco no rosto para ficar com cara de morto, e deitam estáticos, enquanto as filhas de santo, as *Ounsin*, dançam ao seu redor e dão passes com as pernas sobre os seus corpos no chão. Feita a saudação pelas pessoas iniciadas que compõem a roda, os *Guedê* se levantam e então... Para a minha surpresa, se comportam de modo gaiato, brincalhão, irreverente, como

se fossem palhaços que não se importam com os limites do que se deve dizer ou fazer. Já morreram, não têm o que temer. Andam pelas ruas nos dias de Finados, provocando as autoridades, desmascarando as hipocrisias. O povo gosta deles, se diverte. É um Exú popular. Então os *Guedê* olham ao redor em nossa cerimônia, dão com os militares presentes na roda e se espantam. Dão gritinhos e saem correndo, rompem o círculo e se espalham. O pessoal de apoio e as *Ounsin* correm atrás deles para trazê-los de volta. Cria-se uma certa tensão, em plena madrugada. Quando voltam, por fim, encaram os militares e perguntam desafiadoramente: "O que vocês estão fazendo aqui?" "Ah, nós estamos na missão de paz." Os *Guedê* respondem: "Paz?" Apontam para as armas, e começam a rir: "— Quá-quá-quá, olha como eles fazem paz!". Aí eles ficam gozando os nossos militares, que ficam numa saia justa. Os *Guedê* voltam à carga: "Mas ao menos trouxeram alguma coisa para me dar?" "Não..." Os *Guedê*: "Você vem na minha terra e não traz nada para me dar, não tem presente? Dá dinheiro!" "Não temos dinheiro..." Neste momento, um dos militares pega uma insígnia que traz grudada na farda, um símbolo brasileiro, arranca e dá para o espírito. O *Guedê* leva um susto e se abraça com a insígnia. O outro *Guedê* diz que também quer. O outro militar lhe entrega um outro pedaço destacável da sua farda. Aí as *Ounsin* se movimentam, também querem presente! E os militares brasileiros continuam a se desfazer de pedaços da farda que são entregues seguidamente aos espíritos, porque são os espíritos que estão presentes, não são as pessoas. Enquanto isto acontece, uma televisão haitiana, a *TV Guine*, que está presente, grava a cena longamente. É uma TV de orientação voduizante, com simpatias para o lado Lavalas (anti-ONU) da opinião. Eu pensei: "Meu Deus, esses caras vão se dar mal, no meio da madrugada, eles entregando pedaços da farda para os *Guedê*, isso não vai prestar!".

Isto daria um fantástico documentário sobre o Haiti! Uma curiosidade: eles falavam em crioulo ou em francês?
Em *creole*, mas a comunicação, de fato, era em linguagem corporal, no gestual. Nos dias seguintes, a cena passou repetidas vezes na TV.

Gerou grande repercussão. Muito comentário entre os haitianos e entre o pessoal da ONU também. Um diplomata dos Estados Unidos me procurou informalmente para comentar o evento, dividido ainda em suas opiniões. Para nosso alívio, os dois militares responsáveis pela operação foram homenageados pelos seus comandantes. Receberam reconhecimento pela capacidade de improvisar numa situação inusitada e pelo respeito que demonstraram pela cultura haitiana. Na verdade, eles se deram bem. O capitão Amaral Peixoto voltou para o Brasil com missão de responsabilidade, virou major e tornou-se subcomandante do centro de formação dos futuros contingentes que partem em missões de paz. É um episódio que mostra um diferencial da atuação militar brasileira no Haiti e que tem a ver com nossa proximidade cultural. É uma diferença significativa, com resultados inclusive no plano operacional. Foram os nossos militares que introduziram o uso de munição não letal nos confrontos de rua de lá. Sob pressão diplomática pelo uso da força radical, recusaram-se explicitamente, mantendo o nível do confronto em nível tolerável. Em abril de 2008, nas manifestações contra a carestia, que paralisaram o país e apavoraram a maior parte dos diplomatas estrangeiros, o general Santos Cruz, *Force Commander* de então, segurou a situação com munição de borracha. Contrariou pressões poderosas que pediam munição letal. Também foi diferenciada a atuação do general Heleno, logo no início dos confrontos, que entra em Bel Air em 2005, depois de mais de um ano de tensões, e o primeiro que faz é promover um grande mutirão de limpeza do lixo das ruas — soldados e moradores com vassoura nas mãos. O mutirão deu inclusive direito a corte de cabelo de graça e assistência básica de saúde, para a surpresa da mídia haitiana, que fotografava aquelas imagens insólitas dos soldados varrendo as ruas e cortando o cabelo das pessoas.

E foi uma coincidência a escolha desses militares para patrulhar a cerimônia vodu?
Francamente, não sei. Mas foi uma escolha feliz, com certeza. Valia indagar se o treinamento que tiveram incluía alguma referência respeitosa ao vodu, ou se foi resposta espontânea. Importa é que

foi neste episódio que começamos a nos aproximar dos militares no Haiti e, a partir de lá, dos militares em geral. Eu tinha um certo trauma dos anos 1970, com o exílio e tudo o mais, mas nas circunstâncias de uma operação de paz, cuja missão é justamente fazer a paz, e não a guerra, reencontrei-me com os militares e passei inclusive a reconhecer os valores de sua cultura corporativa. Em agosto de 2005, momento da cerimônia de *Bois Cayman*, tinha comando operacional o tenente-coronel André Novaes, hoje general, pessoa que veio a ter importância grande na carreira do Viva Rio no Haiti. Esteve à frente das operações que finalizaram a estabilização de Bel Air. Antenou-se para a variedade dos grupos rebeldes e soube diferenciar entre eles, inclusive nas iniciativas táticas. Chegou a aproximar-se de alguns deles. Estabeleceu relações de proximidade com Samba Boukman, um líder rebelde que foi o porta-voz de ações violentas de impacto em setembro de 2004. Conseguiu inclusive induzir o Samba a deixar o caminho das armas e optar por uma carreira política, para cujas manifestações nosso Exército se dispôs a oferecer proteção, no sentido de ordenamento das manifestações. Por um momento, o Samba ia jantar amiúde no batalhão. Mais tarde, foi aliado do Viva Rio e do DDR em campanhas de desarmamento. Foi o coronel Novaes que nos convidou a entrar em Bel Air com projetos sociais, para complementar as ações de segurança. Foi ele que primeiro comandou o Centro de Instrução de Operações de Paz Sérgio Vieira de Mello (CIOpPaz), com uma orientação que integrava dimensões civis e culturais na formação militar. Aceitou, inclusive, que o Viva Rio contribuísse com a produção de materiais pedagógicos para o centro, com inovações que foram anotadas com interesse pelo DPKO, o Departamento de Operações de Paz da ONU. Esses materiais eram direcionados, sobretudo, aos praças. Aproveitava a memória oral dos participantes dos contingentes anteriores e introduzia aspectos culturais significativos para a comunicação no terreno. Tão intensa foi a colaboração entre o Viva Rio e o CIOpPaz nos primeiros tempos de sua fundação, que nossa pesquisadora principal neste projeto tornou-se íntima do coronel comandante, a ponto de começarem um namoro que rendeu casamento e filho! O nome dela é Eduarda Hamann, pessoa fundamental para a evolução do pensamento do Viva Rio sobre sua atuação no cenário internacional. Foi e tenho esperanças que volte a ser.

E o militar escocês, diretor do DDR, assistiu tudo isso?
O Desmond esteve lá no início, depois foi dormir. A ministra da Cultura, que havia condenado o evento, foi lá no segundo dia, acompanhada de um *guapo* embaixador sul-americano. Ouviu tanto falar que foi verificar *in loco*, e ao que parece gostou. Deu declarações à imprensa, cheia de orgulho... A cerimônia ficou concorrida, virou um *big* evento. O Desmond Molloy adorou o resultado, pois vários canais de comunicação foram abertos na mídia e nas comunidades. De fato, promoveu o que ele queria, que era romper barreiras e meios de conversa com lideranças locais, sobretudo em Bel Air.

Isso acontecia no meio da rua?
Foi num espaço público, mas cercado, nos jardins do Hotel Oloffson, ambiente propício, povoado de imagens voduizantes, ao redor de uma árvore que cumpria a função de Poste Central, esteio do círculo cerimonial. Montaram ali um "*peristile*", um "terreiro" cerimonial.

O povo do Exército brasileiro e do Viva Rio mostrou o seu valor!
Essa ida para o Haiti nos deu prazer. Fez sentir que tínhamos algo próprio a oferecer. Levávamos um acervo de conceitos e sentimentos que nos ajudam na comunicação. Diferente da postura de cooperantes nórdicos, que demonstram um maior estranhamento. Alguns deles têm medo ou nojo, enquanto a gente tem uma certa proximidade com esse tipo de situação. Ao contrário, a gente com frequência se reconhece nas agruras de lá. Isso tem sido verdade no Haiti e foi verdade até o terremoto. O terremoto rompeu com tudo, nunca imaginamos uma desgraça daquele porte. Não estávamos preparados para o 12 de janeiro de 2010. Nossa resposta foi afinal positiva graças às parcerias, primeiro com os próprios haitianos, depois com uma equipe norueguesa, da AIN, especializada em emergências.

Que experiências concretas do Viva Rio aqui puderam ser replicadas ou ajudaram no Haiti?
Destaco duas. A primeira é uma forma de trabalhar em comunidades conflagradas que, no Brasil, sobretudo no Rio de Janeiro, é comum e que lá não era. Você se inserir na comunidade. Criar relações dentro da comunidade, fazer seu trabalho de dentro. A gente acabou montando nossa sede no Haiti em um espaço dentro de Bel Air, que chamamos "*Kay-Nou*", "Nossa Casa" ou "Vossa Casa" ("*nou*" em *creole*, quer dizer nosso ou vosso, conforme o contexto na frase). É um espaço grande, de 25 mil metros de área e que havia sido queimado, abandonado. A gente conseguiu alugar e ocupar esse espaço, que virou um grande centro comunitário dentro de Bel Air. Então você passa a fazer parte da comunidade. Para nós aqui é uma experiência mais ou menos corriqueira. A maioria das organizações que trabalham com favela, trabalham dentro, com o povo de lá; pode até não ter sua sede lá, mas trabalha dentro. Nos vários projetos do Viva Rio, temos a sede operacional dentro da favela — o Viva Credi, o Balcão de Direitos, a Luta pela Paz, a Saúde da Família etc. Tínhamos este conceito desde o início — que o trabalho comunitário deve ser feito de dentro para fora, não de fora para dentro. Aplicamos esta estratégia de aproximação. Aplicamos com naturalidade porque a gente já conhecia essa situação de ter grupos locais armados que dominam o espaço. É uma estratégia que se ancora numa tradição de comunicação intensa entre classes, sobretudo na criação cultural — o samba, o chorinho, o carnaval, e até hoje o *hip hop* ou o *funk* são expressões que se nutrem da comunicação entre a criação popular e a formação erudita. Curiosamente, combinamos no Brasil desigualdades extremas com intimidades insuspeitas, e o resultado tem seus lados positivos. Robert Muggah, um importante analista e consultor internacional, fez um estudo sobre o trabalho do Viva Rio no Haiti que destaca justamente esta diferença estratégica de proximidade com os atores locais, cumprindo funções mediadoras entre o interior e o exterior das comunidades.

Aqui o Viva Rio, assim como o Ibase, consegue trabalhar na favela através dos agentes comunitários. Só quando o pessoal

da comunidade passa a ser da ONG é que as portas se abrem, não é?
Lá foi a mesma coisa. Como a gente vai entrar em Bel Air? Essa era a primeira pergunta. A gente tinha feito a pesquisa e a cerimônia, aí eu perguntei ao Omar quem teria sido o melhor pesquisador de terreno na pesquisa feita pelo seu pessoal da Unicamp. Ele respondeu: "Foi um rapaz chamado Bob, que trabalhou muito bem". Aí eu fui procurar o Bob (Robert Montinard). E o Bob está até hoje no Viva Rio, inclusive com a família aqui no Rio de Janeiro, a mulher, Melanie, e seus dois filhos — "Lula" e "Bimba", nomes expressivos do apreço do Bob (que continua haitiano, "rasta" até a raiz) por suas relações brasileiras... Primeiro contratei uma pessoa chamada Marcel Fenelon, motorista, tornou-se um amigo, de total confiança, para toda situação, sabia tudo. Foi um amigo francês que me disse: "Quer um bom chofer, conheço um, chama-se Fenelon". Depois foi o Bob, que era o cara que sabia tudo de Bel Air; tinha sido um bom pesquisador, entre outras razões, porque conhecia e tinha o respeito de todo mundo. Foi com o Bob que a gente começou.

Então o Viva Rio começa, na realidade, a trabalhar quando contrata o Bob?
Começa com consultorias ao DDR em 2004. A cerimônia vodu pela paz foi em agosto de 2005. E o trabalho em Bel Air, este sim, começa com a contratação do Bob, já em fins de 2006. Foi quando deixamos o marco das consultorias e passamos a uma atuação direta. Formulamos um projeto com o apoio do governo da Noruega — a primeira e única vez que financiaram o Viva Rio para a concepção de um projeto. Fui ao Ministério de Relações Exteriores da Noruega, com o apoio do Arne Dale, e fiz a proposta: "Que tal usar a experiência brasileira do Viva Rio no Haiti?". Eles acharam interessante e financiaram uma missão de reconhecimento, em julho de 2006. Fomos eu, o urbanista Sérgio Magalhães e o antropólogo Omar Ribeiro Thomaz. Resultou uma proposta com um viés urbanístico, de reabilitação de Bel Air e promoção do desenvolvimento do centro da capital, Porto Príncipe.

Com Lula (esquerda),
filho de Bob e Gina.
Com Bimba (abaixo),
filho de Bob e Melanie.

Quando você diz recuperação do centro da cidade, isto inclui um projeto de reconstrução de prédios?

A gente usou de brincadeira, mas a sério, o exemplo da Lapa, no centro do Rio. O que o Haiti tem que pode gerar trabalho e renda de imediato, sem megainvestimentos? A boemia! Música, dança, comida, arte, artesanato — Bel Air tem tudo isso. Bel Air é conhecido pelas festas do calendário religioso e pelo carnaval. Pensamos na Lapa, no Pelourinho, no Recife antigo... Lançamos a visão de Bel Air como um bairro que quase não dorme — *jamè dodo*. A proposta tinha um lado audacioso, porque as manifestações culturais mais fortes na época em Bel Air pertenciam ao mundo da rua — as "bandas a pé", tipo blocos de rua, que ainda são vistos pelas elites haitianas como coisa perigosa, meio vagabunda. Têm ainda as "bandas *rara*", que saem no período da Quaresma e da Semana Santa, numa inversão carnavalesca dos rituais de penitência da Igreja Católica. As "bandas *rara*", com os tambores do vodu e com as cornetas, arrastam grandes números, não só nas festas, mas também nas manifestações políticas e nos protestos. Foi nestas manifestações mais fortes, meio barra pesadas, que apostamos no início, aproximando-nos dos círculos jovens mais rebeldes.

Com Bob (de bandana) em meio à multidão na primeira celebração da paz que reuniu bandas rara rivais sob o lema "honra e respeito".

Mas o projeto era pela recuperação do centro da cidade, combinando a produção de bens públicos com a animação cultural. Fizemos um projeto de cinco anos, começando com a questão da água, porque havia uma carência de água terrível, depois o lixo, o mercado e por fim a reconstrução urbana mesmo. O prazo de cinco anos nos dava um horizonte amplo para as ações, que podiam ser moduladas em fases.

Nessa altura, a relação com o governo no Haiti já estava melhor?
Um dos primeiros passos quando a gente chegou foi justamente procurar um contato com o governo do Haiti. Com a Minustah (Missão das Nações Unidas para a Estabilização no Haiti) era fácil porque, primeiro, havíamos sido convidados pela DDR, depois contávamos com os militares brasileiros e também com a embaixada brasileira, desde o início. Então a gente estava ali como brasileiro e com uma marca brasileira muito clara. O apoio da embaixada brasileira foi e continua sendo fundamental. No lado haitiano, tivemos a felicidade de uma indicação oficial do urbanista Leslie Voltaire — ex-ministro de Estado, figura brilhante, cabeça aberta, arquiteto e urbanista criativo, experiência internacional — o Leslie tornou-se uma outra referência constante para nós. O que o Bob era para nós no gueto, o Leslie veio a ser para o nosso relacionamento com as elites e as macropolíticas do país. Hoje o Leslie Voltaire é o presidente do conselho diretor do Viva Rio no Haiti.

A atuação é identificada com o Brasil ou com o governo brasileiro?
A marca "Brasil" é forte em qualquer lugar do mundo pelas graças do futebol e da música. Assim também no Haiti — são apaixonados pelo nosso futebol. Por outro lado, a presença militar brasileira tornou-se dominante com a Missão de Paz da ONU a partir de 2004.

A presença do Exército brasileiro não era identificada como coisa do imperialismo brasileiro?
Não, não era. O Haiti tinha uma situação confusa. O presidente Aristides havia sido eleito legitimamente, mas seu governo gerava tensão

e conflitos, não conseguia estabelecer uma situação de governança estável; os militares seguiam tentando derrubá-lo, armando golpes, ameaçando com guerra civil; os estudantes se manifestavam à direita e à esquerda, aguerridos, jogando pedra, queimando carros, gerando correrias. Fragmentação e incerteza generalizada entre as forças políticas haitianas. É nessa situação que a ONU entra para estabilizar.

Recapitulando: que projetos permitiram a entrada do Viva Rio em Bel Air?

Em Bel Air, como mencionei, começamos pelo vodu. Depois, conversando com o Bob, já em janeiro de 2007, escolhemos o carnaval. Começava a estação pré-carnavalesca, muito valorizada por lá; mas por conta dos conflitos, as bandas locais de Bel Air não conseguiam fazer o carnaval já por três anos seguidos. Com o apoio do Bob e de seus amigos, reunimos os líderes de 19 "bandas a pé" e oferecemos pagar a taxa oficial para que pudessem desfilar no palco principal do carnaval de Porto Príncipe, os *Campos de Março*, um belo conjunto de praças, *point* central. Além disso, oferecemos um patrocínio para as seis melhores bandas, algo como US$300 para cada uma, para reforçar os adereços e as roupas. Em troca, elas deveriam divulgar o tema de entrada do Viva Rio, que era "Água, Mulher e Saúde!". Resultado: no carnaval de 2007, vimos pelas ruas muita bandeirola e muita camiseta divulgando a chegada do Viva Rio em Bel Air, com um programa de captação de água de chuva.

Outra iniciativa inicial importante foi a realização de um censo em Bel Air, com questionário amplo, de mais de 100 perguntas, com aplicação domiciliar, em cerca de 10 mil residências. Foi a primeira produção de dados demográficos sobre a região. Fizemos isto com a colaboração estatística do Iser, o apoio conceitual de Jean-Phillipe Belleau, um especialista em Haiti, e um amigo (aquele que me apresentou o Fenelon), da Universidade de Massachusetts em Boston, e a logística de campo coordenada pela socióloga Sabine Manigat, da Universidade de Quisqueya, uma das melhores do país. Graças ao censo acumulamos um conhecimento detalhado, em vários campos, que nos apoia ainda. Formou a "linha de base" para a avaliação do impacto de nossas ações ao longo tempo.

Graças ao censo, aprendemos que cerca de 48% da população de Bel Air migraram por causa dos conflitos. Foram para a casa de familiares em outros bairros ou para o interior, em fuga massiva. Diante da confusão, o bairro cercado, lixo para todo lado, barricadas de lixo socado, violência sumária e meio aleatória, a rapaziada armada dominando, as famílias faziam o que podiam para se proteger. Edwidge Danticat, a celebrada romancista haitiana, escreveu um belo livro de memórias sobre este processo. Chama-se *Adeus, Haiti*, leitura obrigatória para quem se interessa pelo Haiti e pelas relações interpessoais em meio a conflitos.

Assim, com mais de um ano nessa agonia, o general Heleno, comandante-geral das forças da ONU, brasileiro, lidera as forças de retomada de Bel Air, e apesar das confusões de um cenário como aquele, a recepção foi positiva. Sobretudo porque, além da força armada, o general Heleno equipou-se com um *bulldozer* que lhe permitiu arrastar as barricadas de lixo, e distribuiu vassouras para que os soldados abrissem um mutirão de limpeza das ruas. Rapidamente, o mulherio local aderiu ao movimento e se pôs a varrer junto. Além da limpeza, os militares montaram a megaoperação Aciso (Ação Cívico-Social). Os jornais do dia seguinte publicaram com surpresa as fotos de soldados tirando pressão, cortando o cabelo de senhores bem-postos, com toda a circunstância que um corte de cabelos proporciona e uma série de outras ações de tipo assistencial.

O Bob, que estava também nas barricadas, conta de um líder da resistência, uma mistura de líder comunitário e bandido, que leva um tiro, mas não morre. A história que o pessoal contava e que eu ouvi é que um soldado brasileiro deu um tiro nele, mas não quis matar. Acertou a arma dele, que escapou da sua mão, gira em frente ao corpo e acerta o seu rosto e faz o sangue jorrar. Vejam vocês a história contada pelo pessoal da resistência haitiana: "O soldado brasileiro não queria matar e acerta na arma!". Parece história de cinema, não é? E aí o Bob pega o sujeito, bota nas costas e, ao invés de fugir com ele, avança em direção às tropas brasileiras, com um pano branco, à guisa de bandeira. Bob avança em direção ao general Heleno com o sujeito ferido nas costas, pedindo socorro. O Exército tinha um serviço de primeiro atendimento de saúde em apoio às operações. O líder rebelde é cuidado, sobrevive e é preso. Dois anos depois saiu da prisão e voltou a Bel Air, para reconquistar suas posições, mas foi morto pelo novo dono do pedaço.

Que outro episódio vale ser mencionado?
Em abril de 2007, os últimos confrontos ocorriam já não mais em Bel Air, mas em Cité Soleil. Comandava o coronel Barroso Magno. Cercou a área de resistência e plantou-se, enviando mensagens de que iria entrar em breve. Por 48 horas, anunciava por um carro de som e por panfletos lançados de um helicóptero, a entrada iminente das forças militares brasileiras. "Vamos entrar... vamos entrar...", isto em *creole*, naturalmente. Lá pelas tantas, os líderes da resistência começaram a fugir escondido, antecipando-se à invasão militar. Quando as tropas entram, já não encontram resistência. Veio então a crítica da imprensa internacional, afirmando que ele havia deixado os "bandidos fugirem". O coronel Barroso Magno respondeu que seu objetivo tático não era prender os líderes, mas sim reconquistar o território. "Fora do seu território, acrescentou, eles estarão mais vulneráveis. Vai ser mais fácil achá-los." É uma abordagem típica de operações de contrainsurgência, mas nós sabemos que, no calor da hora, nem sempre se consegue aplicar os manuais...

São muito significativas essas histórias!
Tem mais. O coronel Barroso Magno decidiu promover uma festa de rua para comemorar o fim dos conflitos em Cité Soleil. Marcou para 27 de abril de 2007. Aí ele manda um recado para nós, perguntando se daria para organizar uma caminhada de Bel Air até Cité Soleil para mostrar que Bel Air estava com as forças de paz. O comandante da companhia que controlava Bel Air desde o Forte Nacional era o major Lídio, um negão baiano cheio de energia, que nos ajudou a convocar as lideranças das bases locais. Bob e seus amigos montaram um "*raramix*", invenção da hora, que aliás pegou, e reuniu componentes de grupos rivais para montar o cortejo. Desfilaram por umas três horas, de Bel Air à Cité Militaire e até o centro da Cité Soleil, tocando e dançando, ainda com as camisetas que

haviam sobrado do carnaval. O major Lídio, líder militar da região, assumiu a liderança do desfile. Tirou o uniforme, botou uma bandana azul na cabeça e saiu dançando *rara*. Dá para imaginar um oficial americano, num país ocupado, fazer coisa parecida, sair dançando na frente dos malucos? As mulheres com a bunda de fora, rapaziada da pá virada, uma coisa totalmente carnavalesca celebrando a paz, e o major Lídio amando essa história toda. Então tem um lance diferente. Até 2009, o que o Brasil, a diplomacia, as Forças Armadas e nós mesmos realizamos por lá fez diferença, marcou um estilo de presença diferenciada.

Aí os orixás não gostaram de nada disso e mandaram o terremoto...
Pois é. Dizem que teve coisa malfeita. Contam uma história assim, de que na revolta de Boukman em 1791, antecedida de cerimônias prolongadas, que é um dos eventos fundadores da nação, algum ritual não correspondeu. A revolta foi bem-sucedida, mas a nação nasceu capenga. São estórias que se contam, em comentário a tantas tragédias sucessivas.

Aí tem que fazer outra vez e outra vez...
Em 2009, a gente patrocinou uma outra cerimônia a pedido do sacerdote que nos acompanhou na primeira, de *Bois Cayman*. Ele chegou e disse: "Olha, a gente fez e deu certo". "Precisamos agora fazer uma outra, em agradecimento". Em 2009, parecia que tudo estava dando certo. "Essa aí quanto vai ficar?" "Essa é barata, com US$1.000 a gente resolve." Assim fizemos outra cerimônia, esta de agradecimento, porque as coisas haviam caminhado até melhor do que esperávamos. Em 2009, era voz geral que o Haiti e a Minustah com ele estavam no bom caminho. A primeira-ministra, Michèle Pierre-Louis, era uma pessoa com trajetória internacional, diretora de uma ONG chamada Focal, a melhor do Haiti. É uma fundação financiada pelo George Soros. E a Michèle foi a primeira-ministra neste período. Tinha a postura e a linguagem que agradam aos atores internacionais. Trouxe o George Soros para mais perto; aproximou-se do Bill Clinton, que havia assu-

mido a função de representante especial da ONU para assuntos do Haiti. No final de outubro de 2009, o Clinton organizou uma conferência num hotel chamado Karibe, hotel cinco estrelas, com mais 600 empresários presentes, inclusive brasileiros. Reuniram-se em mesas, cada uma com um setor de negócios. O mote era "como ganhar dinheiro no Haiti", projetar o Haiti como uma terra de oportunidades. Os brasileiros presentes se entusiasmavam..."Onde vamos morar, qual o bairro mais quente daqui?" Isso foi no final de 2009; em 12 de janeiro de 2010 veio o terremoto e jogou tudo por terra.

Em 2009, antes do terremoto, qual era o tamanho do Viva Rio no Haiti?
A gente já tinha desenvolvido o programa de captação de água da chuva, que levou a experiência nordestina de cisternas para o ambiente urbano, aproveitando, sobretudo, os telhados das escolas — captar água de chuva no teto, trazer para uma cisterna, tratar a água na cisterna, jogar para cima de novo e devolver por gravidade para bebedouros das crianças e para os serviços. Tínhamos umas 35 escolas em Bel Air com esse sistema de água, sendo gerenciado por comitês das escolas, sempre com a participação de assistente de enfermagem. Isto dava um sentido educacional ao programa, que se chamava "Água, Mulher e Saúde". Tínhamos também iniciado o programa de coleta do lixo, com o apoio técnico de pessoas da Comlurb, a empresa carioca de gestão de resíduos sólidos. O pessoal da Comlurb é ótimo, até hoje a gente se encontra regularmente. O José Henrique Penido, ex-diretor da Comlurb, louco o bastante para curtir as aventuras haitianas, esteve lá conosco duas vezes. O Luiz Edmundo da Costa Leite, figura de proa em nossas engenharias de impacto social, também foi, sempre, se possível, a caminho de Cuba, sua curtição maior. O Gilson Mansur e o Lúcio, profissionais de primeira que sabem tudo da gestão de resíduos, meteram a mão na massa. O Paulo Cesar, o PC, que dirige o serviço de coleta de lixo em São Gonçalo, nos deu um apoio inesperado. Estava conosco durante um vendaval que inundou as partes baixas de nossa região. O povo se

revoltou com a desgraceira. No meio da confusão, o PC assume o comando intempestivamente, no meio da rua, bota ordem no pedaço, organiza o socorro, que consistia basicamente em tirar água e lixo de dentro das casas das pessoas. Depois de tudo, já no Oloffson, tomando uma cervejinha *Prestige*, PC comentou: "Parecia o Salgueiro, em São Gonçalo. Quando chove muito e sobe a maré, inunda geral...". Calejado no Salgueiro e no Jardim Catarina, PC tirou de letra as agruras de La Saline e de Pont Rouge no Haiti... Além dos programas de água e de coleta do lixo, havíamos começado um trabalho com biodigestores para minorar o impacto da falta de saneamento. Lá não tem esgoto.

Bel Air funcionava como se fosse um programa-piloto?
Sim, mostrar soluções simples e sustentáveis. A Grande Bel Air tem uns 135 mil habitantes. Tem o tamanho de uma Maré, uma Rocinha ou um Alemão. Fica no centro, ao lado do Porto, inclui o principal mercado popular do país, a "Cruz dos Bossais". Em parceria com as Forças Armadas, a polícia e as lideranças comunitárias, desenvolvemos um programa de pacificação que deu certo. Articulamos um acordo de paz entre as facções rivais, que veio a se chamar Tanbou Lapè, o Tambor da Paz. O "Tambor", no caso, é um tipo de bingo que utilizamos para sortear premiações pela redução da violência letal. A cada mês sem morte por conflito, a gente sorteava bolsas de estudo. A cada dois meses sem morte por conflito, as bolsas eram para os membros das bases, das facções, para os jovens; e quando dava zero homicídio em geral, que é muito raro numa população de 135 mil, sorteávamos uma motocicleta para os líderes das bases, como se eles fossem corresponsáveis pela pacificação do ambiente. A cada dois meses, promovíamos uma grande festa popular de rua, houvesse ou não houvesse morte. A festa era sagrada. Assim funcionava o Acordo de Paz, instrumento que utilizamos ainda hoje.

O nome de vocês lá é Viva Rio?
Viva Rio, Viva Iô, porque eles não conseguem dizer o erre, vira um "w".

Sorteio de bolsas de estudo para jovens músicos de bandas *rara*, realizado a cada dois meses sem morte violenta.

Apresentação de músicos na Festa Tanbou Lapè (Tambor da Paz).

Nessa altura, com essa grande sede no centro de Bel Air, quantas pessoas vocês tinham lá?
Éramos umas 400 pessoas.

Brasileiros ou gente de lá também?
Maioria haitiana. Os brasileiros, nunca passaram de uns 15. Pessoas com capacidade de coordenar projetos e de formar multiplicadores. Uma coisa que a gente levou e deu muito certo foi a capoeira. Impressionante como pegou. De primeira! Hoje temos mais de 400 capoeiristas batizados, o mestre é o Flávio Saudade, de São Gonçalo, que se formou no Viva Rio e desenvolveu uma capoeira com moral e sentido cívico fortes. Chamou de "Gingando pela Paz". É apoiado pelo *Ligeirinho*, uma fera na dança rasteira, capoeira fiel, que não larga o remo, não deixa o barco rodar à deriva. Namorador, como bom malandro, que é.

Aula do grupo de capoeira Gingando pela Paz.

Aochan Creole. Grupo de dança do Haiti. Em primeiro plano, a dançarina Bertine Role.

Quer dizer, você levava as pessoas daqui para trabalhar formando gente lá?
Isso. E as pessoas levavam a nossa *tecnologia social*, por assim dizer. Então, para o lixo levamos pessoas da Comlurb, que foi contente, ganhando relativamente pouco; na água levei um técnico da Cedae. Em seguida ao terremoto, levamos o André Andrade, que tem uma empresa de reciclagem de entulho no Rio de Janeiro. Quase enlouqueceu com a cidade destruída. Nunca viu tanto entulho... André segue nos apoiando num programa de reciclagens que começamos a desenvolver. Nas artes, levamos uma dançarina que frequentava o Jongo da Serrinha em Madureira.

Quem era?
A Aila Machado, talentosa e guerreira, que formou um grupo de dança com crianças e jovens de Bel Air, cruzando culturas haitiana e brasileira. Faz sucesso, tem ganhado prêmios. Enche os olhos, com coreografias que ilustram temas históricos e folclóricos. No futebol, levei o Nilton Leão, um profissional do ramo, que nos ajudou a montar uma academia de formação de base, chamada "Pérolas Negras". Foi à Escadinávia em julho de 2013 e surpreendeu geral. Voltaram com a taça e as medalhas de vice-campeões da Copa Mundial da Noruega na categoria sub-16. Muito bonita, modéstia à parte, foi a contribuição do meu filho, o André, que estava em Porto Príncipe no momento do terremoto. O André é esguio e elegante, parece um modelo, mas guarda sua vaidade para os gestos íntimos. Não é de dar espetáculo. Vai bem no relacionamento de olho no olho, conversa individualizada, de baixo tom. Ficou mais de quatro anos direto no Haiti e foi se enturmando com a rapaziada das artes em Bel Air. Rodando na garupa das motocicletas, sem capacete, comendo galinha frita na rua, encantando as meninas e os caras do pedaço. André fez comunicação em faculdades de Miami, Holanda e Londres. Trouxe então elementos midiáticos para dialogar com os músicos, os artesãos e os pintores de Bel Air. Formou com eles um movimento que chamaram de "*Dèpote*" (O Deportado), em referência ao pessoal que é expulso dos Estados

Unidos por alguma acusação. Temos vários deles em nossa área, um dos quais é justamente conhecido como "*Dèpote*". André gostou do nome, revirou-lhe o conceito e atribuiu-lhe um sentido de marca. Os artistas desenhavam, André dava uma estilizada no seu *Mac*, e imprimiam o resultado nos panos que viravam camisetas. Montou exposições e alguns espetáculos multimídia no lado *vip* da região metropolitana, que significa no alto da montanha. Levava a galera da baixada ("*Nèg Bèlè*") para impactar a burguesia de *Petion Ville*. Tudo naquele sentido original do projeto, de gerar trabalho e renda através da cultura. André voltou ao Rio e aqui está, não sabemos por quanto tempo, mas deixou o *Dèpote* vivo no gueto de Bel Air. Então tem essa coisa de levar a tecnologia social brasileira e, trabalhando por dentro, dialogando, ser capaz de incorporar as competências e as peculiaridades do Haiti. Isto só foi possível porque conseguimos nos integrar com a inteligência local, fosse na elite ou no buraco quente. Foi assim até dezembro de 2009. A gente seguia contente, cheio de razão.

Rubem César e o artista Musset em uma exposição de artes do Projeto Dèpote na Campanha Bèlè Vèt (Bel Air Verde).

Como o Viva Rio se mantinha no Haiti? Era financiamento externo?
O primeiro financiamento foi da Noruega, com um projeto de cinco anos que o governo da Noruega renovava anualmente. Depois veio o Canadá, com a Agência Canadense de Desenvolvimento Internacional (ACDI), mais focado no desenvolvimento, e o Ministério de Relações Exteriores do Canadá, mais interessado em assuntos de segurança comunitária.

Os financiamentos eram da Noruega e do Canadá, e de quem mais?
As agências da ONU. A ONU está inteira lá, então você tem Pnud, Ocha, Unicef, Unops, Unep e assim por diante.

E o governo brasileiro com a ABC (Agência Brasileira de Cooperação)? Não estava presente, não financiava nada?
A embaixada brasileira sempre foi uma fonte de apoio fundamental. Apoio institucional, para ajudar a pensar e a relacionar-se com as autoridades do país. Também no relacionamento com os militares e com a Minustah, ou nos momentos de crise, sem falar da amizade, que tem sido marca constante. Ela dá um sentido de pertencimento e de segurança pessoais que não têm preço. Mas a ABC propriamente dita nunca nos apoiou diretamente. Parece-me que o Estado brasileiro ainda não tem uma estrutura de cooperação internacional efetivamente montada. Não tem os instrumentos para circular recursos humanos ou financeiros. Dificuldades burocráticas de toda ordem amarram os processos. Há uma contradição entre a imagem do Brasil no exterior, de presença crescente, e os instrumentos de cooperação internacional, que ainda são amarrados. As regras para a transferência de recursos praticamente inviabilizam qualquer movimento de solidariedade internacional. A mentalidade estatista ainda prevalece. Não se explora os potenciais de uma expansão da sociedade civil brasileira no exterior. Na prática, temos diplomacia e comércio, mas a "cooperação", instrumento importante de política internacional, ainda não funciona a contento no Brasil.
Uma exceção que merece ser mencionada é o apoio a iniciativas de redução da fome — um subproduto, creio, do "Fome Zero", que se

projetou num setor no Itamaraty e que se relaciona diretamente com ONGs no Haiti, graças à iniciativa do ministro Milton Rondó Filho, a pessoa responsável. Chegamos a receber um recurso desta fonte no ano do terremoto, que foi importante para manter uma refeição quente por dia para as crianças e jovens que frequentam as nossas atividades.

Dinheiro mesmo, então, não receberam do governo brasileiro?
Recebemos este, do combate à fome, e contribuições para situações de emergência. No conjunto, relativamente pouco dinheiro do governo brasileiro. Mas, em compensação, recebemos um apoio institucional que não tem preço. Com a embaixada ao seu lado, você não está sozinho, não está pagão, tem "padrinho". Os embaixadores brasileiros que nos acompanharam, o Paulo Cordeiro, o Igor Kipman e agora o José Luiz Machado e Costa, são excelentes, muito presentes e ativos. Vão além do posto, abrem portas, garantem a retaguarda. Eu e meus colegas brasileiros do Viva Rio no Haiti guardamos por eles eterna gratidão. Os próprios ministros do Exterior, Celso Amorim e depois Antônio Patriota, demonstraram pessoalmente seu apreço e seu apoio ao nosso trabalho.

Mas tinha essa ideia da ABC se transformar no ministério da cooperação sul-sul. Pegar um pessoal das ONGs, botar nesses cargos e implementar essa coisa da cooperação com a África, com Haiti.
Ainda não aconteceu. O próprio Congresso Nacional não parece se motivar pelo tema. Com honrosas exceções, o Estado brasileiro segue voltado para o próprio umbigo.

Tem também projeto que lida com comida?
A comida foi o seguinte, tem uma menina chamada Gina, que no terremoto ficou 48 horas soterrada com o filho. O filho se chama Lula, que é filho da Gina com o Bob.

O Bob é aquele rapaz, o primeiro contratado pelo Viva Rio?
Exato. Gina foi a primeira mulher do Bob, nosso mediador-mor nos conflitos locais. Bob e Gina iam ter um filho e me pediram

ajuda para escolher o nome. Ele queria um nome de "alguém que nasceu pobre, mas que deu certo na vida". Eu respondi: "Tem o Lula, o presidente do Brasil. O Lula deu certo". Pronto, o menino ganhou o nome de "Lula", menino lindo, mora no Rio de Janeiro hoje em dia, com sua mãe adotiva, francesa-haitiana, Melanie, a segunda mulher do Bob, que trabalha na sede do Viva Rio na Glória. Melanie conhece o Haiti como se haitiana fora, inclusive Bel Air. É uma guerreira que muito contribuiu para o Viva Rio em seu nascedouro, sobretudo no trabalho com as chamadas "crianças soldado". Hoje cuida de nossa comunicação com os projetos e os parceiros do Haiti.

Ele sobreviveu ao terremoto!
Ficou 48 horas debaixo dos escombros, com a mãe, a Gina. Quando foi resgatada, veio morar conosco nas barracas. Aliviada pela barraca, pois ficou traumatizada e não queria mais saber de viver em casa feita de tijolo e cimento. Empregamos a Gina na equipe da capoeira, que pega muita criança e precisava de alguém que visitasse suas famílias, para entender melhor os problemas que apresentavam nas aulas. Depois de um tempo, a Gina falou: "Criança que apresenta problema na capoeira? Não tem segredo. A maioria está com fome. Não aguenta os exercícios, some por causa da fraqueza". Então a Gina veio com esse recado: "Olha, não adianta nada a gente falar em psicologia. A gente precisa incluir um prato quente na atividade da capoeira". Foi assim que nasceu. Conseguimos uns recursos e passamos a fornecer alimentação para umas 700 crianças que frequentavam as diversas atividades em nossa sede de *Kay-Nou*. Oferecemos à Gina a tarefa de montar uma cozinha e produzir as quentinhas para a garotada. "Se der certo, você pode até ganhar dinheiro, Gina. Faz pra nós e faz pra fora! Vai virar burguesa!" Infelizmente, não deu certo. Gina gostava das crianças, mas não se interessava tanto pelo aspecto empresarial do negócio. Ela é cantora de *hip hop* e gosta mesmo é da *night*. Não tinha o perfil necessário para tocar uma cantina todo dia, com os muitos cuidados que ela implica. Tivemos de trocá-la, infelizmente. Hoje, pelo que sei, conseguiu visto e migrou para Miami. De vez em quando aparece aqui no Rio de

Janeiro, para curtir seu filho lindo, que já fala português como um carioquinha, além do *creole*, naturalmente.

São muitas atividades!
A gente desenvolveu um outro projeto que merece ser mencionado. 2008 foi um ano de furacões. Passaram quatro por lá, um atrás do outro, rodando por sobre o oceano, das costas da África em direção às Antilhas, como se fossem cavaleiros do Apocalipse. Provocaram inundações e sofrimento em nossa área de trabalho, que fica no centro, à beira-mar. Porto Príncipe é o contrário do Rio. A beira-mar é pobre, e os ricos sobem a montanha. Quanto mais alto, mais claro, mais mulato. Lá pra cima, vira libanês, famílias que controlam o grande comércio e, sobretudo, as importações. Na beira d'água fica o favelão. O furacão chega, colide com a montanha, e derrama as águas ladeira abaixo, inunda geral. O ano de 2008 foi pesado em matéria de ventos e chuvas. Teve o Hanna, que nem era tão forte, mas chegou sobre o Haiti e sentou; rodava, rodava, chovia, chovia, ventava, ventava, não parava, mais de mil mortos. Resolvemos então formar uma Brigada de Proteção Comunitária, uma força de defesa civil do bairro, que tivesse por missão ajudar na prevenção e responder às emergências. Recrutamos a princípio 30 brigadistas, rapazes e moças, com testes intelectuais e físicos, que foram treinados em técnicas de pronta resposta e em primeiros socorros pelos militares brasileiros. Foi pensada para responder às inundações, mas veio a ser fundamental no terremoto. Ampliamos para 100 membros e nos apoiamos na brigada para segurar toda sorte de situação. Sem a brigada, não sobreviveríamos às pressões dos desabrigados nos dias seguintes ao terremoto.

E depois do terremoto aumenta o número de ONGs no Haiti?
Quando aconteceu o desastre, eu me senti num daqueles filmes de ficção científica. Naves que aterrissavam das mais variadas galáxias. Parecia aqueles bares do *Star wars*, onde você entra e tem gente-bicho de todos as partes. Juro que os caras marcavam encontro uns com os outros por GPS! Não tinham ideia de onde se encontravam; não conheciam nada e ninguém; e, ainda assim, eram muito eficien-

tes. A primeira resposta foi impressionante, porque era um pessoal especializado. Tipo emergências globais.

Você estava lá quando aconteceu o terremoto?
Meu pessoal estava, foi início do ano. Eu estava aqui, fui no dia seguinte.

Você foi no dia seguinte? Como conseguiu entrar? Desembarca lá de avião?
Não, era impossível. O aeroporto estava fechado. Cheguei em Santo Domingo e fui por terra. Foi assim: veio a notícia do terremoto, aquela coisa, meu filho estava lá, o André havia acabado de voltar do recesso de fim de ano. A *Globo News* me chamou para comentar as imagens terríveis que chegavam e, parece mentira, mas o primeiro contato internacional do Haiti feito pela internet foi feito justamente pelo André, meu filho. Ele conseguiu se conectar.

Seu filho, quantos anos ele tem?
Na época, uns 29. Nosso vizinho era da agência *Reuters*. Ele bate no portão de nossa casa e diz para o André: "Acho que você está com sinal...". Aí os dois juntos, o jornalista da *Reuters* e o André, fizeram as primeiras comunicações, mostrando imagens e contando o que estava acontecendo nas horas seguintes ao terremoto.

E você estava na *Globo News*?
Estava na *Globo News* quando entra o André. Aí a gente começa a conversar. Estavam lá vários especialistas em gerenciamento de crises — um professor da Coppe/UFRJ, um outro não sei de onde, e aí entra o André contando como foi e como era. Diz que não estava dando para chegar em Bel Air por causa da confusão, e, ainda mais, estavam sem gasolina e não tinham como se locomover. Isso foi no dia seguinte, o terremoto foi às cinco horas da tarde, quase de noite. O contato com o André foi na manhã do dia seguinte. Aí eu falei: "André, vai a pé...". Quando eu digo isso, a turma à minha volta fica indignada, porque era o pai mandando o filho sair pra rua, em vez de ficar em casa quietinho, "Vai a pé!", e ele respondeu: "Boa

ideia!". Diante da revolta dos colegas no estúdio, precisei explicar que lá no Haiti, quando se fala de saques, de violência, correria, o principal objeto de agressão é justamente o carro; se você vai de carro o pessoal cai de pedra em cima; se você for a pé, ninguém te ataca porque você está a pé, você pertence ao mundo dos pedestres. Indo a pé é mais seguro. Leva um tempinho porque vai mais devagar, mas você chega seguro...

Você falando ao vivo...
"Vai a pé, André!" E ele diz: "Vou falar com o Fachini, vamos a pé, sim. Queremos ver como está *Kay-Nou*".

E no dia seguinte vocês viajam?... Não tinha medo?
Não rola essa coisa de medo, não. Rola medo em várias outras situações, mas não quando você está tão dentro da história. Aí eu liguei para uma pessoa muito especial, companheiro de anos, que tinha ido algumas vezes comigo ao Haiti, o coronel Ubiratan Ângelo, que na ocasião era o secretário de Ordem Pública no município de Búzios. Aí eu ligo para o Ubiratan e travamos um diálogo: "Bira, vamos lá?". "Pô, mas sou secretário aqui." "Pô, larga essa merda aí..." Ele falou: "Acho que eu vou, sim, quando?". "Amanhã!" "Vamos nessa!" Fomos juntos os dois para Santo Domingo, e depois entramos por terra em um comboio de apoio emergencial.

De Santo Domingo até Porto Príncipe são quantas horas?
Veja só. É mais tempo viajando na República Dominicana, são umas quatro horas, e viajando dentro do Haiti, normalmente, umas duas horas. Mas, na situação do terremoto, a confusão era maior; então levou um dia inteiro; saímos de madrugada e chegamos à noite, viajando de caminhão, num comboio de emergência.

E esse pessoal que chega logo após o desastre...
Aí é impressionante. São bem treinados, bem equipados. Beira a *science fiction*. Abrem a tenda e ela já vem cheia de equipamentos e de gente dentro... Vivemos com um grupo desse, um grupo norue-

guês especializado em emergências. Moramos juntos em barracas durante uns dois meses.

Você morou com esse grupo norueguês numa barraca?
Eles ficaram conosco no espaço do Viva Rio, morando em barracas. Não se ficava dentro de casa, pois a terra continuava a tremer. Ficamos com trauma de concreto armado. Dormimos em barraca durante quase um ano. E aí esse povo, especialistas de situações de emergência, ficou na nossa base e ficamos amigos. Eles atendem umas quatro emergências por ano, em média. Saem do Haiti, descansam um pouco e partem para alguma catástrofe na Ásia, ou na África. Há sempre uma desgraça acontecendo em alguma parte — tsunami, terremoto, furacão. E eles vão, são especialistas da pronta resposta a emergências. E há muito recurso, é nas tragédias naturais que se mobiliza mais dinheiro para ajuda humanitária.

Aqui nessa época, o Viva Rio abriu uma conta, muita gente mandando dinheiro...
Foi, a gente arrecadou mais de R$ 1 milhão para as vítimas do Haiti em 2010. Foi parecido na chuvarada e deslizamentos que atingiram a serra de Friburgo, Teresópolis e Petrópolis, no estado do Rio, um ano mais tarde.

E outras doações, como conseguiram mandar para lá?
A dificuldade de fazer as doações chegarem ao destino aconteceu com o pessoal que estava no nordeste ou no sul. Não tinham a logística e os contatos. A gente mandou muita coisa. O pessoal da Receita Federal do porto do Rio foi solidário e ajudou no cumprimento dos procedimentos. A gente ainda manda uns dois contêineres de doações para o Haiti por ano. O primeiro momento da ajuda internacional foi muito generoso. A opinião mundial mobilizou-se de maneira extraordinária. A única reação negativa veio dos pentecostais haitianos, que falaram do terremoto como punição pela dedicação do país ao vodu. Então teve também esse tipo de comentário. Mas, em geral, não houve resposta violenta nos primeiros três, quatro meses. E a ajuda internacional veio com eficiência.

O Viva Rio sofreu muito com o terremoto?
Nossa Base, *Kay-Nou*, ficou em frangalhos. Os muros ruíram, tornando-os ainda mais vulneráveis às pressões externas. Diversos edifícios racharam. Nossa região foi das mais afetadas. A população ao redor, desabrigada, fugiu para dentro do nosso espaço e montou barracas improvisadas. A gente chamava de "Acampamento *Creole*", com panos e plásticos, puxa daqui, amarra dali. Felizmente, janeiro é tempo de seca, então ao menos não havia chuva e lama. O povo morava nas ruas, em condições as mais precárias. Mesmo com a casa em pé, os moradores preferiam dormir do lado de fora, pois a terra continuava a tremer. Nossos parceiros noruegueses, que fazem parte de uma rede ecumênica de emergências chamada Act Alliance, trouxeram umas barracas finlandesas que são resistentes e têm um bom *design*. Acomodam uma família ou mesmo duas, de sete a 10 pessoas. Em dias, trocamos os barracos por estas barracas maneiras, todas iguais, cinza claro, dispostas numa forma razoavelmente racional, com espaço para a circulação das pessoas. Foi aí que a Brigada de Proteção Comunitária mostrou o seu valor. Organizaram o acampamento, montaram as barracas, criaram normas de higiene e de comércio, ajudaram a montar uma clínica de campanha para atender aos muitos feridos que chegavam. Fizeram até partos nos primeiros meses. Sem a brigada teríamos enlouquecido. Os noruegueses são peritos no cuidado da água. Trouxeram tanques portáteis, como colchões de água, que foram instalados em poucas horas, primeiro em nossa base, depois, com nosso apoio, em dezenas de campos de refugiados na região. Eles tinham a técnica e nós tínhamos a base local, as relações e o pessoal capaz de aprender e ensinar com rapidez. Comprávamos a água em caminhões pipas e tratávamos com pílulas escandinavas. Foi uma boa parceria.
Gerenciamos com a brigada um campo com cerca de 2 mil moradores, e demos apoio a outros tantos, somando mais de 30 mil desabrigados. Com a capoeira, a dança e o *Dèpote*, montamos atividades de proteção psicossocial para as crianças. As brigadas, sempre presentes, garantiam a ordem interna e ajudavam a reduzir as sacanagens e os conflitos interpessoais que costumam acontecer. Foi então que lembramos do Balcão de Direitos. Chamamos o Pedro

Strozenberg, secretário executivo do Iser, que nos indicou a Moema Salgado, que havia sido estagiária do Balcão anos passados e que havia se mudado para Paris. Pedro e Moema montaram um serviço de mediação de conflitos interpessoais em *Kay-Nou*. Formaram pessoas locais e alguns membros da brigada nesta modalidade de resolução de conflitos. Moema passou um ano conosco, com uma competência e uma delicadeza que faziam gosto. Foi também graças à brigada e à mediação que logramos esvaziar *Kay-Nou* já no mês de abril de 2010. Nosso pessoal convenceu os moradores do nosso campo que precisávamos do espaço para fazer nosso trabalho, prestar nossos serviços à comunidade. Em troca de alguns benefícios, deixaram *Kay-Nou* voluntariamente, sem qualquer coerção. Dizíamos, é o mesmo com as escolas... Precisamos desocupar as escolas para voltar a ter aulas. Precisamos de *Kay-Nou* para servir às crianças e aos jovens da comunidade. Assinamos contrato de compromissos com cada família. Em meados de abril, tínhamos *Kay-Nou* de volta, em péssimas condições, mas vazia para recomeçar. Fomos o primeiro campo a ser liberado em toda a capital, sem dores maiores, graças à mediação da brigada e de um antropólogo muito especial, Pedro Silveira, orientando do Federico Nieburg, que ademais de pesquisador virou personagem local naquele momento. Pedro participava das conversas com os moradores do campo, negociando as alternativas de cada família. Pedro é outro que tem e dá muita história para contar. Federico, aliás, chegou pouco depois, trazendo a pesquisa e a reflexão para o interior do pandemônio.

Vocês negociaram a saída do local?
É, saída do campo. Nossa sede virou um campo com 482 famílias, umas 2 mil pessoas, crianças, nenéns nascendo, idosos. Você não faz mais nada, você cuida do acampamento 24 horas. A gente sabia que não podia continuar assim. Negociamos a saída, e eles saíram voluntariamente, rapidinho, vapt vupt, mais rápido do que havíamos previsto.

E as condições de vida no campo?
A parte do saneamento foi a mais difícil. Imagina, mais de 1 milhão de pessoas concentradas em campos improvisados, sem qualquer

Kay-Nou. "Nossa Casa", sede do Viva Rio no Haiti. No canto superior esquerdo, o estádio de futebol Parc de la Paix, "Parque da Paz", onde se alojaram desabrigados do terremoto de 2010.

estrutura sanitária. Em *Kay-Nou*, tínhamos uma estrutura com 20 banheiros, masculino e feminino, com acesso para a rua, que havíamos construído anteriormente. Foi danificada pelo terremoto, mas conseguimos recuperar em parte. Cavamos 600 buracos nos campos ao redor e montamos latrinas com materiais noruegueses. Mas os buracos enchiam rápido e os materiais não resistiam ao uso intensivo. A higiene ia para o espaço. Melhor se aliviar pelos cantos, ao ar livre mesmo, de noitinha ou ao alvorecer, para esconder a vergonha.

Foi então que o Fachini virou o nosso herói. Ainda em 2008, procurando na internet, encontramos uma organização de Petrópolis chamada OIA, com experiência no processamento de excreta animal e humana através de biodigestores. Usam um modelo chinês, simples de construir, pouca mecânica e baixo custo. Buscávamos na China e no Vietnã, famosos pelo uso amplo desta tecnologia, e fomos encontrá-la em Petrópolis! Contatamos um dos líderes do grupo, o Valmir Fachini, ex-frei franciscano, convertido aos cuidados ambientais desde a Eco-92, e fizemos o convite: "Quer vir conosco para o Haiti?". Pois veio e ficou! Uma de suas primeiras obras foi justamente construir um biodigestor em *Kay-Nou*, para processar a excreta produzida nos 20 banheiros da entrada da sede. Hermeticamente fechado, sem contato com o ar exterior, o digestor deflagra reações químicas no seu interior que resultam em três produtos de valor: um resíduo sólido, que se acumula no fundo, formando um excelente composto; água fertilizada, no meio, que representa mais de 90% do material recolhido; e gás metano, inodoro, que pode ser utilizado na geração de energia, seja como gás de cozinha ou como combustível para um gerador e eletricidade. O cocô de todo dia, tremenda fonte de problemas sanitários, transforma-se em insumo de qualidade para a produção de energia e de fertilizantes.

Enquanto servia ao Viva Rio e ao bairro, o biodigestor era um equipamento atraente, porém modesto. Com o terremoto e o problema crescente de saneamento nos campos de desabrigados, virou uma estrela. Deu no *New York Times*, atraiu toda sorte de interessados, na ONU, nas ONGs, entre empresários. Desde então, já construímos mais de 100 biodigestores, formamos 10 microempresas locais com capacidade de construção, sob a supervisão do Viva Rio, disseminamos a tecnologia entre diversas instituições que passaram elas mesmas a construí-los. Num país sem estrutura de esgotos, o biodigestor é uma solução que se dissemina com facilidade, pelas iniciativas locais. Fachini hoje anda à vontade pelos guetos da região metropolitana. A criançada vê o Fachini passar e grita logo — "Kaka! Kaka!" —, que já sabemos o que significa...

Você estava falando da atuação das ONGs no momento da tragédia...
O primeiro momento, da resposta imediata ao desastre, é típico do trabalho das ONGs. Pede rapidez e competência. Houve a seguir uma grande mobilização mundial de solidariedade. Três meses depois, em 31 de março de 2010, em Nova York, os governos reuniram-se numa conferência com o objetivo de levantar recursos para a reconstrução do Haiti. Promoveu-se uma espécie de leilão internacional, a ver quem daria mais. Bill Clinton liderava. Ao fim do evento, falou-se na soma de US$11 bilhões. No instante em que alguém pronunciou este número, o jogo virou. O calor da solidariedade deu lugar à frieza do planejamento. Quem vai cuidar de tanto dinheiro? O BID, o Banco Mundial, o Pnud? A pergunta tomou uns três meses para ser respondida e a resposta, claro, foi

uma espécie de partilha entre as três instituições. Quem vai definir prioridades, quais as normas para a apresentação de projetos, quem vai analisá-los?

Uma comissão de alto nível, interministerial pelo lado do Haiti, e intergovernamental, com os maiores doadores, assumiu a responsabilidade, sob a liderança conjunta do Bill Clinton e do primeiro-ministro do Haiti, Jean Max Bellerive, intelectual e político experiente no trato dos organismos multilaterais. Esta comissão, por sua vez, contratou um escritório de consultoria renomado para processar e analisar os projetos. No mês de agosto, oito meses depois do terremoto, a Comissão da Reconstrução colocou um site na internet para receber os projetos.

Vocês apresentaram algum projeto?
Colocamos, sim. Estávamos prontos. Havíamos reunido urbanistas haitianos, sob a liderança do Leslie Voltaire, convidamos colegas da Coppe, UFRJ, com o apoio do Luiz Edmundo e do Penido, e montamos um projeto de demolições, coleta e processamento de entulho em Bel Air, com destino final próximo, para a construção de um aterro sobre o mar na orla do centro da cidade. Um projeto já elaborado por arquitetos haitianos abriria uma zona de lazer e atração de turistas, começando de fora para dentro, da orla para o interior, a reconstrução do centro da capital. O projeto estava bonito e convincente. Demos entrada no site oficial e aguardamos resposta. Mas o site não funcionava bem e a resposta não vinha. Tentamos o telefone e conseguimos um retorno de alguém que falava inglês e se baseava em Washington, DC. Fazia perguntas básicas, preliminares, pouco esclarecedoras. Era um consultor da McKinsey, empresa contratada para a gestão do site e da preparação dos projetos para a análise da Comissão Interministerial para a Reconstrução do Haiti (Cirh). Pediu documentos de apoio, que foram devidamente anexados ao site. Lá por dezembro de 2010, quatro meses depois da abertura do site e um ano depois do terremoto, soubemos que a McKinsey havia sido desligada do programa e que um engenheiro texano assumia em seu lugar. Este, ao menos, baseado no Haiti. Qual a nossa surpresa quando o novo chefe nos recebe como

se fôssemos recém-chegados, sem qualificação. Declarou de saída que não havia recebido qualquer memória dos projetos trabalhados pela equipe anterior. Começava do zero, para valer, dizia ele. Com ele negociamos por uns três meses. De início difícil, mas aos poucos quebramos sua resistência. A representação do BID no Haiti gostou do projeto e bancou uma consultoria de dois especialistas norte-americanos, com experiência na remoção do entulho das torres de Nova York e também em Nova Orleans em seguida às destruições do furacão Katrina. Eles aprovaram o projeto e o qualificaram um pouco mais, elevando o orçamento. Parecia que íamos ok, mas o texano caiu também e, pirracento, não deixou memória tampouco. Em suma, entre agosto de 2010 e setembro de 2011, a equipe técnica da Cirh mudou de chefia cinco vezes sucessivas, cada uma com uma aparente orientação própria e diversa. Os projetos não aconteciam. Não só o nosso, mas em geral. Somente órgãos da própria ONU eram contemplados com recursos e, ainda estes, em escalas distantes do que se esperava. Buscamos o apoio das representações diplomáticas amigas com influência no Fundo da Reconstrução — a brasileira, para começar, mas também da Noruega, do Canadá e do próprio BID Haiti, mas sem sucesso. Na hora "H", o projeto não aparecia sobre a mesa para ser avaliado. Por fim, em novembro de 2011, fomos chamados pelo Pnud para gerenciar um projeto similar ao nosso, de recolhimento de entulho em Bel Air, cujo material seria entregue num lixão, mais distante. Evitaram a solução do aterro por conta de divergências internas. Viemos, portanto, a executar parcialmente o projeto em 2012, mais de dois anos depois do terremoto. Conto esta história para ilustrar um ponto que julgo importante: as organizações internacionais são eficientes na resposta a emergências, mas são lentas e de pouca eficácia em programas de reconstrução.
A coleta do entulho — que é por onde começa a limpeza da cidade em seguida à destruição — acontece de fato dois anos depois do terremoto, e o mesmo vale para a desmobilização dos acampamentos de desabrigados. São dois anos de perdas, que acumulam angústias e ressentimentos. Nesses dois anos cresce outro sentimento coletivo, meio descrente da linguagem da ONU. Muda inclusive a atitude em relação ao Brasil. A cumplicidade anterior dá lugar

a questionamentos. Uma geração mais nova, adolescente, crescida nos acampamentos, começa a se manifestar de forma violenta. As energias negativas afloram com a inércia da reconstrução. De fato, em 2012 vivemos em Bel Air mais violência entre as bases locais do que até mesmo em 2005, no início da pacificação.

Quanto a nós, navegando sempre entre as correntes, às vezes, por força maior, contra a corrente, iniciamos um projeto de reciclagens, entulho inclusive. Levamos um empresário brasileiro especialista no assunto, que se chama André Andrade. André é aventureiro e criativo, mergulhador, velejador. André chega a Porto Príncipe e fica sem palavras. Nunca viu tanto entulho, era como um sonho estranho, desmedido, pensou até em se mudar para o Haiti. Na real, tem nos ajudado a construir um programa consistente de reciclagens, num grande terreno degradado de Cité Soleil, que o governo nos concedeu para o desenvolvimento do projeto.

E o Viva Rio após essa tragédia, muda seu perfil?
O Viva Rio mudou muito. Nossa resposta acompanhou um movimento geral. Foco na assistência emergencial e projetos de geração de trabalho e renda. Distribuir recursos através de trabalho, para que as pessoas pudessem sobreviver. Criou-se uma linha de financiamento chamada *cash for work*, dinheiro por trabalho. Nós entramos neste programa, captando recursos para a limpeza das ruas e para pequenas obras de saneamento, que são intensivas em mão de obra. Em meio ano, o número de trabalhadores vinculados ao Viva Rio cresceu de 200 a 1.450 pessoas. Viramos o grande empregador da região, com um detalhe perverso. Por uma razão mal pensada, as agências financiadoras exigiam rotatividade da mão de obra. Queriam, a princípio, rodar geral a cada 15 dias! Nós resistimos, mas fomos forçados a fazê-lo, ainda que num ritmo menos enlouquecido. Resulta que, na prática, o valor do trabalho se perdeu. Importante mesmo era o *cash*. O aumento súbito da oferta de trabalho, num ambiente de desemprego crônico, gerou uma demanda nervosa pelas posições oferecidas. Você empregava 10 e desagradava 100, que ficavam de fora e se achavam injustiçados. A pressão pelo trabalho escapou aos controles dos mecanismos de negociação. Quanto mais

trabalho dávamos, mais ameaça recebíamos. A pessoa do Viva Rio responsável pela seleção, morador local, figura alta, forte, brincalhona, passou a andar com escolta, à nossa revelia. Chamou uns colegas policiais para dar-lhe cobertura. Quando soubemos, mandamos o rapaz para outra província, cuidar de outras coisas. Estava nervoso demais. Como disse um colega economista certa vez, se houvessem jogado dinheiro do alto de um helicóptero, talvez a distribuição de renda fosse menos problemática. Passada esta fase, depois de muita turbulência, mudamos nosso regime de contratação. Deixamos de lado o *cash for work*, e adotamos o *cash for production*, ou seja, reduzimos drasticamente os contratos na carteira, pelo tempo de serviço, e passamos a remunerar pelo volume da produção. Falar é fácil, mas fazer é difícil. Foi quase uma revolução.

Em 2011, ano seguinte ao do terremoto, os dinheiros da emergência começaram a migrar. São como aves que migram de uma catástrofe para outra. Erro nosso, não percebemos a tempo que era hora de a gente também diminuir os nossos compromissos. É duro cortar na carne, mas deveríamos ter feito isto já em 2011. Não o fizemos e ficamos inchados em relação ao dinheiro disponível. Fomos reduzindo em passos lentos, quando deveríamos nos antecipar ao ritmo geral de desengajamento. Fato é que terminamos 2011 sufocados. Levamos o ano inteiro de 2012 recuperando o tamanho anterior, de uns 250 funcionários. Foi quando transformamos o *cash for work* em *cash for production*, que nos permite crescer e encolher no ritmo dos projetos, como uma sanfona. Por exemplo, na coleta do entulho em Bel Air, com cerca de 64.000 m³ recolhidos e transportados, engajamos mais de 500 trabalhadores organizados em equipes e pagos por contêiner cheio de 15 m³. Um fiscal nosso, da brigada, conferia na saída, e outro fiscal, do Pnud, confirmava na chegada. Pagávamos por volume aos líderes das equipes, cada equipe com uns 20 trabalhadores. Funcionavam à noite, para não prejudicar o trânsito. De nossa parte, quem segurou esta megaoperação foi o Antonio Gonzales, um peruano haitiano, gênio do "desenrolo", figura sagaz nas contas, nos relacionamentos e na computação, conhecido e apreciado por sua expressão preferida "*No hay problema!*". Devemos muito no Haiti a um grupo de peruanos, Antônio Gonzales, Manuel Pielago e Piero

Quintanilla, que além da amizade nos proporcionaram sua inteligência e sua coragem nos meses que se seguiram ao terremoto, de 2010 a 2012. Chegamos até a falar de um "Viva Peru", em nosso meio...

Há também um projeto de fazer estamparia?
Pois é. Com tanto trabalho, a gente estava sempre encomendando uniformes e camisetas. O *Dèpote* fazia desenhos interessantes, que davam vontade de vestir. Foi então que a minha irmã, a Vivian Fernandes, criadora de uma estamparia de sucesso, chamada Artesânia, ofereceu-se para montar uma pequena unidade no Haiti que atendesse à nossa demanda e desse um destino rentável à criatividade dos artistas do *Dèpote*. Vivian foi e gostou, como de regra acontece. Frequentou Porto Príncipe por uns dois anos e deixou uma pequena estamparia montada, com o pessoal local treinado para tocar os trabalhos. Como apoio, Vivian levou um trabalhador seu de confiança, morador de Macaé, no estado do Rio. Chama-se Lindomar, mas é conhecido por "Tarta", apelido que lhe cai bem. Tarta sabe tudo de estamparia. Foi a princípio para montar as mesas e ensinar os haitianos como fazer. Ele é um negão forte, gordo, enorme, mestre da simpatia. O Tarta se encontrou no Haiti, amou o Haiti. Virou um sultão, com mulheres e amigos ao redor. No Haiti, figuras grandes são vistas com apreço, sejam masculinas ou femininas. Eles falam de duas categorias — "sexy", que segue o padrão modelito das revistas, e o "sexy fat", que é exatamente o caso do Tarta, e que faz o maior sucesso no salão. Tarta virou o rei do pedaço. Pelo visual, as pessoas acham que ele é haitiano, e assim ele se movimenta com facilidade. No período mais bravo do pós-terremoto, tomava uma cerveja no interior de um campo de desabrigados nos Champs de Mars. O local *lumpen* mais politizado de Portau Prince, mas também o mais animado em comes e bebes, no estilo pé-sujo. Aquela galinha frita molhada... e o Tarta no meio, comandando. No Natal de 2012, o último antes do desmonte do campo de desabrigados de Champ de Mars, o Tarta foi o mestre de cerimônia natalino, responsável por um churrasco de estilo macaense. Não sei se e quando o Tarta volta, inclusive porque encontrou uma menina com pulso suficiente para botar-lhe uma coleira...

E ele ensinou o pessoal a fazer estamparia?
Tarta não tem medo do trabalho e sabe o que faz. Montou as máquinas, montou as mesas, arrumou o estoque de tintas, tudo de doações conseguidas pela Vivian, e treinou o pessoal, inclusive na disciplina. Lembro de um lance, quando a terra tremeu um pouquinho, o pessoal saiu correndo e o Tarta da porta, aos gritos, "Voltem, voltem, já passou!" A estamparia é modesta, mas já se sustenta.

Vocês conseguiram reconstruir a sede?
Sim, está quase tudo reconstruído.

No mesmo lugar?
No mesmo lugar, *Kay-Nou*, em Bel Air, mas hoje a gente se distribuiu em quatro bases. Continuamos em Bel Air, mas a ideia de transformá-la numa Lapa se perdeu pelo momento. O terremoto destruiu tanto que é difícil usar aquela mesma simbologia, aquela mesma esperança. Pode ser que volte no futuro. Por agora é renda, é pressão pelo trabalho, que é tremenda, e, acima de tudo, reconstrução. A palavra-chave é reconstrução, o país precisa ser reconstruído. E a reconstrução passa por uma descentralização dos investimentos e das ocupações. O futuro da capital fica ao norte, já que o terremoto foi no centro-sul. Em direção ao norte, desde a periferia de Porto Príncipe, você tem uma região que era bem verde, bem pouco ocupada e depois chega nas montanhas. Nas montanhas, em pouco tempo você está a mais de mil metros de altura, depois chega a 2 mil e pode chegar até a 3 mil metros. Montanhas altas, que descem sobre o mar. Aí você tem o vale, um vale rico, fértil, e você tem o mar e as ilhas caribenhas, aquela coisa linda. Então a gente seguiu na direção do norte. Fomos para Bon Repos, que está a meio caminho, onde montamos a Academia de Formação de Base em Futebol. Descobrir talentos e formá-los em padrões internacionais. Começamos de cedo, do sub-12 e vamos até o sub-20. A academia chama-se "Pérolas Negras" e caminha muito bem. Fizemos parceria com a Universidade de Viçosa, em Minas Gerais, onde fomos buscar a equipe técnica. Gente jovem e bem formada, que vive na academia e é 100% trabalho. Estou convencido de que a Pérolas

Negras ainda vai dar o que falar. Mostram um Haiti talentoso e competente. Seguindo ainda mais para o norte, encontramos uma região de turismo, onde abrimos uma quarta frente de trabalho, de promoção do turismo ecológico. Contamos com Roberto Mourão para nos orientar neste sentido. Estudioso do assunto, dirigente da *Eco Brasil*, está sempre disponível na web e nos visita umas quatro vezes por ano.
Esse é o quadro atual. Temos hoje um conselho diretor do Viva Rio no Haiti que é haitiano. Somos uma organização haitiana.

Organização haitiana? Mas o Viva Rio é registrado no Haiti como sociedade civil sem fins lucrativos?
Exatamente, é uma ONG com todos os direitos, privilégios e deveres.

Mas você tem um cargo lá?
A mesma coisa, sou diretor. Mas o nosso presidente no Haiti chama-se Leslie Voltaire, o urbanista de que falei.

Então agora que o Viva Rio é haitiano, você pode montar uma equipe em qualquer lugar do mundo, em Moçambique, na África...
É verdade. Uma vez que você entra no circuito internacional, você começa a ser convidado para outros lugares. Recebemos convites da América Central, hoje sob pressão do narcotráfico que se retrai do México; convites também da África, de Ruanda e Burundi, do Delta do Níger, do Gabão. Aí virou como se fosse uma marca, uma especialidade do Viva Rio, responder a situações radicais que combinam pobreza, estigmas e violência.

Há assim uma demanda internacional para que o Viva Rio vá para outros lugares?
Recebemos convites de países da América Central, onde os desafios da violência associada ao narcotráfico são crescentes. Temos convites de países africanos, mais interessados em programas sociais. Temos nos contido até aqui, aguardando uma perspectiva mais sustentável.

Você em algum lugar já mencionou o Soros, ele está financiando vocês?

Sim. Já nos conhecíamos por conta de trabalhos feitos com a sua fundação, que se chama Open Society Foundations. Numa conversa, em 2008, disse a ele que o Haiti não precisava tanto de ajuda. "Precisa de investimento — de investidores que acreditem no país, que se proponham a ganhar dinheiro no Haiti, ainda que seja no longo prazo..." Ele sorriu e concordou: "Me dê um exemplo. Se me convencer, eu invisto...". Aí pensei, pensei em várias alternativas, pensei em etanol, já que o Haiti tem a memória do maior produtor mundial de cana-de-açúcar, e aportei afinal na ideia do futebol. Eles adoram a bola, jogam em qualquer terreno, têm potencial esportivo, com certeza. É só olhar os vizinhos jamaicanos, como investiram e arrasaram no atletismo de velocidade. Procurei o Newton de Oliveira, o "Newtão", um amigo ligado aos esportes, que me apresentou ao Nilton Leão, o "Niltinho", um profissional do ramo. Os três conversamos e chegamos à ideia de um centro de formação de base que invista no talento futebolístico da garotada haitiana. Voltei ao Soros com a proposta, armado com argumentos elaborados pelo Niltinho. O George Soros, ainda de bom humor, retrucou: "A ideia me surpreende. Pode até ser boa, mas é tão maluca que não tem chance de passar pelos critérios da minha fundação. Boto dinheiro meu, pessoal, e a gente vê onde vai dar". Isto foi há cinco anos. Hoje temos a *Academia de Futebol Pérolas Negras*, que o Nilton ajudou a conceber e a monitorar, com o apoio de um pessoal técnico de Minas Gerais. Está operacional desde julho de 2011 e é só alegria. Formamos atualmente uns 120 atletas, de sub-12 a sub-17, masculino e feminino, com rigor e cuidado. Prometo que a *Pérolas Negras* ainda vão dar o que falar. A equipe técnica é composta pelo técnico Rafael Novaes, o técnico de goleiro Luiz Carlos Laudiosa, o treinador físico Hebert Bernadino, o fisioterapeuta Rafael Guiduci, a nutricionista Giselle Bueno e diversos assistentes haitianos. Eles vivem no trabalho, dormem, comem e treinam na academia, com 100% de foco na qualidade. A paisagem da academia, à beira das montanhas, as acomodações razoavelmente confortáveis, com piscina, quadras profissionais e boa comida, transformou-a num *point* de encontro dos brasileiros nos fins de semana. Os próprios militares frequentam direto. Formam seus times valorosos e vão correr atrás da bola, que é controlada pelos nossos garotos... Na verdade, já não temos adversários à altura nas categorias sub-12, sub-15 e sub-17. Começamos a entrar num circuito de competições internacionais.

Rubem César (no chão) com o Pérolas Negras, time de futebol haitiano da categoria sub-17. Vice-campeão da Copa Mundial da Noruega em agosto de 2013.

É de fato rentável?
Ainda não. Os meninos vão levar de sete a 10 anos para maturar e mostrar valor no mercado do futebol. Já sabemos que praticamente todos que formamos terão espaço no futebol haitiano, produzindo um impacto difuso. Uns 5% a 10% terão chances no Brasil, nos Estados Unidos ou na Europa, onde estamos abrindo vias de acesso. É projeto de longo prazo.

Quem diria, evoluíram daquela oposição ao capitalismo dos anos 1960 a esta proximidade com o megainvestidor financeiro George Soros...
E tem mais. A aproximação com o Soros acabou por nos proporcionar uma oportunidade que está em gestação e a ponto de acontecer.

Pode representar uma nova modalidade de financiamento para o Viva Rio. Desta vez, se Deus permitir, sustentável.

Como disse antes, meu filho mais novo, o Tiago, seguiu um caminho de estudos bem diferente do meu. Formou-se em direito na FGV do Rio e fez um MBA no Ibmec em finanças, com o objetivo de trabalhar no mercado de capitais. Não podia ser mais distante. Eu me dizia, alguém na família vai ganhar dinheiro...

Eis que o Tiago me aparece com uma ideia ao reverso: "Que tal gerar recursos no mercado de ações que venham a financiar o trabalho social do Viva Rio? Criar um fundo de investimentos com uma missão social?". Duvidei a princípio, pois este tipo de iniciativa costuma se esgotar no plano do marketing. Doura alguma pílula sem que, de fato, modifique a sua carga. Mas o Tiago chegou com uma equipe jovem de uma empresa de investimentos chamada Marlin, que se diz disposta a criar um produto novo. Mostram um currículo invejável de performance no mercado, há seis anos no quartil superior de rendimentos, e se dizem dispostos a dar uma guinada em suas vidas: dedicar-se plenamente a um fundo social, que seja fruto de uma parceria entre a Marlin e o Viva Rio. Passada a surpresa do primeiro encontro, começamos a conversar a sério e ao cabo de uns dois meses chegamos a um conceito apresentável.

Foi aí que o Soros fez a diferença. Consultado, respondeu que a proposta valeria a pena somente se a equipe da Marlin aceitasse renunciar a 50% de seus ganhos para dedicá-los a fins sociais com o Viva Rio. Nesses termos, ele próprio consideraria entrar no negócio! Neste nível de renúncia, disse ele, a proposta teria relevância para o futuro do Viva Rio e seria exigente o suficiente para que a equipe da Marlin desse o melhor de si na gestão dos recursos. Fomos a Nova York, Viva Rio e Marlin, para ajustar o conceito e, em caso positivo, definir um cronograma. Depois de outras idas e vindas, e de análise inclemente dos números e documentos da Marlin ("*due dilligence*") pelo pessoal técnico do Soros, chegamos ao seguinte resultado: criamos dois fundos com o mesmo propósito, que funcionam em espelho, um *off shore*, para atrair investimentos internacionais, em dólares, outro doméstico, em reais. Soros será o primeiro investidor no *Viva Rio Marlin Brazil Value Fund*. Para o fundo doméstico, conseguimos uma resposta positiva, de bate-pronto, do José Roberto Marinho, outro parceiro fundamental, de longa data, e que também submeteu a proposta à análise crítica de seu pessoal técnico. Temos, portanto, dois fundos e dois semeadores para ninguém em todo o mundo financeiro botar defeito. Acertamos, por fim, que numa primeira fase, até que alcancemos um certo patamar, os rendimentos sociais desses fundos serão aplicados no Haiti. Ultrapassado esse patamar, passamos a aplicar no próprio Brasil e em outros países e regiões, a começar da América Central e Caribe. Começar pelo Haiti representa uma opção pela escala internacional de atuação, que inclui o Brasil, evidentemente, fonte primeira de nossa *tecnologia social*, mas que não se limita ao seu território. Se der certo, e acredito que possa dar, estaremos percorrendo uma nova viagem, bela e aventurosa, que foi concebida por uns garotos que vêm chegando, com o apoio de nós veteranos.

Rubem César e Cibele Dias, sua companheira.

Mais um novo começo!
Pois é. Desta vez com promessas de sustentabilidade, o que acena para uma longa duração. Permite imaginar que certos frutos do seu trabalho possam te sobreviver. O Viva Rio não é, nem poderia ser, uma empresa individual, longe disso, mas tem muito de mim dentro dele. Até aqui eu evitava a pergunta sobre o futuro do Viva Rio, isto é, dele depois de mim, mas com este projeto começo a achar que conseguiremos pensar a sucessão. Que não seja pra já, pois ainda estou cheio de gás e acredito que o Viva Rio precisa de minha dedicação, dos trunfos e dos relacionamentos que acumulei. Mas é hora, sim, de começar a pensar nesses assuntos. Digo isto com a tranquilidade de quem recebeu da vida muito mais do que poderia esperar. Três filhos formados, que compartilham de meus sonhos, cada um a seu modo. Confesso que não esperava por isto. Não fui um pai presente como deveria. É uma graça que recebi, imerecida, como diria meu avô calvinista. Mas a gente não se justifica pelas obras, ele insistiria, é de graça mesmo, e a graça é imprevisível, para o bem e para o mal.
Outra graça que recebi chama-se Cibele, minha mulher, que ao que tudo indica (bate na madeira!) fica comigo de vez.

Referências e anexos

Logotipos de projetos e campanhas do Viva Rio

1. Campanha do Desarmamento, 2000.

2. Campanha Mulheres pelo Desarmamento, 2001.

3. Projeto de mediação de conflitos, 1997.

4. Campanha para o referendo sobre a proibição da comercialização de armas de fogo e munições, 2005.

5. Projeto de inclusão digital nas favelas do Rio de Janeiro, 2001.

6. Site de notícias, multimídia, sobre favelas e comunidades de baixa renda, 2001.

7. Projeto de capacitação de jovens em trabalhos de jardinagem e educação ambiental, 1997.

8. Programa de incentivo ao esporte para jovens de Comunidades de baixa renda, 1999.

9. Campanha para mudar a atual legislação sobre drogas no Brasil, 2012.

10. Projeto que envolve artes marciais e rodas de conversa sobre os malefícios do abuso de drogas e álcool, 2011.

11. Logo que resume a missão do Viva Rio

12. Programa de voluntários do Viva Rio.

13. Projeto de capoeira que promove a cultura de paz entre jovens, criado em 2003 e atuando no Haiti desde 2007.

14. Campanha de doação de sangue, 2011.

15. Campanha nacional de combate à violência, em seguida ao sequestro do ônibus 174 no Rio de Janeiro, em 2000.

16. Projeto de formação em boxe e cidadania na Maré, criado em 1997.

17. Projeto de formação de jovens, em paralelo ao serviço militar, iniciado em 1998 em parceria com o Ministério da Justiça.

18. Grande manifestação de luta contra a violência, 1995.

19. Projeto de dança, Haiti, 2010.

20. Honra e respeito por Bel Air, projeto do Viva Rio no Haiti, 2006.

21. Academia de futebol Pérolas Negras, Haiti, 2010.

22. Projeto de artes, Haiti, 2008.

Referências bibliográficas

ABREU, Alzira Alves de; BELOCH, Israel; LAMARÃO, Sergio Tadeu de Niemeyer; LATTMAN-WELTMAN, Fernando (Coord.). *Dicionário histórico-biográfico brasileiro. Pós-1930*. Rio de Janeiro: FGV, 2001. CD-ROM.

CAVALCANTI, Pedro Celso Uchôa; FERNANDES, Rubem César. *José e Józef:* uma conversa sem fim. Rio de Janeiro: Nova Fronteira, 1985.

____; RAMOS, Jovelino. *Memórias do exílio, Brasil 1964-19??* São Paulo: Livramento, 1978.

CÉSAR, Waldo. *Tenente Pacífico*: um romance da Revolução de 32. Rio de Janeiro: Record, 2002.

COSTA, Celia Maria Leite; PANDOLFI, Dulce Chaves; SERBIN, Kenneth (Org.). *O bispo de Volta Redonda:* memórias de dom Waldyr Calheiros. Rio de Janeiro: FGV, 2001.

DRABIK, Grazyna; FERNANDES, Rubem César (Org.). *Polônia*: o Partido, a Igreja, o Solidariedade. Rio de Janeiro: Marco Zero, 1984.

ENCICLOPÉDIA Larousse.

ERMAKOFF, George (Coord.). *Dicionário biográfico ilustrado de personalidades da história do Brasil*. Rio de Janeiro: G. Ermakoff Casa Editorial, 2012.

FARIA, Eduardo Galasso. Richard Shaull (1919-2002). In: SINNER, Rudolf von; WOLFF, Elias; BOCK, Carlos Gilberto (Org.). *Vidas ecumênicas*: testemunhas do ecumenismo no Brasil. Porto Alegre: Sinodal e Padre Reus, 2006.

FERNANDES, Rubem César (Org.). *Dilemas do socialismo*: a controvérsia entre Marx, Engels e os populistas russos. Rio de Janeiro: Paz e Terra, 1982.

____. *Os Cavaleiros do Bom Jesus*: uma introdução às religiões populares. São Paulo: Brasiliense, 1982.

____. *Vocabulário de ideias passadas*: ensaios sobre o fim do socialismo. Rio de Janeiro: Relume Dumará; Iser, 1993.

____. *Privado, porém público*: o terceiro setor na América Latina. Rio de Janeiro: Relume Dumará, 1994.

____. *Romarias da Paixão*. Rio de Janeiro: Rocco, 1994.

FERREIRA, Marieta de Moraes. *A história como ofício*: a constituição de um campo disciplinar. Rio de Janeiro: FGV, 2013.

FREIRE, Américo; OLIVEIRA, Lucia Lippi (Org.). *Novas memórias do urbanismo carioca*. Rio de Janeiro: FGV, 2008.

LEAL, Ana Beatriz; PEREIRA, Íbis Silva; MUNTEAL FILHO, Oswaldo (Org.). *Sonho de uma polícia cidadã*: coronel Carlos Magno Nazareth Cerqueira. Rio de Janeiro: Nibrahc, 2010.

MORSE, Richard. Entrevista. E*studos Históricos*, Rio de Janeiro, n. 3, p. 77-93, 1989.

PANDOLFI, Dulce; GAZIR, Augusto: CORREA, Lucas (Org.). *O Brasil de Betinho*. Rio de Janeiro: Ibase; Morella, 2013.

____; HEYMANN, Luciana (Org.). *Um abraço, Betinho*. Rio de Janeiro: Garamond, 2005.

PARKER, Richard. Entrevista. *Horizontes Antropológicos*, Porto Alegre, ano 8, n. 17, p. 253-262, jun. 2002.

RAMALHO, José Ricardo (Org.). *Uma presença no tempo*: a vida de Jether Ramalho. São Leopoldo: Oikos, 2010.

SANTOS, Joel Rufino dos et al. *História nova do Brasil* (1963-1993). São Paulo: Loyola, 1993.

SANTOS, Vicente Saul Moreira dos. *"Minha alma canta, vejo o Rio de Janeiro"*: a zona sul carioca entre crônicas e canções. Tese (doutorado em história) — Programa de Pós-Graduação em História, Política e Bens Culturais, Centro de Pesquisa e Documentação de História Contemporânea do Brasil, Fundação Getulio Vargas, Rio de Janeiro, 2013.

Sites consultados

http://commons.wikimedia.org/wiki/File:Romeiros_rumo_a_Pirapora.jpg. Acesso em: 7 jan. 2014.

http://elpais.com/diario/2008/12/10/cultura/1228863603_850215.html. Acesso em: 29 out. 2013.

http://flaviogomes.warmup.com.br/tag/rio-de-janeiro. Acesso em: 7 jan. 2014.

http://jchistory.webnode.pt/album/galeria-de-fotos-lideres-sovieticos-na-guerra-fria/crise-dos-misseis-em-cuba-gif1. Acesso em: 18 set. 2013.

http://joelrufinodossantos.com.br/paginas/biografia.asp. Acesso em: 26 nov. 2013.

http://nitsites.com.br/blog/nictheroy-fotos-antigas. Acesso em: 15 dez. 2013.

http://pt.wiser.org/organization/view/44e1c06c75169ae8ecb554071d78e7b6. Acesso em: 27 nov. 2013.

www.abi.org.br/abi-celebra-centenario-de-osny-duarte-pereira/. Acesso em: 30 nov. 2013.

www.academia.org.br. Acesso em: 15 nov. 2013.

www.aperj.rj.gov.br/g_jeanmarc.htm. Acesso em: 15 nov. 2013.

www.bchicomendes.com/bcm/Bcapres/05607308.HTM. Acesso em: 18 set. 2013.

www.bn.br/portal/. Acesso em: 18 set. 2013.

www.comunidadesegura.org. Acesso em: 25 out. 2013.

www.greatthoughtstreasury.com/author/richard-shaull-fully-reverend-m-richard-shaull. Acesso em: 15 out. 2013.

www.iabrj.org.br/. Acesso em: 8 fev. 2014.

www.ibase.br. Acesso em: 6 jan. 2014.

www.iea.usp.br/pesquisa/professores/ex-professores-visitantes/ex-professores-visitantes-internacionais/richard-morse. Acesso em: 21 nov. 2013.

www.iser.org.br. Acesso em: 18 nov. 2013.

www.istockphoto.com/stock-photo-18190096-statue-of-alma-mater-at-columbia-university-new-york.php?st=fb68186. Acesso em: 18 fev. 2014.

www.istockphoto.com/stock-photo-9712085-houses-in-old-town-warsaw.php?st=3d384e8. Acesso em: 18 fev. 2014.

www.itaucultural.org.br/aplicexternas/enciclopedia_lit/index.cfm?fuseaction=biografias_texto&cd_verbete=9348. Acesso em: 15 nov. 2013.

www.labhoi.uff.br/node/294. Acesso em: 18 fev. 2014.

www.mailman.columbia.edu/our-faculty/profile?uni=rgp11. Acesso em: 2 dez. 2013.

www.mpb4.com.br. Acesso em: 3 jan. 2014.

www.mst.org.br/content/jean-marc-von-der-weid-o-poder-do-agronegocio-sobre-os-estados-na-rio20. Acesso em: 15 nov. 2013.

www.nytimes.com/2002/11/04/opinion/the-rev-m-richard-shaull-82-missionary.html. Acesso em: 18 nov. 2013.

www.oikoumene.org/en. Acesso em: 27 nov. 2013.

www.pacs.org.br/. Acesso em: 8 fev. 2014.

www.padrevaz.com.br. Acesso em: 15 nov. 2013.

www.pnud.org.br/. Acesso em: 26 nov. 2013.

www.portaldejuazeiro.com/2011/10/prof-ralph-della-cava-agradece-ufc.html. Acesso em: 15 nov. 2013.

www.portaldosjornalistas.com.br/perfil.aspx?id=9553. Acesso em: 8 nov. 2013.

www.smcconsultoria.com.br/equipe_Sergio_Magalhaes.htm. Acesso em: 29 nov. 2013.

www.solidarnosc.gov.pl/index.php?document=51. Acesso em: 3 jan. 2014.

www.uff.br/?q=uff/história. Acesso em: 17 fev. 2014.

www.ufmg.br/online/arquivos/016217.shtml. Acesso em: 21 nov. 2013.

www.ukrweekly.com/old/archive/2001/320108.shtml. Acesso em: 15 nov. 2013.

www.ultimato.com.br/conteudo/morre-o-sociologo-protestante-waldo-cesar. Acesso em: 25 nov. 2013.

www.une.org.br/2011/09/historia-da-une/. Acesso em: 23 nov. 2013.

www.vivafavela.com.br. Acesso em: 10 set. 2013.

www.vivario.org.br. Acesso em: 13 nov. 2013.

Livros, artigos, títulos e prêmios de Rubem César Fernandes

Livros escritos, organizados ou editados

FERNANDES, Rubem César (Coord.). *Brasil*: as armas e as vítimas. Rio de Janeiro: Iser; Viva Rio; Small Arms Survey, 2005.

____ (Coord. e red.). *Novo Nascimento*: os evangélicos em casa, na igreja e na política. Rio de Janeiro: Mauad, 1996.

____ et al. *Kosciól Katolicki w Brazylii i w Polsce*. Varsóvia: Cesla; Universidade de Varsóvia, 1996.

____ et al. *Monitoramento quantitativo da violência em Copacabana*. Rio de Janeiro: Iser, 1995.

____ et al. *Criminalidade, drogas e perdas econômicas no Rio de Janeiro*. Rio de Janeiro: Iser, 1995.

____. *Romarias da Paixão*. Rio de Janeiro: Rocco, 1994.

____. *Privado, porém público*: o terceiro setor na América Latina. Rio de Janeiro: Relume Dumará, 1994.

____. *Private but public*: the third sector in Latin America. Washington, DC: Civicus & Network Cultures, 1994.

____. *Privado aunque Público*: el tercer sector en America Latina. Washington, DC: Civicus & Network Cultures, 1994.

____. *Vocabulário de ideias passadas*: ensaios sobre o fim do socialismo. Rio de Janeiro: Relume Dumará; Iser, 1993.

____ et al. *História nova do Brasil (1963-1993)*. São Paulo: Loyola, 1993.

____. *Censo institucional evangélico na Região Metropolitana do Rio de Janeiro*. Rio de Janeiro: Núcleo de Pesquisa do Iser, 1992.

____ et al. *ONGs nos anos noventa*: um *survey* sobre as lideranças brasileiras. Rio de Janeiro: Iser, 1991.

____ et al. (Org.). *Religião e identidade nacional Brasil-USA*. Rio de Janeiro: Graal, 1988.

____ e CAVALCANTI, Pedro Celso Uchôa. *José e Józef:* uma conversa sem fim. Rio de Janeiro: Nova Fronteira, 1985.

____. *Non-Governmental Organizations (NGOs):* a new institutional reality in Latin America. Rio de Janeiro: FFHC/AD; FAO, 1985.

____ et al. (Org.). *Polônia:* o Partido, a Igreja e o Solidariedade. Rio de Janeiro: Marco Zero, 1984.

____. (Org.). *Dilemas do socialismo:* a controvérsia entre Marx, Engels e os populistas russos. Rio de Janeiro: Paz e Terra, 1982.

____. *Os Cavaleiros do Bom Jesus:* uma Introdução às religiões populares. São Paulo: Brasiliense, 1981.

____. (Org.). *O papa no Brasil:* aspectos sociológicos. Rio de Janeiro: Tempo e Presença, 1980. (Cadernos do Iser, n. 11).

____. (Org.). *A Igreja de Wojtyla:* um santuário da oposição. São Paulo: Brasiliense, 1980.

____ et al. (Org.). *Memórias das mulheres do exílio*. Rio de Janeiro: Paz e Terra, 1980.

_____ et al. *Memórias do exílio*. Lisboa: Arcadia, 1976.

_____. *The antinomies of freedom*. Tese (doutorado) — Columbia University, Nova York, 1976.

_____ et al. A *história nova do Brasil*. São Paulo: Brasiliense, 1964.

_____ et al. *Quem matou Kennedy*. Rio de Janeiro: Gernasa, 1963.

Artigos

FERNANDES, Rubem César; NASCIMENTO, Marcelo de Sousa. Mapping the divide: firearm violence and urbanization in Brazil. *Small arms survey 2007 — guns and the city*. UK Cambridge University Press, 2007.

_____. Comentários. In: GIUMNELLI, Emerson (Org.). *Religião e sexualidade*: convicções e responsabilidades. São Paulo: Garamond Universitária, 2006.

_____. Segurança para viver: propostas para uma política de redução da violência entre adolescentes e jovens. In: NOVAES, Regina; VANNUCHI, Paulo. *Juventude e sociedade*. São Paulo: Instituto Cidadania; Editora Fundação, 2004.

_____. Community policing in violent neighborhoods. In: *Putting people first, human security perspectives on small arms availability and misuse*. Genebra: A report by the Centre for Humanitarian Dialogue, 2003.

_____. Entre fundamentalistas e modernistas — várias histórias. In: OURIQUES, Evandro Vieira (Org.). *Diálogo entre as civilizações*: a experiência brasileira. Rio de Janeiro: Centro de Informação das Nações Unidas para o Brasil, 2002.

_____. Segredos da censura no socialismo. In: BOTKAY, Caique. *Achados*. Rio de Janeiro: Nova Fronteira, 2002.

_____ et al. As exportações brasileiras de armas leves. In: *Small arms survey 2001* — profiling the problem. Oxford University Press, 2001.

_____. Delicadeza. In: BINGEMER, Maria Clara (Org.). *Virtudes*. Rio de Janeiro: PUC, 2001.

_____ et al. The impact of firearm injuries on public health in Brazil. In: *Small arms survey 2001* — profiling the problem. Oxford University Press, 2001.

_____. The weight of the cross: tricks, sorrows and triumphs of a Brazilian pilgrim. *Reading Brazilian Anthropologists*, Journal of Latin American Anthropology, v. 4, n. 2, v. 5, n. 1, 1999-2000.

_____. Sugestões para uma política de controle das armas de fogo no Brasil. In: VELLOSO, João Paulo dos Reis; ALBUQUERQUE, Roberto Cavalcanti de. *Pobreza, cidadania e segurança*. Rio de Janeiro: Fórum Nacional; José Olympio, 1999.

_____. Sociedade civil e terceiro setor. In: *A população de rua* — seminário sobre políticas públicas. Fórum de População de Rua de Belo Horizonte, 1999.

_____. Personal safety — reducing demand on small arms in a Brazilian scenario. In: GENEVA CONFERENCE ON SMALL ARMS, Swiss Government and UN, 1999, Genebra. Mimeografado.

_____. Small arms and violence in Rio de Janeiro. In: *Small arms, big impact* — international consultation on micro disarmament. Genebra: World Council of Churches, 1998.

_____. Viva Rio, proceso de integración cívica de la ciudad. In: ROJAS, Eduardo; DAUGHTERS, Robert (Ed.). *La ciudad en el siglo XXI, experiencias exitosas en gestion del desarrollo urbano en America Latina*. Washington: Banco Interamericano de Desarrollo, 1998.

_____. O movimento Viva Rio. In: VELLOSO. João Paulo dos Reis (Coord.). *O Brasil e o mundo, no limiar do novo século*. Rio de Janeiro: Fórum Nacional; José Olympio, 1998.

_____. *Urban violence and civic action* — the experience of Viva Rio. Relatório para Banco Mundial, 1998. Mimeografado.

_____. Viva Rio: ações para a integração e pacificação da cidade. *Comunicações do Iser*, Rio de Janeiro, n. 49, 1998.

_____. Contribution of the social sciences to theological reflection on violence. In: *Theological perspectives on violence and nonviolence*. Boston: Episcopal Divinity School, World Council of Churches, 1998.

_____. Religião e sociedade, vinte anos. *Religião e Sociedade*, Rio de Janeiro, n. 18/2, 1997.

_____. Os evangélicos em casa, na igreja e na política. *Religião e Sociedade*, Rio de Janeiro, n. 17/1-2, 1997.

_____. O que é o terceiro setor? In: *3º Setor* — desenvolvimento social sustentado. Rio de Janeiro: Paz e Terra, 1997.

_____. As organizações não governamentais diante do Estado. In: GONÇALVES, Hebe Signorini (Org.). *Organizações não governamentais* — solução ou problema? Rio de Janeiro: Estação Liberdade; Goethe-Institut, 1996.

_____ et al. Criminalidade, drogas e perdas econômicas no Rio de Janeiro. *Comunicações do Iser*, Rio de Janeiro, n. 47, 1996.

_____. Os fios da cidadania planetária. In: *Cidadãos construindo a sociedade civil planetária*. Rio de Janeiro: Civicus, 1994.

_____. Governo das almas — as denominações evangélicas no Grande Rio. In: VÁRIOS AUTORES. *Nem anjos nem demônios*: interpretações sociológicas do pentecostalismo. Rio de Janeiro: Vozes, 1994.

_____ et al. Nas trilhas da Mantiqueira. *Comunicações do Iser*, Rio de Janeiro n. 46, 1994.

_____. Sociedade civil e ecumenismo. *Comunicações do Iser*, Rio de Janeiro, n. 44, 1993.

_____. Inflação e desconfiança. In: *Na corda bamba*: doze estudos sobre a cultura da inflação. Rio de Janeiro: Relume Dumará, 1993.

_____. Messianism. In: *The Blackwell dictionary of twenty-century social thought*. 1993.

_____. Marta e Maria — mística e política na Rússia e na Polônia. In: *Misticismo e política*. São Paulo: Loyola, 1993.

_____. Back and forward to civil society. In: *World Council of Churches*, Unit III, 1993. Mimeografado.

_____. Looking for alternatives. *Quid pro Quo*, Bruxelas, n. 15, 1993.

_____. Os vários sistemas religiosos face às modernizações. In: BINGEMER, Maria Clara L. (Ed.). *O impacto da modernidade sobre a religião*. São Paulo: Loyola, 1992.

_____. Wishes for a new decade. In: *Development, international cooperation & the NGOs*. Rio de Janeiro: Ibase; Pnud, 1992.

_____. Cattolicesimo e culti indigeni. *Promoteo*, ano 10, n. 39, 1992.

_____. Les saints et les agents. In: *Metamorfose de la rèprèsentation politique au Brèsil et en Europe*. Paris: CNRS, 1991.

_____. Um sermão para políticos. *Cadernos de Conjuntura*, Rio de Janeiro, v. 41, 1991.

_____. Votos para a nova década. *Comunicações do Iser*, Rio de Janeiro n. 40, 1991.

_____. Les saints et les agents. In: PECAUT, D.; SORJ, B. (Ed.). *Metamorphoses de la réprésentation politique au Brésil et en Europe*. Paris: CNRS, 1991.

_____. Prefácio. In: LIMA, Wilham da Silva. *Quatrocentos contra um*: uma história do comando vermelho. Rio de Janeiro: Vozes; Iser, 1991.

_____. O socialismo tem futuro? *Atualidade em Debate*, Caderno 3, Rio de Janeiro, 1991.

_____. Cultures and development past Cold War. In: *La converserie*, Belgium, 1991.

_____. Carnival, flashes from the underworld. *Quid pro Quo*, Bruxelas, 1991.

_____. 1989: a rejeição da violência. *Comunicação do Iser*, Rio de Janeiro, n. 39, 1990.

_____. O peso da cruz — manhas, mazelas e triunfos de um sacerdote particular. *Religião e Sociedade*, Rio de Janeiro, n. 15/2-3, 1990.

_____. Batismo de fogo. *Jornal do Brasil*, 21 out. 1990. Ideias.

_____. O Solidarnosc pós-socialismo. *Tempo e Presença*, Rio de Janeiro,n. 252, dez. 1990.

_____. Eastern Europe and the Third World: a challenge for NGOs. *Grassroots Development*, v. 14, n. 2, 1990.

_____. Entender Europa do Leste — dicas de um turista não acidental. *Brasil: Perspectivas Internacionais*, n. 23, 1990.

_____. O fim do "outro mundo" socialista. *Jornal do Brasil*, 12 ago. 1990. Ideias.

_____. Reescrita da cultura propõe indagação em lugar de tese. *Revista do Pensamento Brasileiro*, ano I, n. 2, 1990.

_____ et al. Pastorais e ciências sociais. In: *Sinais dos tempos*: igrejas e seitas no Brasil. Rio de Janeiro: Iser, 1989.

_____. Cultura Brasileira — como falar do seu futuro? *Comunicações do Iser*, Rio de Janeiro, n. 33, 1989.

_____. Brazylijczcy patrza na Polska. In: *Tygodnik Solidarnosc*, Warsaw, n. 14/51, 1989.

_____. Santos e agentes: das dificuldades e das possibilidades de uma comunicação entre eles. In:
_____. *Cosmopolitismo e diferença*. Rio de Janeiro: Tempo Brasileiro, 1989/1996/1997.

_____. Roteiro para desafiar dogmas. *Jornal do Brasil*, 8 out. 1989. Ensaios.

_____. Economie, sociologie, anthropologie au Brésil — une caricature. *Cahiers du Brésil Contemporaine*, n. 5, 1988.

_____. Rádio AM e FM. *Comunicações do Iser*, Rio de Janeiro, n. 32, 1988.

_____. Polônia, a pé — a mística de uma romaria católica. In: *Ciências sociais hoje*. São Paulo: Vértice; Anpocs, 1988.

_____. Sem fins lucrativos. *Comunicações do Iser*, Rio de Janeiro, n. 15, 1985. Também em LANDIM, Leilah (Ed.). Sem fins lucrativos: as organizações não governamentais no Brasil. *Cadernos do Iser*, Rio de Janeiro, n. 20, 1988.

_____. Aparecida: nossa rainha, senhora, mãe, saravá! *Ciência Hoje*, 1985. Também em *Social Science Information*, Paris; Londres, 1985. Também em *Brasil e USA: religião e identidade nacional*. Rio de Janeiro: Paz e Terra, 1988.

_____. Do Planalto e das baixadas — de economistas e antropólogos nos anos recentes. *Comunicações do Iser*, Rio de Janeiro, n. 26, 1987. Também em *Cahiers du Brésil Contemporain*, Paris, n. 5, 1988.

_____. Observações pós-marxistas à margem do documento do cardeal Ratzinger. *Comunicações do Iser*, Rio de Janeiro, n. 25, 1987.

_____. O totalitarismo é, ou não é, um problema? *Comunicações do Iser*, Rio de Janeiro n. 25, 1987.

_____.Qual a medida da ferramenta marxista. *Comunicações do Iser*, Rio de Janeiro, n. 25, 1987.

_____. Imagens da Paixão: a Igreja Católica no Brasil e na Polônia. *Religião e Sociedade*, Rio de Janeiro, n. 14, 1987.

_____. Kosciól w Brazylii Widziany z Bliska. *Viez*, Warsaw, n. 2-3, 1987.

_____. Images de La Passion — l'eglise catholique au Brésil et en Pologne. *Esprit*, Paris, 1987. Também em *Aneks*, 1987.

_____. Polônia: a desobediência pela fé. *Revista de Cultura Vozes*, Rio de Janeiro v. 81, n. 2, 1987. Também em *Aproximações*. Brasília: Pró-Memória/Ministério da Cultura, 1987; e em *Comunicações do Iser*, Rio de Janeiro, n. 23, 1986.

_____. Kosciol w Brazylii. *Gosc Niedzielny*, Katowice, n. 43, 1986.

_____ et al. Um perfil das ONGs no Brasil. *Comunicações do Iser*, Rio de Janeiro, n. 22, 1986.

_____. Mito e mentira. *Comunicações do Iser*, Rio de Janeiro, n. 16, 1985.

_____. Religiões populares — uma visão parcial da literatura recente. *BIB-Anpocs*, n. 18, 1984. Também em *Problémmes d'Amerique Latine*, n. 81.

_____. Pesquisadores e praticantes. *Comunicações do Iser*, Rio de Janeiro, n. 10, 1984.

_____. Os teóricos na prática. *Comunicações do Iser*, Rio de Janeiro, n. 7, 1983.

_____. Na Polônia, ou em lugar nenhum. *Leia Livros*, mar. 1983.

_____. Conservador ou progressista, uma questão de conjuntura. *Religião e Sociedade*, Rio de Janeiro, n. 9, 1983.

_____. *La messe em place publique*. Rio de Janeiro: Iser, 1981. Mimeografado.

_____. Fundamentalismo à direita e à esquerda — missões evangélicas e tensões ideológicas. In: *Protestantismo e Política*. Rio de Janeiro: Tempo e Presença, 1981. Também publicado em espanhol, em *Cristianismo y Sociedad*, n. 1, 1981.

_____. El interés político por las religiones. *Cristianismo y Sociedad*, n. 3-4, 1980.

_____. Segredo de Estado e resistência civil — a censura na Polônia. *Revista Cultura e Política*, Rio de Janeiro, n. 3, 1980.

_____. Um exército de anjos — as razões da missão novas tribos. *Religião e Sociedade*, Rio de Janeiro n. 6, 1980.

_____. As missões protestantes em números. *Cadernos do Iser*, Rio de Janeiro, n. 10, 1980.

_____ et al. The secrets of censorship in Poland. *Telos*, Spring 1979.

_____. Caminhos para o socialismo — a controvérsia entre Marx, Engels e os populistas russos. *Cara a Cara*, n. 1, 1978.

_____. A religiosidade do culto à personalidade. *Religião e Sociedade*, Rio de Janeiro, n. 2, 1977.

____. O que significa ser marxista? Uma pergunta espinhosa para ortodoxias e revisionismos poloneses. *Contexto*, n. 4, 1977.

____. O debate entre sociólogos a propósito dos pentecostais. *Cadernos do Iser*, Rio de Janeiro, n. 6, 1977.

____. Marxists debate on the meaning of "secularization". *Human Factor*, Nova York, n. 12, 1974.

____. An unfinished conversation — two oppressed persons unable to agree. *Telos*, n. 18, 1973.

____. Introdução. In: SZACKI, J. *Utopias.* Rio de Janeiro: Paz e Terra, 1972.

____. Vision du monde et compreension historique. *Analles Économmies, Societés, Civilizations*, Paris, mar./abr. 1971.

____. Unidas y pluralidad en el pensamiento socialista latino-americano. *Testimonium*, Buenos Aires, 1967.

____. Kosciol Katolicki W A. Lacinskiej. *Euhemer*, Warsaw, n. 4-5, 1967.

Prêmios e títulos recebidos por ano

2014	Prêmio da Paz (Hessian Prize 2014) concedido como reconhecimento por seu trabalho na prevenção e resolução de conflitos. Fundação Albert Osswald — Weisbaden, Alemanha.
2013	Medalha Sérgio Vieira de Mello pelos serviços prestados na área do direito internacional humanitário e na promoção da paz no Haiti — Itamaraty.
2012	Homenagem — Palestra sobre "A interatividade dos atores sociais nas comunidades", Federação Nacional de Cultura.
2011	Homenagem da revista *Veja Rio*, pela atuação pública nos últimos 20 anos na cidade do Rio de Janeiro, na categoria "Cidadania".
2011	Comenda da Ordem do Mérito da Defesa, por relevantes serviços prestados às Forças Armadas do Brasil, Ministério da Defesa.
2011	Serviços Prestados em Defesa dos Direitos Humanos no Haiti, Minustah.
2011	Título de cidadão friburguense, Câmara Municipal de Nova Friburgo.
2011	Comenda Barão de Nova Friburgo, Câmara Municipal de Nova Friburgo.
2010	Título de cidadão macaense, Câmara Municipal de Macaé.
2010	Prêmio Faz Diferença no Mundo, *O Globo* — Rio de Janeiro.
2010	Prêmio Grande Oficial da Ordem de Rio Branco, Itamaraty.
2010	Prêmio Trip Transformadores, Realização Editora Trip e patrocínio O Boticário.
2008	Troféu Responsabilidade Social Carlos Fernando de Carvalho, Associação de Imprensa da Barra da Tijuca (AIB).
2008	Prêmio Honneur et Mérite pour sa contribution a la réduction de la violence en Haiti, Biwo Politik Sekte Popile Bele.
2007	Homenagem — Movimento Lagos Pró Direitos Civis e Universidade Veiga de Almeida, Universidade Veiga de Almeida.
2006	Personalidade Cidadania, *Folha Dirigida*, Unesco, Associação Brasileira de Imprensa.
2006	Comenda de Honra ao Mérito da Polícia Militar do Estado do Rio de Janeiro, Grau Oficial, Polícia Militar do Estado do Rio de Janeiro.

2005	Personalidade Cidadania, *Folha Dirigida*, Unesco, Associação Brasileira de Imprensa.
2005	Melhores Práticas, Dubai International, Award, UN-Habitat.
2005	Medalha Embaixador Sérgio Vieira de Mello, Parlamento Mundial pela Segurança e Paz, Palermo, Itália.
2004	Personalidade do Ano Rotário — Área Moral e Civismo, Rotary Club do Rio de Janeiro.
2004	Prêmio Verde das Américas, Organização Ecológica Palíber e Secretaria de Meio Ambiente da Cidade do Rio de Janeiro.
2004	Carioca Nota 10, Turismo & Negócios, Monitor Mercantil.
2004	Memorial de Parceria, Fundação Xuxa Meneghel.
2003	Fellow de World Technology Award, Nasdaq, *Time Magazine*, *Science Magazine* e Microsoft.
2002	Medalha de Mérito da Administração — Ebrape, Fundação Getulio Vargas.
2001	Diploma de Mérito Humano, Centro de Reabilitação Infantil Albano Reis.
2001	Diploma Eminente Aliado, Associação dos Aposentados e Pensionistas da Previdência Social do Estado do Rio de Janeiro.
2001	Prêmio Aplauso, pelo trabalho junto à pessoa idosa, Comissão de Assuntos da Criança e do Adolescente da Assembleia Legislativa do Estado do Rio de Janeiro.
2001	Eco Cidadão, 1º Seminário Internacional Eco-Cidadão — Pró-Energia e Meio Ambiente, Macaé.
2001	Medalha Comemorativa dos 50 Anos da ONU, Organização das Nações Unidas.
2001	Benemérito do Estado do Rio de Janeiro, Assembleia Legislativa.
2000	Comandante Honorário do 19º Batalhão da Polícia Militar, Polícia Militar do Rio de Janeiro.
2000	Medalha Pedro Ernesto, Câmara Municipal do Rio de Janeiro.
2000	Prêmio Herói Urbano, concedido pelo príncipe Claus, da Holanda.
1998	Prêmio Lyons de Educação, Medalha Homero dos Santos, Lions do Estado do Rio de Janeiro.
1998	Prêmio Adolph Bloch, Federação Israelita do Estado do Rio de Janeiro.
1996	Premio Literário M. Cavalcanti Proença — pelo livro *Romarias da Paixão*, União Brasileira de Escritores.
1995	Personalidade do Ano, Associação de Correspondentes Estrangeiros no Brasil.
1995	Prêmio da Federação de Associações Comerciais do Rio Grande do Sul, Federação das Associações Comerciais do Rio Grande do Sul.
1994	Homem de Ideias, *Jornal do Brasil*.
1994	Destaque Pessoal de Marketing, Associação Brasileira de Marketing.
1990	Comenda de Honra ao Mérito por Serviços Prestados à Nação Polonesa, Governo da Polônia.
1989	Presidente Réseau Sud-Nord Culture et Developpement, Bruxelas, Bélgica.
1988	Presidente Honorário da Associação de Prostitutas do Rio de Janeiro.
1978	Mellon Fellow, Columbia University, Nova York, Estados Unidos.

Referências iconográficas

Capítulo 1

Abertura de capítulo: Rio de Janeiro. Foto Evandro Teixeira. Acervo pessoal de Evandro Teixeira.

Foto 1: Foto de Carlos Ruas. Acervo pessoal de Carlos Ruas.

Foto 2: Acervo pessoal de Rubem César.

Foto 3: Acervo pessoal de Rubem César.

Foto 4: Acervo pessoal de Rubem César.

Foto 5: Acervo pessoal de Rubem César.

Foto 6: Acervo pessoal de Rubem César.

Foto 7: Acervo pessoal de Felipe César.

Foto 8: Acervo pessoal de Rubem César.

Foto 9: O Metropolitano – jornal *Diário de Notícias*. Edição n. 11798, p. 62. 30 de abril de 1961. Acervo da Fundação Biblioteca Nacional – Brasil.

Foto 10: O Metropolitano – jornal *Diário de Notícias*. Edição n. 11851, p. 60. 02 de julho de 1961. Acervo da Fundação Biblioteca Nacional – Brasil.

Foto 11: O Metropolitano – jornal *Diário de Notícias*. Edição n. 11980, p. 21. 02 de dezembro de 1961. Acervo da Fundação Biblioteca Nacional – Brasil.

Foto 12: Foto de Liborio Noval. Disponível em: <http://elpais.com/diario/2008/12/10/cultura/1228863603_850215.html> Acesso em: 29 out. 2013.

Foto 13: Disponível em: <http://jchistory.webnode.pt/album/galeria-de-fotos-lideres--sovieticos--na-guerra-fria/crise-dos-misseis-em-cuba-gif1> – Acesso em: 18 set. 2013.

Foto 14: Disponível em: <http://www.bchicomendes.com/bcm/Bcapres/05607308.HTM> Acesso em: 18 set. 2013.

Capítulo 2

Abertura de capítulo: Varsóvia, Polônia. Fonte: www.shutterstock.com

Foto 1: Acervo pessoal de Rubem César.

Foto 2: Acervo pessoal de Rubem César.

Foto 3: Acervo pessoal de Rubem César.

Foto 4: Acervo pessoal de Rubem César.

Foto 5: Acervo Pessoal de Rubem César.

Foto 6: Acervo Pessoal de Rubem César.

Capítulo 3

Abertura de capítulo: Universidade de Columbia, Nova York – EUA. Fonte: www.shutterstock.com

Foto 1: Acervo pessoal de Rubem César.

Foto 2: Acervo pessoal de Vivian César Fernandes.

Foto 3: Acervo pessoal de Rubem César.

Capítulo 4

Abertura de capítulo: Rubem César carregando a cruz e o romeiro que fazia sua décima primeira romaria a Bom Jesus de Pirapora – São Paulo, 1983. Acervo pessoal de Rubem César.

Foto 1: Acervo pessoal de Rubem César.

Foto 2: Acervo pessoal de Rubem César.

Foto 3: Acervo pessoal de Rubem César.

Foto 4: Acervo pessoal de Rubem César.

Foto 5: Acervo pessoal de Rubem César.

Foto 6: Acervo pessoal de Rubem César.

Foto 7: Acervo do Iser.

Capítulo 5

Abertura de capítulo: Praia do Arpoador, Rio de Janeiro em 1973. Foto de Teixeira. Acervo do CPDoc JB.

Foto 1: *Jornal do Brasil*. Edição n. 00260. Acervo do CPDoc JB.

Foto 2: *Jornal do Brasil*. Edição n. 00260. Acervo do CPDoc JB.

Foto 3: Acervo do Iser.

Foto 4: Acervo do Iser.

Foto 5: Acervo pessoal de Rubem César.

Foto 6: Acervo pessoal de Rubem César.

Foto 7: Acervo pessoal de Rubem César.

Foto 8: Acervo do Viva Rio.

Foto 9: *Jornal do Brasil*, ano 18, n. 925, 23 jan. 1994. Acervo do Viva Rio.

Foto 10: *Jornal do Brasil*, ano 18, n. 925, 23 jan. 1994. p. 21. Acervo do Viva Rio.

Foto 11: Acervo pessoal de Rubem César.

Foto 12: Acervo do Viva Rio.

Foto 13: Acervo do Viva Rio.

Foto 14: *Jornal do Brasil*. Edição n. 00255. Acervo do CPDoc JB.

Foto 15: Jornal *O Globo*. Edição n. 22650. Acervo da Agência O Globo.

Foto 16: Foto de Kita Predoza. Acervo do Viva Rio.

Foto 17: Acervo do Viva Rio.

Foto 18: Acervo do Viva Rio.

Foto 19: Jornal *O Dia*, 17 nov. 1995. Acervo da Fundação Biblioteca Nacional – Brasil.

Foto 20: Acervo pessoal do Coronel Ubiratan Angelo.

Foto 21: PMERJ. Acervo do Coronel Íbis Silva Pereira.

Foto 22: *Jornal do Brasil*. Edição n. 00344. Acervo do CPDoc JB.

Foto 23: Jornal *O Dia*, 30 abr. 1996. Acervo da Fundação Biblioteca Nacional – Brasil.

Foto 24: Jornal *O Dia*, 5 abr. 2002. Acervo da Fundação Biblioteca Nacional – Brasil.

Capítulo 6

Abertura de capítulo: Hotel Oloffson, Porto Príncipe – Haiti. Foto de Augusto Lepre. Acervo do Viva Rio.

Foto 1: *Jornal do Brasil*. Caderno Ideias, p. 56. Edição n. 00143. Acervo do CPDoc JB.

Foto 2: Acervo do Viva Rio.

Foto 3: Foto de Richarson. Acervo do Viva Rio.

Foto 4: Foto de Walter Mesquita. Acervo do Viva Rio.

Foto 5: Foto de Walter Mesquita. Acervo do Viva Rio.

Foto 6: Acervo do Viva Rio.

Foto 7: Acervo do Viva Rio.

Foto 8: Acervo do Viva Rio.

Foto 9: Acervo do Viva Rio.

Foto 10: Acervo do Viva Rio.

Foto 11: Acervo do Viva Rio.

Foto 12: Acervo do Viva Rio.

Foto 13: Acervo do Viva Rio.

Foto 14: Acervo pessoal de Rubem César.